'전업투자의 전설' 남석관의
실전 투자의 정석

THE PRACTICAL GUIDE TO
STOCK INVESTING

'전업투자의 전설' 남석관의

실전 투자의 정석

• 남석관 지음 •

프롤로그

17년 전업 투자의 세월 속에서 건진 실전 투자의 핵심

경기도 일산에 가면 증권박물관이 있다. 주식의 오랜 역사를 엿볼 수 있는 장소다. 일례로 1953년 서울시가 발행한 전쟁복구공채도 눈으로 확인해볼 수 있다. 이는 6.25 전쟁으로 허물어진 서울을 복구하는 데 필요한 재무 조달용 채권이라고 한다. 상장이 폐지되기 이전의 리먼 브러더스 CEO의 친필이 적힌 1961년 발행 주식이라든가, 1997년 IMF 외환위기 극복과 실직자들의 생계를 지원하고자 정부에서 발행한 채권도 전시 중이다.

 이처럼 주식, 증권은 전쟁이나 국가적인 위기 상황에서도 장이 열릴 만큼 우리 실생활과 밀접한 관련이 있다. 주식의 역사, 기원●을 말할 때면 기원전 2세기 무렵의 로마시대까지 거론되기도 하니, 인간이 살아온 역사와 맥락을 같이 해왔다고 말해도 좋을 만큼 주식은 흥미로

● 기원전 2세기경 로마에는 퍼블리카니(Publicani)라는 기구가 있었다. 이 기구는 당시 로마인에게 세금을 걷고 신전을 건립하는 일들을 담당했는데, 현대의 주식회사처럼 퍼블리카니의 소유가 다수에게 분산되어 있었고, 재무제표 공개 및 정기적인 주주총회도 열렸다고 한다. 이 같은 운영 때문에 주식, 증권의 효시라고들 말한다.

운 아이템이다. 과거의 유물들이 박물관에 전시될 정도인 점을 보더라도 그렇지 않은가!

내가 객장에 직접 나가 주식 현황을 살피며 투자하던 일이 엊그제 같다. 그러나 지금은 모든 주식 매매 행위가 사무실 책상에 앉아 온라인으로 쉽게 이루어지니 참으로 격세지감을 느낀다. 주식의 오랜 역사만큼이나 주식을 다룬 책도 세상에는 차고 넘친다. 그럼에도 불구하고 내가 또 하나의 주식 책을 집필한 이유는 다음과 같다. 주식 투자를 시작한 지 30년, 이후 전업 투자자로 17년을 살며 이 주식시장에서 산전수전 모두 겪어본 내가 독자에게 들려주고 싶은 이야기를 몇 가지로 정리하고, 그 내용을 독자와 공유하려는 것이다.

첫째, 세상의 변화에 관한 이야기다. 나는 서울에서 나고 자랐다. 유년 시절의 서울은 사대문 안을 제외하고는 대부분 지방도시와 별반 큰 차이가 없는 시골 모습이었다. 당시 우리나라의 경제 규모는 작았으며 내 가족도 그랬지만 주변 이웃들도 대체로 경제적으로 그리 넉넉하지 못한 살림살이로 어렵게 지냈다. 그런데 내가 성인이 된 이후 우리나라 현대사를 살펴보니 경제적으로 어렵던 그 시절에도 수출 붐과 건설 붐이 일었고 대한민국은 비약적으로 성장했다. 당연히 당시에도 주식이나 부동산 투자로 부자가 될 수 있는 무수히 많은 기회가 있었다.

역사는 반복된다고 했던가? 지금은 전 세계적으로 4차 산업혁명 시대로 진입하는 초기다. 여러 전문가들은 모든 분야에서 급속한 변화가 이루어질 것이라고 전망한다. 지금은 변화에 대한 두려움과 기대가 교차하는 시점이며, 당연히 기회도 있고 좌절도 공존할 것이다.

그런데 세상의 변화에 가장 예민하게 반응하는 곳이 바로 주식시장이다! 나는 많은 투자자들이 주식시장을 통해 세상의 변화를 살피고, 주식 투자를 통해 변화에 따른 성과와 열매를 얻을 수 있기를 바라는 마음이 간절하다. 또한 나는 어떤 분야이든지 사람들을 현혹하는 여러 아류(亞流)들이 있다고 본다. 그런데 이런 것들은 절대로 정석(定石)을 뛰어넘지 못한다. 변화무쌍한 시기일수록 원칙을 알고 투기가 아닌 정석에서 벗어나지 않는 투자를 실천해야 한다. 가장 먼저 독자들에게 이 점을 강조하고 싶다.

둘째, 나는 많은 분들이 손해를 보고, 투자하기를 주저하는 주식시장에서 '경제적 부를 이룰 수 있다'라고 굳게 믿는다. 물론 개인 투자자가 주식으로 꾸준히 수익을 내고 부자가 되는 길은 쉽지 않다. 대부분의 일반 투자자는 준비 없이 주식 투자에 나섰다가 큰 손실을 보고 경제적 어려움을 당한 경험이 있을 것이다. 주식 투자에서 정형화된 '투자의 정석'은 사실 없다. 그러나 주식 투자로 크게 성공한 분들의 투자 방법과 투자 철학을 살펴보면 공통된 유형이나 원칙이 있음을 알 수 있다.

이 책은 내가 수십 년 동안 주식 투자를 하면서 시장에서 살아남고 수익을 내기 위해 고민한 결과물을 정리한 것이다. 나는 여러 증권사에서 주최한 '실전 주식 투자대회'에서 여러 번 수상한 검증된 투자자다. 적은 돈으로 시작한 전업 투자자는 단기매매에 치중할 수밖에 없는 상황이었고 따라서 수십 년 동안 내가 거래한 누적 주식거래 금액은 일반인이 상상조차 할 수 없는 조(兆) 단위다. 조심스럽지만 이를 밝히는 이유는 그만큼 내가 오랜 시간 실전 투자와 금융 투자를 경험하면서 느낀 점이 많고, 그 중 일반 주식 투자자들이 반드시 알아야 할 핵심 내용을 전하기 위함이다.

비단 일반 투자자뿐만 아니라 주식 투자에 관심 있는 분이면 누구나 이 책을 참고한다면 큰 도움이 될 것이다. 주식이나 증권 강의를 나처럼 많이 한 사람도 드물다. 워런 버핏의 투자법을 몰라서 워런 버핏이 되지 못하는 것이 아니다. 투자자 자신이 '수익 나는 모형'을 갖추고 손실이 나는 잘못된 투자 습관을 고친다면 누구나 주식 투자에서 성공할 것이라고 생각한다.

셋째, 개인 투자자 모두가 투자와 금융에 관한 지식에 해박해지고 이를 널리 확대하고 싶은 것도 나의 바람이다. 부정적인 시각으로 주식시장을 바라보는 분들도 많다. 그런데 이 시장이 경제의 중요한 축을 담당하고 있다는 점에 이견을 가진 사람은 없다. 돈 없이 할 수 있는 일이 거의 없듯이 돈은 이미 세상의 중심이 되었다. 그렇다면 돈을 벌어야 하고 돈을 알아야 한다. 나는 17년 전 1,000만 원으로 주식 투자를 시작했고 매달 20%의 수익을 낼 수 있을 거라는 자신감 속에서 전업 투자의 길로 들어섰다.

다시 말하지만 적은 돈으로 큰돈을 만드는 일은 결코 쉬운 일이 아니다. 그런데 지금은 내가 전업 투자를 시작한 시기보다 투자 환경이나 여건이 훨씬 좋아졌다. 그뿐만 아니라 투자자의 면면을 살펴보면 나보다 더 똑똑하다. 부족했던 내가 나름 성공을 거둔 것처럼 여러분도 성공할 수 있다고 생각한다. 물론 금융과 주식에 대한 올바른 이해가 전제되어야 한다.

더 많은 분들이 성공하고 부자가 된다는 것은 대한민국이 부자가 된다는 의미와 같다. 좀 거창한 바람일 수도 있지만, 나는 더 많은 개인이 부를 일구고 금융 전문가가 되기를 희망한다. 제대로 된 주식 투자의 혜안을 갖추면 주식시장에서 기관 투자자나 외국인 투자자가 더이상 두렵지 않다. 특히 책의 3부에서 소개할 나의 계좌관리 방법이나 자산 키우기 노하우 등은 일반 개인 투자자들에게 부자가 되는 희망의 메시지가 될 것이다.

지금은 이 바닥에서 어느 정도 알려져 소위 '슈퍼개미'라는 수식어가 나에게 따라 붙는다. 연말이면 여러 곳에서 강연 요청이 오고, 시장이 출렁일 때면 전국 각지에서 연락이 온다. 나와 같은 직업을 가진 전업 투자자들과 여러 증권사 스탭들이 함께 시장 상황을 공유하는 일도 종종 있다. 물론 일반 사람들이 상상하는 것 이상의 부도 일구었다. 행운이 따라주어 이 같은 여유를 누리는 것일 수도 있지만, 그동안 성실하게 살아왔다고 자부한다. 부지런하게 열심히 산다면 비단 주식 투자뿐만 아니라 어떤 일을 하든 간에 작은 성공을 누리며 살 수 있다는 믿음을 갖기 바란다. 특히 이런 말은 팍팍한 이 시대를 살아가는 젊은 분들에게 해주고 싶은 조언이기도 하다. 내가 아는 한, 주식시장에는 여전히 많은 기회가 있다고 강조하고 싶다.

주식 투자의 본질은 성장 가능성이 큰 기업에 투자자의 자금을 투자해 기업의 과실을 공유하고 나누는 것이다. 투자 리스크를 낮추고 성공의 과실을 함께 나누는 일, 그것이 주식 투자의 본질이다. 부족한 책이지만 이 책이 여러분의 투자 리스크를 낮추는 데 도움이 된다면 더 바랄 것이 없다. 성공의 수익은 나의 조언을 믿고 따라준 여러분에게 고스란히 돌아갈 것이다.

마지막으로 이 책이 출간되기까지 많은 분들의 도움과 격려가 있었다. 늘 바쁘다는 핑계로 여러 가지 일을 떠맡겼지만 나를 믿고 따라준 아내에게 깊은 감사의 말을 전한다. 어린 시절부터 성인의 길목에 선 지금까지 착하고 성실하게 자라온, 사랑하는 아들 준하와 딸 정하에게도 고맙다는 말을 남긴다. 또한 책이 출간되는 데 큰 도움을 준 이홍규 연구원의 노고도 잊을 수 없다. 부족한 원고지만 출간을 허락한 프롬북스 대표 및 임직원 여러분에게도 감사의 말씀을 전한다. 모쪼록 모든 독자님들의 앞날에 행운이 가득하고, 늘 성투하시기를 응원한다.

우담(雨潭) 남석관

THE PRACTICAL GUIDE TO **STOCK INVESTING**

| 차례 |

- 프롤로그 | 17년 전업투자의 세월 속에서 건진 실전 투자의 핵심　　004

PART 1 급변하는 주식 투자 환경

- **CHAPTER 1 미래 예측과 투자**
  - 01 세상의 급속한 변화 — 018
  - 02 4차 산업혁명 시대의 도래 — 022
  - 03 메가트렌드를 주시하라 — 027

- **CHAPTER 2 주식 투자의 기초**
  - 01 주식 투자는 개인의 생존 전략 — 034
  - 02 시장 예측과 대응 — 038
  - 03 주식, 투자인가 투기인가? — 047
  - 04 주식 투자 첫걸음 — 051
  - 05 하이 리스크 하이 리턴 — 055
  - 06 생활 속의 주식 투자 — 059

- **CHAPTER 3 주식 투자에 영향을 미치는 트렌드**
  - 01 미래를 이끌어갈 4개 트렌드 —— 064
  - 02 우라가미 구니오의 증시 사계론 —— 070
  - 03 가치투자의 거장들 —— 078

PART 2 시장을 이기는 실전 주식 투자

- **CHAPTER 4 주식 투자 일반론**
  - 01 가치의 변화 —— 090
  - 02 가치주 투자 —— 094
  - 03 성장주 투자 —— 098
  - 04 테마주 투자 —— 101
  - 05 계절주 투자 —— 107
  - 06 중·장기 투자 —— 113
  - 07 단기 투자 —— 118

- **CHAPTER 5 주식 분석 기법**
  - 01 기본적 분석 —— 126
  - 02 기술적 분석 —— 132
  - 03 시장 분석 —— 146

- **CHAPTER 6 주식 매수**
  - 01 매수 타이밍 잡기 —— 152
  - 02 매수해야 하는 주식 —— 157

03 매수하지 말아야 할 주식	— 162
04 중·장기 투자 시 주식 매수	— 166
05 단기 투자 시 주식 매수	— 172

● **CHAPTER 7 주식 매도**

01 매도 타이밍 잡기	— 178
02 수익 실현 매도: 익절	— 185
03 손실 확정 매도: 손절	— 188
04 중·장기 투자 시 주식 매도	— 192
05 단기 투자 시 주식 매도	— 197

● **CHAPTER 8 수익 모형 갖추기**

01 남석관의 증시 사계론	— 202
02 선취매 노하우	— 209
03 시장 중심주 투자	— 214
04 장기 투자에서의 수익 모형	— 218
05 단기 투자에서의 수익 모형	— 227

PART 3 자산 100배 키우기

● **CHAPTER 9 행동재무학과 주식 투자**

01 행동재무학이란	— 236
02 행동재무학 이해하기	— 240
03 행동재무학으로 분석한 주식시장	— 247

- **CHAPTER 10 리스크 관리**
  - 01 리스크와 수익률의 관계 —— 252
  - 02 체계적 위험 —— 256
  - 03 비체계적 위험 —— 264
  - 04 포트폴리오 구성과 관리 —— 271

- **CHAPTER 11 자산 관리 노하우**
  - 01 원 샷, 원 킬 —— 278
  - 02 계좌 나누기의 중요성 —— 281
  - 03 남석관의 계좌 운용법 —— 288
  - 04 주식 투자로 부자가 되려면 —— 294

- 에필로그 | 주식 투자에도 신의 한 수가 있을까? 301

THE PRACTICAL GUIDE TO **STOCK INVESTING**

CHAPTER 1 미래 예측과 투자
01 세상의 급속한 변화 | 02 4차 산업혁명 시대의 도래 | 03 메가트렌드를 주시하라

CHAPTER 2 주식 투자의 기초
01 주식 투자는 개인의 생존 전략 | 02 시장 예측과 대응 | 03 주식, 투자인가 투기인가!?
04 주식 투자 첫걸음 | 05 하이 리스크 하이 리턴 | 06 생활 속의 주식 투자

CHAPTER 3 주식 투자에 영향을 미치는 트렌드
01 미래를 이끌어갈 4개 트렌드 | 02 우라가미 구니오의 증시 사계론 | 03 가치투자의 거장들

PART
1

급변하는 주식 투자 환경

THE PRACTICAL GUIDE TO
STOCK INVESTING

CHAPTER 1

미래 예측과 투자

★ ★ ★

세상에 변하지 않는 것은 없다. 특히 주식 투자 환경의 경우, 쉽게 예측할 수 없을 만큼 변화무쌍하다. 잘 나가던 기업이 하루아침에 곤두박질치기도 하고, 크게 주목받지 못했던 기업이 트렌드 변화에 힘입어 슈퍼스타가 되기도 한다.

주식 투자자라면 미래를 예측해보는 일에 게을러선 안 된다. 변화의 추이를 파악하기 위해 노력해야 하고, 과거의 투자 결과를 점검하며 새로운 청사진을 구상하는 투자자가 되어야 한다. 1장에서는 4차 산업혁명과 메가트렌드를 중심으로 투자와 예측의 관계를 살펴본다.

01 세상의 급속한 변화

다소 의아할 테지만, 바둑 이야기부터 시작해보겠다. 오늘날 세계 바둑계는 과거처럼 1인 절대체제가 아닌 군웅할거(群雄割據)의 시대다. 프로바둑 기사들의 경우 10대 중반 무렵 전성기를 누린다고 알려져 있다. 우리나라 바둑계의 고수 중 한 명인 이세돌은 13살에 프로 기사로 데뷔한 이력을 갖고 있다. 이견이 없는 것은 아니지만 많은 분들이 이창호 이후 현재 대한민국을 대표하는 바둑판의 최강 고수로 이세돌 프로를 언급한다.

그런데 2016년 5월 세계인의 눈과 귀를 사로잡은 흥미로운 대국이 있었다. 구글 딥마인드에서 개발한 인공지능 바둑 프로그램 '알파고'와 이세돌 프로의 바둑 대결이 벌어진 것이다. 대국 결과는 4:1 알파고의 승리로 끝났는데, 이세돌 프로가 거둔 1승을 두고 세간에서는 다음과 같은 평가를 내렸다.

— "이세돌 기사는 AI를 상대로 승리를 거둔 마지막 인류가 될 것이다!"

그리고 1년 후, 세계 바둑 랭킹 1위 중국의 커제가 알파고에 도전장을 내밀었지만, 대국 결과는 인간의 참패, 아니 알파고의 완승으로 마무리되었다. 알파고의 등장은 수천 년 동안 이어져온 바둑에 대한 인간의 생각과 통념을 깨뜨리는 획기적인 대사건으로 기록될 만하다. 또한 과학기술의 급속한 발전에 대한 경외감과 동시에 두려움을 갖게 하는 계기가 되었다. 멀지 않은 미래에는 오늘날 사람들이 몸으로 부딪히며 일하고 배우며, 심지어 느끼는 일들까지도 과학기술의 산물들이 지배할 것이라는 두려움 섞인 생각도 든다.

세계는 18세기 말~19세기 초부터 본격적인 2차 산업화의 길로 접어들었으며 이후 급격한 변화를 체험해왔다. 그 전 세대에는 경험해보지 못한 산업화·공업화에 따라 인류는 대량생산 및 대량소비가 가능해졌고, 의식주 분야에서도 혁명적인 변화가 일어났다. 그리고 100년 남짓 지난 20세기 말부터 3차 산업화라는 트렌드가 호황을 누렸다. 이는 1990년대 말부터 이루어진 인터넷의 보급과 사용을 의미하는데, 세계가 하나로 연결되는 3차 산업혁명 시대를 맞이하는 계기가 되었으며, 오늘날 세계의 변화를 이끌어가는 구글, 애플, 페이스북, 아마존 등 내로라하는 글로벌 기업들은 인터넷의 발전과 사용에 따른 급격한 산업 변화의 산물이라는 평가를 받기도 한다.

세 번째 밀레니엄, 즉 2000년 이후 오늘날에는 많은 기업들이 과거보다 더 빠른 속도로 성장, 발전하는 추세이며 드디어 인류가 4차 산업혁명 시대에 진입했다고들 정의한다. '10년이면 강산이 변한다'라는 속담이 무색할 만큼 세상이 돌아가고 변하는 속도는 혀를 내두를 정도다. 과거에는 과학 발전과 이에 따른 세상의 변화들이 주로 뛰어난 개인의 역량에 큰 영향을 받아서 진행되어 왔지만, 앞으로는 과학기술의 융합과 기술의 집중화, 자본의 초대형화를 통해 사회 모든 분야에서 변화가 이루어질 것이다. 이 같은 발전과 변화의 속도는 과거와는 견줄 수 없을 만큼, 비유컨대 빛의 속도만큼이나 빨라질 것이다.

가령, 현대인이라면 누구나 갖고 있는 휴대전화기의 발전 속도만 해도 초기에는 '휴대가 가능한 전화기'라는 단순 기능에서 출발했지만, 지금은 손 안의 PC로 바뀌어 실생활에서 필요한 여러 가지 일들을 스마트폰으로 해결한다. 새로 출시되는 스마트폰의 경우, 소비자가 새 기능을 이해하고 사용하기가 버거울 만큼 기술 개발이 빠르게 이루어지고 있다. 스마트 기기의 사용이 자유로운 세대와 그렇지 못한 세대 사이에는 벌써부터 문화, 취미, 소득, 소비 등 모든 분야에서 차이가 나타나기도 한다. 이 같은 간격은 과학기술 발전 속도에 비례하여 더욱 확대될 것이 분명하다.

이렇듯 우리는 급격한 변화의 중심에서 살고 있다. 자고 일어나면 변해 있는 트렌드에 발맞추지 못하면 설 자리를 잃고 마는 무한 경쟁의 시대에서 말이다. 그런데 가만히 생각해보면 빠른 변화와 추세 속에 개인들이 잘 알지 못하는 수많은 투자 기회들이 숨어 있고, 그런 기회를 잘 포착하면 큰 성공과 부를 일궈낼 수 있다. 수많은 개인과 기업이 그랬던 것처럼 말이다. 급격한 변화를 불안해하고 불편해하기보다 과학기술이 발전, 진화하는 방향을 긍정적이고 적극적인 시선으로 보려는 태도가 중요하고 실질적으로 투자에도 도움이 된다. 즉 세상의 변화를 주도하는 기업들을 유심히 관찰하는 사람에게 기회가 찾아갈 것이다. 변화의 중심에 선 기업에 투자하고, 미래의 변화 방향을 예측해보려는 자세가 필요하다. 발 빠른 변화 앞에서 한발 더 빠르게 대응하는 투자자가 되어야 하겠다.

02 4차 산업혁명 시대의 도래

홀로 거주하는, 몸이 불편한 어머니에게 머리카락 희끗한 나이든 아들이 안부 전화를 건다. 그러나 웬일인지 연로한 어머니께서 전화를 받지 않는다. 처음엔 그렇겠거니, 하고 생각하던 아들의 마음속엔 불길한 생각이 찾아들고, 계속 전화를 걸어보지만 그때마다 전화를 안 받는 어머니……. 마음이 다급해진 아들은 119 구급 요원에게 도움을 청한 뒤 땀까지 흘리면서 달리기 시작한다. 어머니가 살고 계신 집으로 말이다. 그런데 막상 도착해보니 아무 탈 없는 노모와 119 요원들. 화가 난 아들은 다짜고짜 '왜 전화를 안 받아 걱정하게 만드느냐!'며 어머니에게 소리를 지른다.

― 부모님을 직접 돌볼 수 없는 분들을 위한 인공지능 케어 서비스!
부모님 모습 실시간 모니터링!
집 안의 가전제품 제어 시스템!
약물 복용 시간 자동 알림 서비스!

내용이 조금은 씁쓸하지만, 내 눈길을 끈 통신사 광고였다. 1인 가족 비율이 4인 가족 비율보다 높아진 오늘날 홀로 사는 독거노인들의 고독사(孤獨死) 방지책이라는 모티프가 광고로 옮겨진 것이다.

4차 산업혁명의 결과물들이 우리의 실생활로 조금씩 외연을 확장하고 있다. 위의 광고도 그중 하나일 것이다. 주식 투자자라면 4차 산업혁명이라는 단어를 접할 때마다 경각심을 가져야 한다. 4차 산업혁명의 기초적인 내용을 알아야 할 것이며, 어떤 산업군에 어떤 방식으로 적용될지를 진지하게 고민해야 한다. 즉 집중하고 있어야 한다.

그렇다면 4차 산업혁명이란 무엇일까? 이에 대한 정의는 '인공지능, 사물인터넷(IoT, internet of things), 빅데이터, 모바일 등 첨단 정보통신 기술들이 경제와 사회 전반에 융합해 혁신적인 변화를 일으키는 차세대 산업혁명'이다. 또한 우리가 기존에 사용하던 서비스와 산업군에 지능정보기술이 보태어지는 것을 의미하는데, 지능정보기술이란 인공지능과 데이터 활용기술(ICBM)이 융합되어 인간이 처리하던 정보처리 능력(인지, 학습, 추론)을 기계가 대신 해주는 것을 일컫는다.

현재 4차 산업혁명 기술은 특정 분야에서 인간의 인지능력 중 일부를 흉내 내는 수준에 머물러 있다. 그리 멀지 않은 미래에 그간 인간의 고유 영역이라고 여겨지던 여러 지적(知的) 업무들도 창조적으로 학습, 수행할 수 있는 강력한 인공지능이 나타날 것이다. 앞에서 언급한 똑똑한 바둑 프로그램 알파고가 인간보다 우월한 기계의 탄생을 알리는 서막이 되었다.

4차 산업혁명에서는 빅데이터 활용 기술이 관건이라고들 말한다.

빅데이터 활용 기술이란 무엇일까? 이는 데이터를 수집, 전달, 저장, 분석하는 필수적인 ICT 기술이다. 좀 더 구체적으로 설명하면 각종 데이터를 수집 후 실시간으로 전달하며, 수집한 데이터를 효율적으로 저장해 그 의미를 분석하는 기술이라고 이해하면 된다. 이런 기술이 상용화된 것이 위에서 소개한 모 통신사의 광고 내용이기도 하다. 전문가들은 4차 산업혁명의 도래와 발전에 따라 가까운 미래에는 아래와 같은 일들도 가능해질 것이라고 전망한다.

- 사고 없이 안전하게 운행하는 무인버스와 무인택시의 등장
- 안전, 에너지, 교통, 환경오염 문제 등을 스스로 예측하고 해결하는 도시의 등장
- 모든 전자제품의 자율제어로 가사노동 해방
- 개인별 유전자 정보 특성을 분석한 맞춤형 질병 치료
- 청소, 요리, 육아, 간병 등에 특화된 감성형 가사로봇 등장
- 누구나 원하는 제품을 직접 만들어 사용하는 1인 제조시대 도래

4차 산업혁명 시대가 오면 우리 생활 곳곳 다양한 분야에서 '지능정보기술'이 활용되어 엄청난 변화를 불러일으킬 것이다. 무엇보다 인간의 육체노동을 대신하는 단순한 기계 역할에서 더 확장되어 인간의 지적 노동까지 기계가 대체하는 혁명이 나타날 것으로 예측하고 있다. 전문가들은 4차 산업혁명이 광범위한 사회적·경제적 파급력을 가져다줄 것으로 전망하면서 산업구조의 대대적인 변화도 불가피할 것이라고 예측한다. 4차 산업혁명에 대한 향후 발전 내용을 정리하면 다음과 같다(아래의 정보는 미래과학창조부 자료를 인용함-저자 주).

미국, 유럽, 일본 등 세계 주요 나라와 글로벌 기업들은 오래 전부터 지능정보기술의 파괴적 영향력에 주목했다. 그들은 오랜 시간과 큰 비용을 들여 대규모의 연구와 투자를 체계적으로 진행하고 있다. 글로벌 경영컨설팅업체 맥킨지(McKinsey)에 따르면, 2025년에는 인공지능을 통한 지식노동 자동화의 파급 효과가 연간 5.2~6.7조 달러에 이를 것이라는 전망치를 내놓았다. 우리 돈으로 환산하면 약 6,000~8,000조 원이라는 엄청난 규모다. 세계 주요 기업들은 지능정보기술 선점을 위한 대규모 투자와 M&A 확대에 나서고 있는 추세라고 한다. 이런 점을 감안하면 지능정보기술 주도권의 일정 부분이 이미 선진국으로 넘어갔다고 볼 수도 있다.

우리나라의 경우, 국가 차원에서 정보화 추진사업을 진행하며 2년 연속 ICT 발전지수 세계 1위를 달성할 만큼 세계 최고 수준의 ICT 인프라를 확보하고 있다. 그러나 노동유연성, 기술 수준, 교육시스템, SOC, 법적보호 등을 기준으로 종합적으로 평가한 4차 산업혁명 적응

그림 1-1 | 4차 산업혁명 적응도 순위

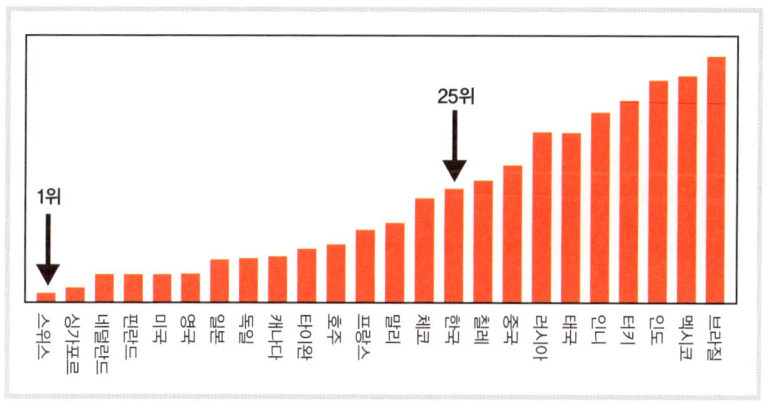

도 세계 순위는 25위에 그쳤다. 10위권에 든 일본과 비교하면 다소 실망스러운 순위라고 할 수 있다.

4차 산업혁명 시대의 도래로 사회 전반에 걸쳐 혁명적인 변화가 이루어질 것이다. 투자 환경도 여기에 발맞추어 변하게 마련이다. 주식 투자자라면 복잡다단해질 산업구조의 변화에 주목해야 할 것이다. 다음 장에서 더 자세히 살펴보자.

03 메가트렌드를 주시하라

'메가트렌드(megatrend)'라는 말은 세계적인 미래학자 존 나이스비트(John Naisbitt)의 저서 《메가트렌드》에서 유래했다. 존 나이스비트는 "다가올 세상은 지식·서비스 사회, 글로벌 경제, 분권화, 네트워크 조직 사회가 될 것"으로 예측했다. 이후 메가트렌드라는 말은 현대 사회에서 일어나는 거대한 조류를 뜻하는 대명사가 되었다. 즉 '현재와 미래 사회에까지 막대한 영향을 주는 큰 흐름'을 메가트렌드라고 이해할 수 있다.

메가트렌드라고 하면 사람들은 '쓰나미처럼 순식간에 모든 것을 쓸어가버리며 단숨에 변화시키는 막강을 힘'을 떠올리기 쉬운데, 이는 잘못된 생각이다. 메가트렌드란 순간적으로 몰아치는 거대한 힘이 아니라 서서히, 그리고 점진적으로 영향력을 발휘해 세상을 변화시키는 힘 정도로 이해하는 것이 좋다. 메가트렌드가 중요한 이유는 여러 산업, 기업, 개인에게 다양한 영향력을 미치기 때문이다. 따라서 메가트렌드를 분석하고 그 영향력을 예측해보려는 시도는 매우 중요하다. 메가트렌드 분석과 영향력 평가는 기업들의 미래 전략, 개발, 혁신 과정의 중요한 요소를 형성하기 때문이다. 투자자들은 메가트렌드를 이해하고 이에 걸맞은 투자를 해야 성공할 가능성이 높아진다.

가령, 전 세계적으로 나타나는 노인 인구의 증가 현상도 대표적인 메가트렌드다. 이를 '글로벌 고령화 트렌드'라고 부른다. UN에서 발표한 〈2015년 세계인구전망〉에 따르면, 향후 수십 년 동안 전 세계적으로 60세 이상의 노인이 빠르게 늘어날 것이며, 그 증가 속도가 더욱 가속화할 것으로 전망했다. 2015년 기준 9억100만 명이던 60세 이상 인구는 2030년이면 약 14억 명(56% 증가)으로 증가할 것이며, 2050년에는 2015년의 2배가 넘는 21억 명에 이를 것으로 추정한다. 한편 80세 이상 초고령 노년층은 이보다 더 빠르게 늘어 2050년에는 4억3,400만 명(60세 이상 노년층의 20%)에 달해 현재 수준(1억2,500만 명, 60세 이상 노년층의 14%)보다 세 배나 늘어날 전망이다.

고령화 사회로의 진입은 사회 각 분야에 점진적으로 영향을 미쳐 세상의 여러 가지 것들을 변화시킨다. 전문가들은 우리나라도 전체 인구 중 65세 이상 고령자가 차지하는 비율이 2018년 14.3%, 2026년에는 20.8%를 넘어 초고령 사회로 진입할 것으로 예측한다.

그렇다면 투자자로서 고령화 사회라는 글로벌 메가트렌드를 어떻게 대해야 할까? 당연히 노인에 대한 복지와 질병에 대한 수요가 점점 증가할 것이라고 쉽게 예상할 있다. 따라서 투자자들은 고착화된 고령화 사회에서 수혜자들을 위한 제약, 바이오, 헬스케어 등의 업종에 주목해야 한다. 우리나라의 경우 한미약품, 셀트리온 등의 제약 바이오시밀러(biosimilar) 업체들의 지속적인 성장과 주가 상승이 돋보인다.

앞에서 언급한 4차 산업혁명도 우리가 주목해야 할 메가트렌드 중 하나다. 4차 산업혁명을 요약하면 '모든 것이 연결된 지능적인 사회로의 변화'다. 4차 산업혁명의 핵심 기술은 사물인터넷, 빅데이터, 인공지능 등이다. 이들 기술은 반도체/디스플레이 부문의 수요를 크게 촉발시켰다. 비메모리 파운드리 시장은 IoT, 스마트카 등의 직접적 수혜로 지속적인 성장이 예상된다. 특히 DRAM 반도체는 PC와 스마트폰 등 기존의 수요 의존도에서 벗어나 서버, 가상현실(VR, Virtual Reality) 등에 적용됨으로써 수요 개선 효과를 누릴 것이다. NAND 반도체는 빅데이터 시장 확대에 따라 SSD 시장 급증 수혜로 고성장 구조가 유지될 전망이다. 한편, 인공지능의 경우 엄청난 연산을 필요로 하기 때문에 고성능 CPU의 수요가 급등함과 동시에 고품질 그래픽 작업을 해야 할 필요가 있어 GPU 수요를 촉발시켰다. GPU를 생산하는 나스닥 상장업체 '엔비디아(NVIDIA) 코퍼레이션'의 주가에서 알 수 있듯이 이 기업의 가치는 2016년 이후 크게 상승했다.

우리나라 대표 주식인 삼성전자와 SK하이닉스와 같은 기업들도 마찬가지다. 본문에서 자세히 설명하겠지만, 4차 산업혁명의 수혜는 대부분 IT 업종이다. 스마트폰의 등장 이후 빅데이터, IoT, 가상현실, 스마트카, 인공지능 시장이 점차 확장되어 메가트렌드가 형성되었다. 그런데 우리가 알아야 할 것이 하나 더 있다. 메가트렌드는 일시적인 현상이 아니라는 점이다. 4차 산업혁명 초입 단계인 현재뿐만 아니라 미래에도 막대한 영향을 미칠 것이라고 전문가들은 예상한다. 세계경제포럼(WEF, World Economic Forum)의 창립자 겸 회장인 클라우스 슈밥(Klaus Schwab) 교수는 우리에게 다음과 같은 말을 들려

▣ 그림 1-2 | 엔비디아 코퍼레이션의 주가 흐름

출처: investing.com

주고 있다.

— "4차 산업혁명은 자본과 재능, 최고의 지식을 가진 이들에게 유리하다. 그러나 하위 서비스 종사자들에게 불리하다."

이 말은 무슨 뜻일까? 4차 산업혁명이라는 메가트렌드에서 글로벌 탑 티어(top-tier) 기업들을 제외한 하위 서비스 산업군 업종들은 투자 시 상당한 리스크가 나타날 수 있음을 의미한다. 즉 IT 기술력이 부족한 기업이나 단순 제조업체에 투자할 때에는 신중하게 접근해야 한다. 메가트렌드라는 파도를 타지 못한 업종들은 불리한 위치에 놓일 것이기 때문이다. 우리가 메가트렌드에 주목해야 하는 이유는 이 같은 변화에 돈이 몰리기 때문이다.

세상은 우리 생각보다 더 빠르게 변하고 있다. 그리고 이런 변화에 힘입어 전 세계적으로 부의 쏠림 현상이 재편되고 있다. 투자자라면 이런 글로벌 경제 흐름을 상식적으로나마 알고 있어야 한다. 메가트렌드는 투자자들에게 또 다른 투자 기회이자, 축복이라고 여겨야 한다.

THE PRACTICAL GUIDE TO
STOCK INVESTING

CHAPTER 2

주식 투자의 기초

★ ★ ★

주식 투자는 어떤 자격증이 있거나 전문적인 공부를 해야만 할 수 있는 것이 아니다. 물론 주식 투자에서 성공하려면 연구, 경험, 기술, 감각, 마인드세팅 등 여러 가지 요소가 필요하긴 하다. 그러나 수익을 내고 생존하기 위한 수단으로서의 주식 투자는 누구나 접근할 수 있는 열린 시장이다.

시장을 예측하고 대응하는 법, 투자를 바라보는 관점, 투자의 속성 등 기본적인 내용을 확실히 알아두는 일은 대단히 중요하다.

2장에서는 시장 예측 및 대응 등 주식시장에서 변수가 될 새로운 트렌드와 패러다임을 중심으로 주식 투자의 기본적이 요소들을 살펴본다.

01 주식 투자는 개인의 생존 전략

주식 투자란 무엇일까? 한마디로 정의하면 '기업의 미래 가치에 투자하는 것'이다. 많은 기업들이 혁신을 통해 위기를 극복, 성장해나가고 국가 경제는 여러 가지 어려움이 있더라도 전반적인 흐름으로 볼 때 대체로 규모가 커지고 발전해간다. 주식 투자는 장기적으로 성장·발전하는 기업에 투자자의 자금을 투자하여 그 기업의 성장 과실을 공유하고 가계 소득의 감소분을 보충하려는 행위다. 주식에 관심 있는 분들이라면 장기적으로 성장하고 발전 가능성이 높은 분야를 주목하고 이에 합당한 기업에 투자하는 혜안을 갖도록 노력해야 한다.

여기서 궁금한 점이 있다. 10명 중 7~8명이 망하고 손해 본다는 주식 투자가 개인의 생존 전략으로 과연 유효한 선택일까?

나의 주장을 이끌어내기 위해 먼저, 일자리 이야기를 조금 해보겠다. 2017년에 국민의 많은 기대 속에서 새로운 정부가 출범했다. 새 정부든 지나간 과거의 정부든 국정 과제 중 가장 먼저 해결해야 할 문제가 바로 일자리 과제다. 일자리 문제가 정부를 비롯하여 모든 사람들의 주요 관심사가 된 것은 어제 오늘의 일이 아니다. 좁은 국토에 많은 인구가 제한된 일자리를 놓고 경쟁하는 현실에서 먹고 사는 문제와 직결된 양질의 일자리 잡기는 하늘의 별따기만큼이나 어렵다.

그런데 일자리 트렌드도 변하고 있는 실정이다. 3차 산업화의 핵심이던 지식 기반, 정보화 사회에서 한 걸음 더 나아간 4차 산업혁명 시대가 도래했기 때문이다. 인공지능을 장착한 로봇이 단순 반복 작업뿐 아니라, 이미 많은 부분의 고난도 작업에까지 투입되면서 사람들의 일자리를 대체하고 있다. 그러잖아도 한정된 일자리를 두고, 이제는 사람이 아닌 지능을 갖춘 로봇 또는 기계와 경쟁을 벌여야 할 판이다. 여유롭게 살기는커녕 기본적인 생활을 하는 것도 버겁게 느껴질 만하다. 그동안 익숙했던 생존 전략에 변화를 꾀해야 한다. 그래야 막막한 미래가 선명해질 수 있다.

또한 주거환경 개선과 의학기술 발달로 인해 사람들의 평균수명이 빠른 속도로 늘어나고 있다. 앞에서도 언급한 바처럼 전 세계는 고령화 사회에서 한발 더 나아간 초고령화 사회 진입을 눈앞에 두고 있다. 나이가 들더라도 건강하고 여유롭게 살고 싶은 것이 모든 사람들의 희망이자 바람이다.

그러나 우리나라의 경우 현실적으로 노후 준비를 잘 해놓은 사람들은 주변에서 찾아보기가 흔치 않다. 그렇다고 노년층을 위한 사회보장 시스템이 북유럽의 몇몇 부자 나라들처럼 잘 갖추어진 것도 아니다. 주변을 둘러보면 조기 퇴직 이후 삶의 질이 급격히 나빠지고 경제적으로 어려움까지 겪는 사람들을 많이 볼 수 있다. 사람이 나이를 먹고 병들고 쇠약해지는 것은 자연스러운 일이지만, 경제적인 준비도 없이 노년을 맞이한다는 것은 견디기 어려운 고통이 될 것이다.

은퇴 시기를 60세라고 하고, 평균수명이 늘어 90세까지 산다고 가정해보자. 은퇴 이후 삶을 마감할 때까지 30년을 살아야 하는데, 이때 얼마의 노후자금이 있어야 할까? 은퇴한 부부 기준으로 월 250~300만 원 정도는 있어야 할 것이다. 물론 이 정도 돈으로 호화롭고 여유로운 생활을 할 수는 없고, 그저 불편하지 않은 삶을 사는 수준이다. 매달 250~300만 원의 돈이 30년간 끊기지 않으려면, 9~10억 원 정도가 필요하다. 저축으로 이런 돈을 마련할 수 있을까? 어림도 없다. 1~2%대 이율인 저축은 더 이상 투자라는 말을 붙이기 민망한 수준이다. 순수 노후자금으로 결코 적지 않은 돈이 필요하다. 여러분은 이에 대한 대비책을 마련해 두었는가?

갈수록 일자리가 부족해지고 노후 준비마저 안 되어 있다고 해서 모두 주식 투자에 나서야 하고, 전업 투자를 하라는 말은 절대 아니다. 준비 없이 무작정 주식 투자에 나섰다가는 불을 보듯 뻔한 실패가 뒤따를 뿐이다. 실패하면 투자에 나서기 전보다 더욱 난감하고 어려운 상황에 처할 것이며 재산상 손실도 경험할 것이다. 준비나 계획 없이 투자에 나섰다가 이런 처지에 놓인 분들을 주변에서 많이 보았다.

그런데 나는 역설적으로 개인들이 미래를 버텨내는 데 주식 투자가 도움이 될 생존 전략이라고 굳게 믿는다. 물론 뛰어난 주식 투자자가 되는 길이 쉬운 것만은 아니다. 그렇다고 해서 방법이 없는 것도 아니다. 빠르게 돌아가는 세상의 변화를 눈여겨보고 사람들의 실생활과 밀접하게 관련 있는 기업들을 살펴보는 일, 그들이 혁신을 통해 발전해 가는 과정을 살펴보는 안목을 키운다면 주식 투자를 해서 성공하는 힌트를 찾을 수 있다. 앞에서 언급한 메가트렌드, 4차 산업혁명 등도 사실 이와 밀접한 관련이 있다.

주식 투자자에게는 세상과의 끊임없는 소통, 관심, 참여하는 자세가 중요하다. 주식시장은 살아서 움직이는 생물이다. 정신없이 바뀌고 빠르게 돌아가는 세상 변화의 기준이자 바로미터(barometer)가 주식시장이다. 주식시장은 늘 새롭고(new) 신선한(fresh) 것을 좋아한다. 성공한 투자자들은 나이와 상관없이 대체로 생각과 마음이 새롭고 젊다. 어린 아이들을 가르치는 나이든 선생님이 동심을 유지한 채 그들을 교육할 수 있는 것은 아이들과 눈높이를 맞추고 그에 맞는 언어, 사고, 행동을 하기 때문인 것과 이치가 같다. 이렇듯 젊은 생각을 가지고 경제적인 여유를 누리며 산다는 것도 큰 즐거움이지만, 무엇보다 성공적인 주식 투자자는 사고의 유연성과 미래를 내다보는 통찰력까지 함께 얻을 수 있다. 그래서 주식 투자가 매력적인 것이다.

요즘에는 인터넷을 이용한 주식 공부가 쉬워졌다. 초보자라도 겁먹을 필요가 없다. 투자 전 마음가짐을 비롯하여 본인이 준비를 잘하고, 투자 안목을 키우며, 실전 투자에서 수익이 나는 모형을 알고 있다면, 주식 투자가 인생의 생존 전략으로서 더할 나위 없는 '히든카드'가 될 것이다. 총 주식 투자 기간 30년, 그중 전업 투자자로 17년을 살아온 나의 조언에 '끌림'이라는 감정을 경험해보기 바란다. 주식 투자는 분명 개인의 생존 전략으로서 메리트가 있다.

02 시장 예측과 대응

주가가 오르고 내리는(등락) 원인은 고전경제학에서 정의한 1법칙, 즉 수요와 공급의 법칙을 고스란히 따른다. 주식을 사려는 사람이 많아지면 주가가 오르고, 거꾸로 주식을 팔고 싶은 사람이 많을 때는 주가가 떨어진다. 흔히 수급의 영향을 가장 많이 받는다고 보면 된다.

우리나라 코스피지수의 경우 오름세가 강한 분위기에서는 삼성전자와 같은 대형주들부터 상승한다. '코스피200'에 포함된 지수 관련 주식을 매매하는 주체는 일반적으로 큰 자금을 가진 외국인과 국내 기관 투자자다. 주식시장에서 개인 투자자들은 매수세의 분산으로 절대 지수 상승을 견인할 수 없다. 단지 과대 낙폭 시 개인 투자자들의 대규모 매수세가 낙폭을 어느 정도 축소할 수는 있다.

반대로 코스피지수가 상단을 뚫고 오르는 지수의 견인은 대부분 외국인 투자자들이 이끈다. 국내 기관들의 경우 대부분 투자 운영 방법이 보수적인지라, 지수를 선도하는 상승세에서 견인 역할을 하지는 못한다. 외국인이 지수를 견인하면 기관 투자자가 뒤를 이어 추격 매수에 나서고 차익 실현의 매물이 나올 때 개인 투자자가 매물을 받는 경우가 많다. 결국 개인 투자자들의 투자 수익률이 가장 저조한 이유이기도 하다.

외국인, 기관이 모두 동참하여 매수하는 종목은 급등세를 보이고, 어느 한쪽에서 매수하고 다른 쪽에서 매도하는 모습, 즉 엇박자 매매 형태를 보이면 혼조세가 된다. 그러다 외국인, 기관이 모두 동참하여 매도에 나서면 지수나 종목이 하락하는 단순한 패턴의 주가 움직임이 되풀이된다.

이 같은 매매 형태는 시장에서 광범위하게 보편적으로 나타나는 일반적인 모습이다. 특정한 개별종목의 움직임도 매매하는 주체만 다를 뿐 지수 움직임과 같은 형태다. 주식시장에 참여하는 주체(외국인이든 국내 기관이든 개인 투자자이든)들은 돈이 될 것이라고 믿는 주식을 매수하거나 매도한다. 주식의 매수 및 매도 행위는 시장과 종목을 바라보는 투자자의 '예측과 대응'의 결과물이라고 이해하면 된다.

예컨대 한 투자자가 오늘 어떤 주식을 1만 원에 매수했다고 하자. 투자자는 자신이 매수한 주식이 내일 이후 1만 원 아래로 떨어지지 않고 상승할 것이라고 예측했기 때문에 매수했을 것이다. 오늘 1만 원에 매수할 수 있는 주식이 만약 내일 10% 떨어지고 모레부터 상승할 것이라면 굳이 오늘 1만 원을 주고 매수할 이유가 없다. 매도도 마찬가지다. 투자자가 오늘 주식을 매도하는 이유는 내일 매도하는 것보다 더 이익일 거라는 투자자의 예측 때문이다. 내일 주가가 올라갈 것으로 예측되는데, 오늘 매도하는 경우는 담보 부족에 의한 반대 매매 외에는 없을 것이다. 이렇듯 주식시장에서 일어나는 투자자의 주식 매수, 매도, 보유 행위는 모두 시장이나 종목에 대한 투자자 예측에 기인한 대응의 결과물이다. 여기서 중요한 것은 이미 매도한 종목에 미련을 갖는다는 것은 기차가 떠난 뒤 손을 흔드는 것처럼 아무 의미가 없다. 매수에서도 예측과 대응이 중요하다. 주식의 보유 또는 신규 매수는 향후 주가가 상승할 거라는 예측과 믿음의 행위로 볼 수 있다.

내일의 주가 움직임은 '랜덤워크'다. 개구리가 어느 방향으로 뛸지 예상할 수 없고, 술 취한 사람의 다음 발걸음을 어디로 내딛을지 모르는 것처럼 내일의 주가 변화는 아무도 모른다. 단지 과거의 주가 흐름이나 회사의 실적 또는 재료 등을 참고하여 예측해볼 뿐이다.

예측에 기인해 투자자가 매수하거나 보유한 종목은 주식시장이 열리면 '상승, 하락, 보합'이라는 세 가지 현상으로 나타난다. 그런데 일반적으로 투자자들이 매수 이후 가볍게 여기는 것이 바로 '대응'의 문제다. 주가가 상승할 것이라고 예측했지만 하락하는 경우, 이에 대한 대응 시나리오가 없어서 재산상 손실을 보는 투자자들이 많다. 매수 후 상승하는 경우에는 분할 매도해서 수익률을 극대화하거나 급상승하는 경우 전량 매도 후 재매수하는 투자 방법도 대응의 영역이다. 매수나 보유 하락하는 경우, 그리고 급락하는 경우도 대응 전략을 미리 짜놓으면 손절 시기를 놓쳐 큰 손실을 껴안고 있거나 재투자의 기회비용을 날리는 안타까움을 방지할 수 있다.

참고로 우리나라 주식시장은 글로벌 증시 중에서도 미국 주식시장의 영향을 가장 많이 받는다. 전날 나스닥(NASDAQ) 선물이나 'S&P500 선물'의 상승과 하락의 깊이를 살피며 국내 주시시장에서의 주식 매수, 매도 전략을 짜거나 선물 옵션의 포지션을 정하는 것도 주식 투자에서의 '예측과 대응'의 좋은 본보기일 것이다.

★ 효율적 시장가설 ★

주식 투자자들은 늘 정보에 목이 마르다. 돈 되는 고급 정보만 있으면 주식 투자로 쉽게 수익을 거둘 수 있을 것이라고 생각한다. 기관 투자자와 개인 투자자의 수익률의 격차는 '정보의 비대칭성'에 기인한다고 생각하는 사람도 많다.

지금은 뉴스와 정보가 넘치는 시대다. 투자자가 관심 있게 살펴보는 개별 기업 관련 뉴스나 정보는 증권 사이트에 접속하면 쉽게 얻을 수 있다. 주식 투자자 대부분은 누군가가 소위 고급 정보라고 은밀하게 건네주는, 사실 관계가 확인되지도 않은 정보를 한두 번쯤은 접했을 것이다. 나도 가까운 지인이 좋은 정보라고 알려주어 그런 종목에 투자도 해봤지만 수익으로 연결된 일은 한 번도 없다.

'효율적 시장가설'은 주식시장에서의 정보와 주가와의 관계를 이해하기 쉽게 설명해주기 때문에 참고하면 좋을 듯하다.

2013년 노벨경제학상을 수상한 미국의 경제학자이자 금융학 분야의 권위자 유진 파마(Eugene Fama)는 '효율적 시장가설(EMH, Efficient Market Hypothesis)'을 주창했다. 이 이론은 한마디로 '현재의 주식 가격에 시장의 모든 정보가 반영되어 있다'고 정의할 수 있다. 효율적 시장가설은 오랜 시간 주식시장에 영향을 주었고, 가설이 발표된 이후 40여 년간 현대 투자이론의 중심축 역할을 했다. 잘 알려진 인덱스펀드(index fund, 종목별 비중에 따라 분산 투자를 하여 시장의 평균수익을 얻는 것이 목적인 상품)도 이 가설에 기초하여 설계된 것으로 알려져 있다.

효율적 시장가설에서 정의한 시장을 상정할 경우, 이 시장은 가격이 자산의 가치를 충실하게 반영할 것이다. 그리고 가격의 변화는 새로운 정보가 시장에 나올 때에만 움직인다. 효율적 시장가설은 시장에 반영되는 정보의 범위 따라 세 가지로 분류할 수 있다. 시장에 이용 가능한 과거의 모든 정보가 반영된다면 약형(weak-form), 공개된 정보가 반영될 경우라면 준강형(semi strong-form), 비공개를 포함한 모든 정보가 반영될 경우에는 강형(strong-form)으로 나눌 수 있다. 이들 세 가지 내용을 자세히 정리하면 다음과 같다.

약형 효율적 시장가설

시장에서 거래 가능한 금융자산(예: 주식, 채권, 유형자산 등)의 가격은 이용 가능한 모든 과거 정보를 포함한다. 약형 효율적 시장가설이 성립된 시장에서는 과거의 주가 또는 거래량을 도표나 지표로 표현한다. 도표나 지표를 관찰하여 매도, 매입 타이밍을 찾으려는 기술적 분석으로는 수익을 얻을 수 없다. 즉 도표(기술적 분석)에 의존한 과거의 주가 정보나 흐름을 분석하는 일이 불필요하다는 것이다.

준강형 효율적 시장가설

여기서는 가격을 비롯하여 공개된 모든 정보(역사적 정보 포함)를 포함한다. 준강형 효율적 시장가설이 성립된 시장에서는 모든 정보가 가격에 즉각 반영되므로 시장가격 자체가 내재가치가 된다. 따라서 기본적 분석으로는 수익을 얻기 힘들다.

강형 효율적 시장가설

공개 및 비공개 정보(대표적인 비공개 정보는 내부자 정보임)까지 포함한다. 모든 정보가 현재의 자산가격에 반영되어 있기 때문에 주식의 대가 아니라 대가의 할아버지라 해도 초과수익 이상을 실현할 수 없다. 저명한 애널리스트의 의미 있는 주식 분석이 지속될 수 없으며, 투자자들은 크게 오를 주식 정보를 알 수 없어 적극적인 투자전략 대신 시장 평균 수익률을 얻으려 한다. 가령 리스크를 평균적으로 분산, 부담하는 소극적 투자 포트폴리오 구성에 집중할 것이다.

효율적 시장가설에 따르면, 시장에서 평균 이상의 높은 수익을 얻는 일이 불가능하다. 대표적으로 두 가지 사례가 효율적 시장가성의 주장을 뒷받침하고 있다.

첫째, 투자분석가들과 뮤추얼펀드들이 시장을 능가하지 못한다는 점. S&P에서 제공하는 SPIVA U.S. Scorecard에 따르면 5년, 10년 동안 large-cap 매니저의 88.65%, 82.07%가 벤치마크보다 높은 수익을 제공하지 못했다. 또한 mid-cap 매니저의 66.23%와 small-cap 매니저의 72.92%의 수익률은 각각 1년 단위로 S&P mid-cap 400 및 S&P small-cap 600의 수익률보다 낮았다. 대형주의 결과와 마찬가지로 중소기업 펀드매니저 중 압도적 다수가 장기적인 관점에서 벤치마크를 하회했다.

둘째, 주가는 공개된 정보를 모두 반영하고 있다는 점. 따라서 어떤 정보일지라도 주가에 영향을 주지 못한다. 일례로 과거 한때 '미국이 금리인상이 확실시된다' 라는 전망이 나온 후 실제로 금리인상이 되었을 때 코스피지수는 큰 영향을 받지 않았다. 이처럼 미 연준의 금리 변경 결정에도 시장은 동요하지 않는다. 금리 변경 결정에 대한 정보가 이미 주가에 반영되었기 때문이다.

그렇다면 정말로 효율적 시장가설은 완전무결한 이론일까? 피델리티 마젤란펀드에서 연평균 수익률 29%를 기록한 피터 린치나 오마하의 현인이라 불리는 워런 버핏의 투자 성과는 어떻게 이해해야 할까? 또한 연초만 되면 대형 증권사나 리서치센터들은 큰 비용을 들여 전도유망한 주식들을 고객들에게 추천하고 시장 상황을 분석하느라 분주하다. 크게 오르든 많이 내리든 주가가 변할 것이라고 보는 것이다. 1987년 10월 19일 뉴욕 월스트리트에서 단 하루 만에 주가가 22%나 폭락한 블랙먼데이(Black Monday) 사례는 효율적 시장가설을 반론하는 근거가 되기도 한다.

여기에 덧붙여 나도 효율적 시장가설에 반하는 증거들을 다음과 같이 제시한다.

첫째, 1월 효과와 기업 규모 효과(size effect)다. 기업 규모 효과에 따른 비정상적인 수익률의 대부분이 1월에 나타나 기업 규모 효과와 1월 효과가 사실상 하나의 현상이다. 효율적 시장에서는 같은 위험을 갖는 기업이라면 기업 규모와는 상관없이 동일한 기대수익률이 나타나야 한다. 그런데 현실적으로는 규모가 작은 기업에서 같은 위험을 갖는 규모가 큰 다른 기업의 주식보다 비정상적인 수익률이 발생한다. 이것이 기업 규모 효과다(〈그림 1-4〉).

◘ 그림 1-3 | 엔비디아 코퍼레이션의 주가 흐름

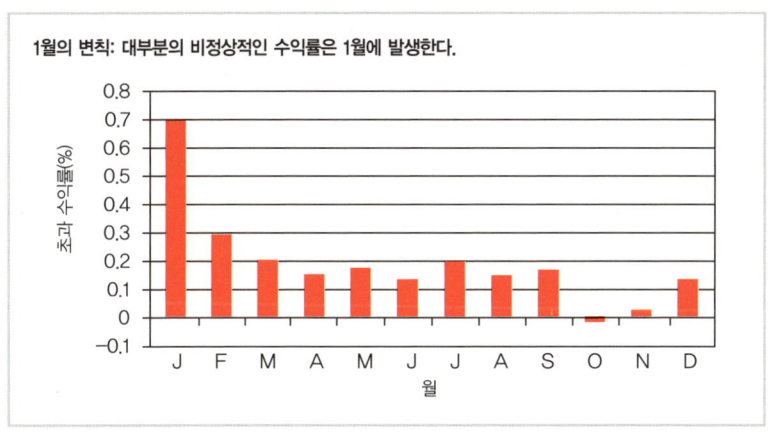

◘ 그림 1-4 | 기업 규모 효과

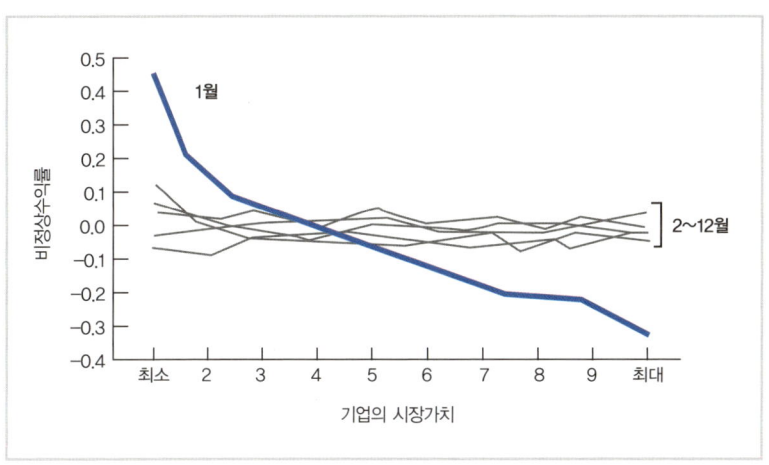

2부에서 내가 주장할 '사계절론'도 이 같은 사이클을 반영한 것이다. 최근 몇 년간은 기업 규모 효과가 감소한 듯한 느낌도 없지는 않으나, 많은 실제적 분석 결과 상대적 고위험을 감안하더라도 1월에는 소형주들이 장기적으로 비정상적인 고수익을 낸다.

둘째, 소외기업 효과(neglected-firm effect)다. 이는 기관 투자자들의 관심 밖에 있는 소형주가 기관 투자자들이 투자하는 종목보다 더 큰 기대수익률을 만든다는 것이다. 즉 기관 투자자들이 투자 여건의 제약 등에 따라 관심을 안 갖는 소형주는 활용 가능한 정보가 많지 않아서 위험이 높다. 그래서 높은 기대수익률이 만들어진다는 것이다. 미국의 주식시장을 대상으로 한 연구 결과, 기관 투자자들에게 소외된 주식들이 더 높은 수익을 올리는 것으로 나타나기도 했다.

셋째, 새로운 정보가 반드시 주가에 즉시 반영되는 것이 아니라는 점이다. 이를 '실적공시에 대한 주가 지연반응(post-earnings announcement drift)'이라고 한다. 실적공시에 대한 주가 지연반응이란 '시장 예상치보다 높은 실적을 공시한 기업의 주가가 공시 후에도 상당 기간 상향 표류하며 누적초과수익률을 기록하고, 거꾸로 시장 예상치보다 낮은 실적을 공시한 기업의 주가는 공시 후에도 상당 기간 하향 표류하며 누적초과손실을 기록하는 현상'을 일컫는다. 위에서 설명한 준강형 효율적 시장가설에 따르면, 시장에 이미 공개된 정보는 주가에 즉시 반영되어 가격이 조정되기 때문에 실적공시에 대한 주가 지연반응은 이를 위반하는 현상이다.

03 주식 투자, 투자인가 투기인가?

경제학은 정치일까, 과학일까? 세상의 모든 학문이 그러하듯, 처음에는 학문 고유의 성격이 짙었지만 나날이 복잡 다변화하는 사회 현상에 발맞추어 학문 간 영향을 주고받으며 통섭의 결과물로 나타나게 마련이다. 학문 간 경계가 허물어져 서로 큰 영향을 주고받는다는 것이다.

위 질문에 대한 답, 즉 경제학은 정치학이기도 하며 과학이기도 하다. 경제학자들에 따르면, 경제학을 이론·역사·정책 등에 도입해 체계적인 과학으로 이룩한 인물이 있다. 고전경제학의 창시자로 알려진 애덤 스미스(Adam Smith)가 그 주인공이다. 그는 철학 용어인 '예정조화설'을 경제학에 접목했는데, 그가 '보이지 않는 손'이라고 이름 붙인 경제 행위가 결과적으로 많은 사람들의 복지에 기여한다고 주장했고, 이를 비롯한 그의 여러 가지 경제학적 사상들은 후대에 많은 영향을 미쳤다. 애덤 스미스는 이미 오래전 '투자'와 '투기'를 다음과 같이 정의한 바 있다.

— "투자는 상품을 사용해서 얻는 이득을 보고 거래하는 것인 반면, 투기는 구매하는 상품의 가격 상승을 바라고 그 매매차익을 위해 거래하는 것이다."

그런데 얼마 전 재미있는 현상이 하나 나타나 주목을 끌고 있다. '가상화폐 투자 대 투기' 열풍이다. 현재 가상화폐로 알려진 비트코인(bitcoin), 이더리움(Ethereum)에 대한 사람들의 관심이 커지고 있는 실정이다. 한쪽에서는 이 상품이 미래의 안정적인 투자자산으로 자리매김할 것이라고 관측하는 반면, 반대쪽에서는 언젠가 거품이 사그라질 비이성적인 투기일 뿐이라는 주장이 팽팽히 맞서고 있다. 전자는 '가상화폐 투자'라는 주장, 후자는 '가상화폐 투기'라는 주장이다. 투자자라면 향후 가상화폐의 쓰임이나 확장성 등이 어떤 방향으로 전개될지 예의 주시하며 지켜보는 일도 흥미로울 것이다.

또 다른 이야기를 해보자. 많은 사람들이 투자라고 굳게 믿었다가 결국 1개월 만에 투기 광풍이었다고 정의를 내린 역사적인 사건이다. 1630년대 네덜란드에 불어닥친 '튤립 투기 광풍'이다.

이 사건은 일찍부터 주식시장이 있었던 유럽에서 화훼 판매업자가 튤립에 선물 거래를 도입한 것이 발단이 되었다. 한철 피어 있다 시들고 말 꽃이 투기 수단으로 바뀐 것이다. 튤립 판매상들은 갖고 있지도 않은 튤립을 팔고자 공매도 방식의 투기까지 끌어들였다는데, 그 결과 튤립 가격이 천정부지로 치솟아 튤립 구근 하나의 가격과 맞바꿀 수 있는 물건으로는 와인 200리터, 버터 2톤, 소 4마리, 돼지 8마리 등이 었다고 전해진다. 시간이 좀 더 지나 꽃값이 최고점까지 치솟았을 때에는 튤립 구근 하나가 고급 주택 한 채에 맞먹었다고도 하니, 비이성적인 인간의 투기 쏠림 현상에 기가 막힐 뿐이다.

이 이야기는 비상식적인 인간의 탐욕 심리를 엿볼 수 있는 웃지 못할 역사적 교훈으로 전해진다. 결과적으로 몇 년 동안 오를 것만 같던 튤립 가격이 며칠 만에 폭락함으로써 사건이 일단락되었지만, 오늘날 많은 주식 투자자들이 그간 겪은 가파른 가격 상승 뒤에 숨은 상대적으로 큰 공포 심리가 약 400년 전 과거 사람들의 심리와 거의 똑같다. 주식 투자 시 인간의 심리가 미치는 영향에 대해서는 후술할 예정이다.

그러면, 주식 투자는 '투자' 인가 '투기' 인가? 결론적으로 주식 투자는 양쪽 모두에 해당하는 재테크다. 자기가 보유한 주식에서 배당수익을 얻을 수 있고, 주가가 상승하면 시세 차익을 노리고 매매할 수도 있다. 증권 분석의 창시자이자 아버지로 불리며 가치투자 이론을 만든 벤저민 그레이엄(Benjamin Graham)은 《현명한 투자자》라는 명저를 통해 '투자' 와 '투기' 에 대해 아래와 같은 정의를 내렸다.

— "투자는 철저한 분석 하에서 원금의 안전과 적절한 수익을 보장하는 것이고 이러한 조건을 충족하지 못하는 행위는 투기다."

일반적으로 기업의 가치를 분석해서 내재가치에 근접한 주식 가격에서 매수하는 행위는 '투자' 다. 반면 단기에 높은 수익률을 바라보고 변동성이 큰 종목에 투자하는 행위는 '투기' 에 가깝다고 할 수 있다. 주식 투자는 늘 투자와 투기의 경계 선상에 있다. 주식 투자에서 투자와 투기를 구분 짓는 것은 중요한 일이 아니다. 그러나 주식 투자에서 투자와 투기를 논하는 이유는 주식 투자 실패 시 가장 큰 원인 중 하나가 투자자의 투기적인 접근 또는 행동의 결과라는 점을 알려주기 위함이다. 따라서 이를 경계하고 주의해야 함을 강조하고 싶다.

우리나라 주식의 시세판은 상승/매수 주문은 붉은색으로, 주식 하락/매도 주문은 파란색으로 표시된다. 주식 가격이 급상승하면 투자자들은 대체로 흥분하게 마련이며 추격 매수하는 분들도 많다. 그러나 결국 주식 가격은 회귀본능이 있다. 따라서 이에 발 빠른 대응을 못하면 큰 낭패를 겪을 수 있다. 급격히 상승한 종목을 추격 매수하는 경우 또는 투자금 차입이나 과도한 레버리지를 이용한 주식 투자 행태가 대표적인 투기 행위라고 할 것이다. 단기 차익을 거둔다면 다행이지만 대개 큰 손실로 이어지는 경우가 많으니 투자자의 주의가 필요하다.

주식시장은 세상의 축소판이다. 오전장이 좋았다가도 오후장으로 넘어와서는 좋았던 시장 분위기가 급변하는 일도 잦다. 이 때문에 투기적인 상황이 생각보다 많이 일어난다. 그런데 오랜 나의 직간접적인 경험에 비추어볼 때 이성적이고 합리적인 투자가 투기적인 투자보다 훨씬 더 좋은 투자 결과를 가져다준다.

주식시장에서 오랫동안 살아남아 성공이라는 꿈을 이루려면 이런저런 투자 방법을 익히는 것도 중요하지만, 그보다 더 중요한 것은 자신이 합리적인 투자 자세로 시장을 대하고 있는지 수시로 점검하는 일이다.

04 주식 투자 첫걸음

내가 주식 투자를 처음 시작한 시기는 30여 년 전인 1980년대 중반이었다. 전업 투자자로 전향한 지도 17년 전의 일이 되었고, 여러 실전 투자대회에도 참가해 좋은 성적을 거두어 나름 유명해지기도 했다. 나에게 운이 따라주어 이제는 제법 시장에서 익숙한, 오랜 시간 동안 꾸준히 수익을 거두는 전업 투자자로 알려져 있다.

그런데 내가 처음 주식에 입문했던 30여 년 전의 기억은 아직도 어제 일처럼 선명하다. 처음 주식을 접한 당시만 해도 기업을 분석한 리포트도 별로 없었고, 주식 투자에 대한 기본 지식이나 투자기업에 대한 사전 정보를 구해다가 투자에 참고하는 일이 드문 시절이었다. 아무 정보도 없는 그런 상태에서 당시 투자자들은 이른바 '묻지 마 투자'를 했다.

나도 그들과 별반 다르지 않았다. 신문의 서너 페이지를 할애해 실린 시세판을 들여다보고 사지선다형 문제의 보기 중에서 하나를 고르듯 찍은 종목이 '협진양행'이었다. 7,400원에 매수하여 1만 9,600원에 매도한 것으로 기억한다. 당시 상·하한가가 6%였으니까 정말 엄청 큰 수익을 낸 것이다.

생애 처음 매수한 종목에서 경험하는 뜻하지 않은 대박은 주식시장에 대한 잘못된 환상을 심어주기에 충분하다. 자칫 존재하지도 않는 노다지를 꿈꾸도록 만들어 뜬구름 잡는 허황된 삶을 살 수도 있다. 반대로 처음 투자한 종목에서 큰 손실을 본다면 '다시는, 절대로, 눈에 흙이 들어가기 전까지' 등의 표현까지 동원해가며 주식시장에 등 돌리는 분들도 많다.

'세 살 적 버릇 여든까지 간다'라는 속담이 세상 모든 일에 적용되는 듯싶다. 주식 투자도 예외가 아니다. 주식시장에 발을 내딛는 초기라면 시장의 개념, 돈의 개념, 투자의 개념부터 제대로 아는 것이 무척 중요하다. 주식을 처음 접하는 분들이 나에게 공통적으로 묻는 여러 가지 질문에 나는 '시장, 돈, 투자'의 개념부터 챙기라고 조언하곤 한다. 이것이 기초 중에 기초라서 그렇다.

한편, 주식시장에서는 급변하는 여러 상황, 투기적인 여러 현상을 몸소 겪게 마련인데, 초심을 유지하고 이어가기란 여간 어려운 일이 아니다. 호황이든 불황이든 간에 평상심을 유지한 채 소문에 휘둘리지 않고 좌고우면(左顧右眄)하지 않기가 너무나 힘들다. 돌부처가 아닌 이상에는 말이다.

주식 투자를 너무 어렵게 생각해도 안 되지만, 그렇다고 아무 준비도 없이 투자에 나서기에는 리스크가 너무 크다. 주식에 처음 입문하는 분들이나 또는 경험이 좀 있더라도 늘 마이너스 수익률에만 머물러 있는 분들이라면 자신이 종사하는 기업에 투자하는 것이 좋다. 또는 자신이 잘 알거나 관계가 있는 업종의 기업에 투자하는 것을 추천한다. 가령, 잘 아는 기업에서 일감이 늘어 전에 없던 야근이 반복된다거나, 직원들에 대한 복지가 개선되었다거나, 신규 채용 정보가 있다거나 하는 이슈들은 눈에 보이지 않지만 돈이 되는 정보다. 이런 말이 들려오면 투자에 망설일 필요가 없다.

현재 우리나라 주식시장에 상장된 기업은 2,000개가 넘는다. 제 아무리 뛰어난 주식 전문가일지라도 우리나라 주식시장에 상장되어 영업 중인 전체 기업의 모든 내용을 알 수는 없다. 그러나 전체적인 주식시장의 상황도 모르고, 투자 지식의 깊이가 부족한 투자자인 경우 자신이 몸담고 있는 회사, 잘 아는 기업 한두 곳에 투자하더라도 어느 누구 못지않은 안정된 투자 수익을 기대할 수 있다.

정리하면, 처음 주식 투자를 하는 분들에게는 자신이 몸담은 회사, 평소 관심을 갖고 지켜본 기업, 업무상으로든 개인적으로든 밀접한 관계를 가진 기업 등이 적절한 대상이다. 처음에는 투자자가 잘 아는 기업 또는 관계가 있는 회사에서 수익을 거두다가 점차 외연을 확장해가는 전략이 좋다. 내가 투자한 회사와 연관 있는 산업군으로 투자 범위를 서서히 넓혀나가자. 보유 종목을 더 늘이고 싶다면 평소 관심을 갖고 있던 산업군을 검색, 목록화하여 해당 산업에 대한 기사, 정보, 이슈, 트렌드 등을 분석하고 학습해두는 것이 도움이 된다. 이렇게 목록화된 기업들을 자신의 투자 목록 대상에 하나씩 편입하는 것이다. 이와 같은 투자 방법은 낯선 종목에 투자함으로써 발생할 수 있는 리스크를 낮추어줄 뿐만 아니라, 투자 수익을 거둘 확률도 훨씬 높아진다.

주식 투자를 하기 전, 자신이 투자하려는 회사가 무엇을 하는 회사이며 어떤 회사인지 정도는 알고 접근해야 한다. 또한 매수하려는 기업의 주가가 현재 비싼지 적정한지 여부 정도는 알고 투자해야 성투 확률이 높다. 물론 매수 가격이 적정한지를 알 정도라면 투자 지식을 꽤 갖춘 분이라고 생각한다. 적어도 그 정도 준비를 갖추고 난 후에 직접 투자에 나서도 늦지 않다.

주식 투자의 목적은 자산을 늘이기 위함이지만 준비가 안 된 투자자에게 주식시장이란 숨을 곳 없는 전쟁터와 같은 곳이다. 준비 없이 나선 사람들은 전쟁터 맨 앞줄에 선 총알받이 병사처럼 힘없이 쓰러져 간다. 매일같이 전쟁터 같은 주식시장에서 수많은 사람들이 상처를 받고 절망한다. 그리고 이런 상처와 절망은 늘 반복된다. 당연한 결과이다. 준비가 덜 된 사람들의 피 같은 돈은 준비된 외국인 투자자, 기관 투자자의 몫이 된다. 투자에 앞서 새로운 사업을 한다는 생각으로 많은 준비를 하고 합리적·이성적인 투자에 나서야만 잃지 않는 투자자, 나아가 성공하는 투자자가 될 수 있다.

05 하이 리스크 하이 리턴

우리나라 사람 1인당 1년 평균 커피 소비량은 얼마나 될까? 무려 377잔이라고 한다. 누구나 하루 한 잔 이상의 커피를 마신다는 통계다. 이렇듯 커피는 과거 기호식품에서 발전하여 전 국민의 보편적인 음료로 자리를 잡았다. 현재 시중에 유통되는 커피의 종류만 해도 무척 다양하다. 외국인들이 처음 접하면 그 달달한 맛에 중독이 된다는 인스턴트 커피믹스에서부터 원두커피, 캡슐커피, 조제커피 등 수많은 종류가 있다. 그런데 우리가 즐겨 찾는 커피, 커피나무의 품종은 몇 가지나 될까?

크게 세 가지 종류의 커피나무가 있다고 전해진다. 아라비카, 로부스타, 리베리카 등이 대표적인 커피나무다. 한 커피 전문가의 말에 따르면, 그중 로부스타 품종의 경우 다른 품종들과는 다른 특별한 생존전략을 갖고 있다고 한다. 이 커피나무는 해발고도가 낮은 장소에 분포함으로써 자기 주변의 수많은 벌레, 해충들과 함께 살아간다고 한다. 하나는 취하되 하나는 버리는 전략, 즉 따뜻한 위치에서 살아가기 때문에 자신을 위협하는 해충에 노출될 확률은 높지만, 그 대신 번식 가능성이 다른 품종보다 뛰어난 전략을 구사하는 똑똑한 커피나무인 것이다. 어쩌면 로부스타 커피나무는 영악하게도 '모험이 없는 곳에는 이익도 없다(Nothing Venture Nothing Have)'는 서양 속담의 진리를 진즉 깨닫고 있었는지도 모를 일이다. 많은 투자자들이 인용하는 격언, '모험이 없는 곳에 이익이 없다'는 말과 꽤 유사한 주식 투자 격언이 하나 더 있다.

— '위험이 클수록 큰 이익이 되어 돌아온다(High Risk High Return)'

하이 리스크 하이 리턴!
독자들의 귀에 익숙한 말일 것이다. 주식시장에서도 이런 이야기를 종종 들을 수 있다. 이 말을 자세하게 풀면 '높은 위험을 감수할수록 많은 수익을 기대할 수 있다'라는 뜻이 된다. 일견 그럴 듯하게 들리기도 한다. 가끔 '주식 투자는 위험해서 앞으로 절대로 하지 않겠다'라고 말하는 분들을 만나볼 수 있다. 그런데 호랑이를 잡으려면 호랑이가 사는 굴로 들어가야만 한다. 주식이 위험해서 투자 못 하겠다는 분들은, 무위험 자산인 정기예금이나 국채에 투자하면 될 것이다. 은행이나 국가가 망하기 전에는 원금이 보장되기 때문이다.

결론적으로 주식에 투자하는 사람들의 생각은 높은 수익(high return)을 실현하고자 기꺼이 높은 위험(high risk)을 감수하겠다는 것으로 이해할 수 있다. 그러나 현실적으로 주식 투자에서의 높은 위험은 높은 수익을 보장해주는 것이 아닌, 대부분 높은 손실(high loss)로 귀결된다. 많은 투자가들이 하이리스크의 결과물인 하이리턴은 맛보지 못한 채

재산상 손실의 결과만 경험하니까 안타까울 뿐이다.

내가 오랜 경험을 통해 깨달은 주식시장의 투자 진리 중 하나는 "주식 투자에서 절대적인 '로우 리스크(low risk) 하이 리턴(high return)' 투자법은 없다"였다. 사과나무 아래 편히 누워 아무것도 안 하면서 열매가 떨어지기만을 기다리는 사람, 도둑놈 심보와 다르지 않다. 높은 안전성과 큰 수익성의 그래프는 반비례하는 모습으로 그려지게 마련이다.

그러나 조금 덜 위험하면서 시장수익률을 초과하는 투자법이 아예 없는 것은 아니다. 즉 성장 가능성이 높은 좋은 기업의 주식이 외부적인 요인(비체계적 위험)으로 하락할 때 매수하면 대개 시세 차익도 얻고 배당도 받는 '로우 리스크-하이 리턴' 주식 투자가 가능하다.

대표적인 사례가 글로벌 금융위기, 북한의 핵실험, 탄핵 등의 이슈였다. 2008년의 미국 금융위기 시 국내 코스피지수는 900포인트까지 폭락했다. 우리나라 내부의 문제가 아닌 외부적인 리스크로 국내 주식이 폭락했지만, 채 2년이 안 되어 주가가 원래 자리로 회복되었다. 북한 핵실험 이슈도 마찬가지다. 핵실험이 감행되는 당일에는 크게 폭락하지만(요즘은 꼭 그렇지만은 않은 것 같다), 며칠 만에 주가가 제 자리를 찾는 경험을 겪기도 한다. 이런 요인들이 대표적인 비체계적인 위험들이다. 투자자라면 '로우 리스크-하이 리턴' 투자 타이밍으로 여겨야 할 이슈라고 기억해 두자.

이와는 반대로 대박을 꿈꾸면서 변동성이 큰 부실한 회사에 투자하는 분들도 많이 볼 수 있다. 그러나 결과는 '하이 리스크-하이 로스'의 성적표만 손에 받아볼 확률이 더 높다. 2장에서 자세히 소개하겠지

■ 그림 1-5 | 대선 테마주: 성문전자

● 고점 15,000원대, 현재가 2,300원대

만, 소위 '대선 테마주'라는 것이 있다. 대선 주자로 급부상하는 인물이 나타나면, 그와 관련 있는 주식 가격이 덩달아 치솟다가, 대선 주자로서의 매력이 반감하면 주가가 언제 그랬느냐는 듯 폭락한다. 〈그림 1-5〉에서 '하이 리스크-하이 로스'의 전형적인 모습을 볼 수 있다.

나는 위에서 설명한 두 가지 내용을 두루 겪어보았다. 뼈아픈 실패는 타산지석으로 삼았고, 큰 수익을 거두었을 땐 겸손하고자 했다. 이 같은 경험들이 하나둘씩 쌓여 데이터화되고 보니 나름의 투자 원칙과 투자 철학을 깨닫고 체계화할 수 있었다.

그래서 부족하지만 독자들에게 감히 투자 조언을 해주고 싶다. 앞으로 내가 책의 여러 부분에서 강조할 투자 원칙과 철학을 무심코 흘려듣지 않기 바란다. 누구든 이를 잘 숙지하고 활용한다면, 적어도 실패하는 주식 투자자로 남지는 않을 것이다.

06 생활 속의 주식 투자

몇 년 전, 친하게 지내는 지인이 지하철을 타고 집에 가다가 경험한 일이라고 한다. 북적거리는 지하철 안에서 어떤 중국인 관광객이 양손에 밥솥을 6개나 들고 있더란다. 지인은 호기심이 생겨 상표를 살폈는데, '쿠첸'이라는 밥솥이었다. 국내 전기밥솥 시장은 '쿠쿠'와 '쿠첸' 두 회사가 양분하여 장악하고 있는 실정인데, 당시 '쿠쿠'는 상장이 안 되었고 '쿠첸'은 주식 가격이 비교적 싼 편이었다. 투자자의 직관이 발현되는 순간이었다. 집으로 돌아온 지인은 곧장 '쿠첸' 주식을 매수했고, 얼마 지나지 않아 큰 수익을 거두었다고 한다.

후텁지근한 한여름이 오기 전 무더위를 알리는 전령인 장마철을 보내야 한다. 사람들은 더위도 더위지만 습도와의 전쟁도 치러야 한다. 가정에 막 제습기 설치가 한창 유행하던 시절, 나는 아내와 상의하여 집에 제습기 설치하기로 결정했다. 그런데 업체에 의뢰를 해보니, 재고가 없어 설치까지 한참 기다려야 한다는 답변이 돌아왔다. 투자자로서 이런 현상을 보고 그냥 넘어간다는 것은 직무유기(?)다. 나는 당장

실적 성장이 좋은 위닉스를 보유하며 관심 있게 지켜보았고, 투자강연회에서도 이 종목을 추천했다. 결과적으로 6,000원대에 매수한 주가가 이후 3만 원을 돌파했다.

주식시장이 세상의 축소판이라는 점, 증권시장에 상장된 기업들은 사람들의 실생활과 밀접한 관계가 있다는 점을 누구나 안다. 위에서 소개한 밥솥, 제습기 사례는 내가 직간접적으로 경험한 일들이다. 어떤 기업에 투자할지 결정할 땐 해당 기업의 재무제표를 살피고 영업이익증가율을 안다면 분명히 도움이 되겠지만, 이런 일들은 어느 정도 전문지식이 필요하다.

굳이 전문지식이 없더라도 우리 주변에서 일어나는 크고 작은 일상의 변화를 잘 살피는 일만으로 투자 아이디어를 쉽게 얻을 수 있다. 몇 년 전 맑은 국물로 히트를 친 '나가사키 짬뽕' 덕에 '삼양식품'의 주가가 급등했던 일, 겨울철 거의 모든 중·고등학생들이 입고 다니던 '노스페이스' 점퍼로 '영원무역' 주식이 크게 오른 일을 기억할 것이다. 영화나 드라마, 음악도 좋은 투자 소재가 될 수 있다. 드라마 〈별에서 온 그대〉의 '키이스트', 노래 〈강남 스타일〉로 세계적인 스타가 된 가수 싸이 관련 회사라는 '디아이', 1,500만 명이 관람한 영화 〈명량〉의 투자사 '대성창투'도 주가가 몇 배나 상승했다.

또한 사회구조 변화에 따른 수혜주도 생각해볼 만하다. '1인 가구' 시대에 접어들면서 '혼밥', '혼술' 족이 크게 늘어 편의점 매출이 증가하는 추세인데, 이에 편의점 관련주인 'BGF리테일', 'GS리테일'의 주가가 지속적으로 상승하기도 했다. 노령화 사회의 도래로 앞으로는 제약, 바이오 주식에 대한 투자가 유망할 것이라는 전망에 이견을 가진 사람은 없다. 나이가 들면 병들고 아픈 일이 당연한데, 다른 것은 아낄 수 있어도 치료비를 아낄 수 있는 것은 아니다. 수명이 늘면 치매 환자도 지속적으로 늘 것이고 따라서 치매 치료제 제약회사의 전망이 좋을 거라는 힌트를 투자 시 참고하면 도움이 될 것이다. 세상을 살피고, 사회의 변화를 읽어야 하는 이유는 그런 변화에 맞추어 돈의 흐름이 바뀌기 때문이다. 변화가 있는 곳에 돈이 몰리게 마련이며, 그런 곳이 투자의 발원지가 된다.

간혹 신문이나 뉴스에 소개되는 정부 정책들도 눈여겨볼 만하다. 정부가 주도하는 변화에 참여하거나 수혜를 볼 기업들을 이른바 '정책 관련주'라고 부른다. 국가의 자금이 집행되는 곳에는 기업의 자금도 몰릴 가능성이 높다. '물 들어올 때 노를 저어야 한다'라는 말처럼 투자자들은 돈이 몰리는 곳에서 투자 수익을 거둘 확률이 커진다. 시시각각 변하는 사회 현상이나 유행을 관심 갖고 지켜보면서 변화를 이끄는 주도 기업, 변화에 따른 수혜 기업을 가늠해보자. 우리 생활 곳곳에 대박의 힌트가 숨어 있다.

한편, 투자자라면 평소 경청하고 관찰하는 습관도 갖추고 있어야 한다. 수많은 우리 일상에서 오가는 대화 속에 투자의 기회가 있다. 사람들 입에 자주 오르내리는 주제에 귀를 열어야 한다. 그런 이야기 속에 돈이 되는 기회가 있는 것이다. 귀를 열어놓고 사는 경청은 그래서 중요하다. 위에서 언급한 밥솥, 제습기의 사례처럼 주변을 잘 살펴보는 남다른 관찰은 여러분의 주머니를 불려줄 것이다.

남들보다 한발 앞서 알아채는 능력이야말로 주식 투자에서 돈을 만드는 능력이다. 그런데 이처럼 돈이 되는 능력을 돈이 되는 종목으로 바꾸려면 관련주를 검색해야 한다. 이미 상승이 한창인 종목도 있을 테고, '언제 이렇게까지 떨어졌나' 하고 놀랄 만큼 주가가 바닥권에 있는 종목들도 눈에 띌 것이다. 보통의 투자자들은 한참 상승 중인 종목을 매수하겠지만, 욕심을 내려놓고 보면 아직 상승하지 않은 종목에 더 큰 기회가 있다.

사회가 어떻게 변해가고 사람들이 어떤 이슈에 환호하며 생활습관이 어떻게 변하는지 주목하자. 우리 주변의 작은 변화에 관심을 가져야 이기는 투자자가 될 수 있다.

CHAPTER 3

주식 투자에 영향을 미치는 트렌드

★ ★ ★

주식 투자는 시대적 트렌드에 민감하다. 어느 투자 분야 못지않게 유행과 흐름에 빨리 반응한다. 세상의 변화상에 늘 관심을 가지고 안테나를 세우고 있어야 하는 이유가 바로 이것이다.

3장에서는 급변하는 세상 속에서 투자 포인트 찾는 법, 투자에 영향을 미치는 트렌드, 우리에게 매우 익숙한 세계적인 거장들의 투자 마인드와 노하우를 살펴본다.

01 미래를 이끌어갈 4개 트렌드

시대는 변한다. 이는 동서고금의 진리다. 시대가 변하면 기업도 변해야 생존할 수 있다. 변화를 통해 살아남은 기업이 있는 반면, 변하지 못해 망한 기업들도 부지기수다. 이런 이야기를 할 때면 흔히 인용되는 유명한 회사가 둘 있다. 코닥과 후지가 그 주인공이다.

과거 필름 카메라 전성기 시대, 당시만 해도 코닥은 해당 업계에서 독보적인 1위 업체였다. 후지는 코닥을 한 번도 이겨보지 못한 후발주자였다. 그런데 더 이상 필름이 필요 없는 디지털카메라의 등장, 그리고 스마트폰의 대중화가 세상을 휩쓸자, 두 기업의 흥망이 갈렸다. 코닥은 오랜 시간 업계 1위로 군림하여 자만했고, 시대적인 흐름을 간과해 변화에 동참하지 않았다. 이렇듯 대세를 오판한 결과 역사 속의 기업으로 사그라졌다. 그렇다면 후지는 어땠을까?

현재 후지의 대표적인 상품은 레이저내시경, 화장품, 에볼라바이러스 치료제 등이다. 기존의 주력 상품이던 필름에서 벗어나 새로운 도전을 감행하여 성공을 일궈낸 것이다. 사진을 보호해주는 아스타잔틴

(astaxanthin)에는 노화를 방지하는 성분이 들어 있는데, 이를 토대로 화장품 사업에 뛰어들었다. 또한 필름을 만들 때 사용하던 뛰어난 화학 기술로 에볼라바이러스 치료제를 만들었고, 카메라 제작 기술로는 레이저내시경 제작 분야로 넘어갔다. 후지는 필름을 만들던 노하우와 장점을 다른 분야에 접목하여 새로운 지평을 열어간 것이다. 독자들도 잘 알다시피 세계적인 휴대폰 기업 노키아도 시대적인 변화를 읽지 못해 망한 대표적인 기업 사례로 회자된다. 변하지 않으면 망하고 만다.

이렇듯 각 산업군은 시대의 변화와 요구에 따라 흥망성쇠가 변한다. 몇 년 전만 해도 불멸할 것이라고 굳게 믿었던 산업이 부지불식간 내리막길을 걷는 경우는 드물지 않다. 1980년대 대한민국 경제를 이끈 산업은 무역업과 건설업이었다. 당시에는 주식시장에도 '트로이카' 주들이 있었다. 즉 무역, 건설, 증권주가 무차별로 급등했다. 20년 후인 2000년대 중반에는 조선업이 나라를 먹여 살린다고 할 만큼 한때 일본마저 제치고 세계 선박 건조 수주량 1등을 차지하기도 했다. 그 결과 현대중공업, 삼성중공업, 대우조선해양과 같은 조선업종의 주가가 하루가 멀다 하고 치솟곤 했다.

재차 강조하건대 투자자라면 이런 대세와 흐름, 트렌드를 읽어낼 줄 알아야 한다. 지금은 어떠한가? IT 기술의 비약적인 발달로 전자제품의 성능마저 날로 좋아지는 시대다. 게다가 여러 가지 첨단 복합기능을 장착한 전자제품들이 소비자들의 눈을 현혹시킨다. 반도체는 '현대산업의 쌀'이라고 불리며 전 세계인들의 필수품이 된 스마트폰에서부터 운전자 없이 자율주행이 가능한 자동차에 이르기까지 반도체가 쓰이지 않는 곳이 거의 없다. 당연히 반도체 업종 주가가 고공행진 중이다.

그렇다면 향후 글로벌 금융시장에서 주목해야 할 산업군과 분야는 무엇일까? 내 판단으로는 네 가지 트렌드에 돈이 몰릴 것으로 본다. 독자들도 관심 갖고 지켜보기를 바란다. 투자자들은 이런 내용들을 살펴본 후 자신에게 맞는 투자를 선택하면 될 듯하다.

첫째, 태양광이나 풍력과 같은 신재생에너지 사업이다. 본격적인 시행 과정에서 드는 비용 문제나 유가 하락 문제 등의 걸림돌이 없는 것은 아니지만, 가까운 미래에는 신재생에너지 분야가 반드시 주목 받는 사업으로 떠오를 것이다.

둘째, 로봇 분야다. 비서 역할을 하는 가정용 로봇과 인간의 형태를 가진 로봇(휴머노이드)뿐만 아니라 극한 작업과 단순 반복작업, 공장설비 자동화에도 로봇이 사람 대신 투입될 것이다. 비싼 인건비가 부담스러운 기업 입장에서는 로봇에 매력을 느낄 수밖에 없어 수요가 계속 늘어날 것으로 생각한다.

셋째, 공유경제 분야다. 사람은 어떤 물건을 빌려서 사용하는 것보다 자신이 직접 소유해서 사용하는 일에 익숙하다. 이는 인류의 오래된 소비 습관이기도 하다. 자주 쓰는 물건이 아닌데도 많은 비용을 들여 물건을 구매한다. 소유의 개념에 맹목적으로 얽매이는 습성 때문이다. 그런데 이런 소비 습성이 변하고 있다. 사사로운 일까지 정보가 공유되는 모바일 시대인 지금, 소비에 대한 욕구가 '필요할 때 잠시 빌려 쓰는 리스나 렌트 형태의 공유경제로 바뀌고 있다. 에어비앤비, 빌려 쓰는 자동차, 아이 옷 공유, 국민도서관 책꽂이 등의 분야가 날로 확장되고 있다는 점을 간과해서는 안 된다.

마지막으로 넷째, 헬스 케어 산업이다. 신약 개발이나 난치병 치료와 같은 제약, 바이오 분야로만 한정하여 생각할 수도 있다. 그런데 건강보조식품, 성형, 미용 등의 분야도 넓은 의미에서 헬스 케어 산업에 포함할 수 있다는 점도 기억해 두자.

시대적 트렌드에 걸맞은 주식 투자가 어려운 것은 아니다. 시대정신은 정치가에게만 요구되는 덕목이 아니다. 유행과 흐름에 민감하게 반응해야 하는 주식 투자에게도 시대정신은 반드시 필요한 안목이다. 시대적 트렌드에 맞는 주식 투자에 나선다면 한결 높은 수익률로 보상받을 것이다.

 **남석관의 투자 노트**

급변하는 세상 속 투자 포인트 찾기

정보에 뒤지는 개인 투자자가 급변하는 환경에서 수익을 높이려면 정보 얻는 일에 게을러서는 안 된다. 증권사 홈페이지를 방문해보면 산업별 리포트가 많이 있다. 해당 회사의 고객이 아니더라도 공짜로 리포트를 볼 수 있다. 신문도 좋은 자료다. 신문의 산업 코너에는 어떤 기업이 어떤 기업 활동을 하고 있는지 이해하는 데 도움이 되는 기사가 많이 있다. 바이오나 제약, IT 업종의 이해는 관련 잡지가 도움이 된다. 단순한 투자자에서 좀 아는 전문 투자자로 변신하려면 전문업종의 잡지 정도는 읽으며 스스로를 업그레이드시켜 보자.

아래에 소개하는 세계 3대 IT 전시회도 좋은 정보가 된다. 전시회에서 소개하는 신제품뿐 아니라 제품에 장착된 신기술이 다음 주식시장에 영향을 미친다. 주식투자 시 도움이 될 것이니 참고하기 바란다. 나는 이런 전시회를 참관한 뒤 신기술, 신제품에 관련된 주식에 투자함으로써 큰 수익을 거둔 경험이 있다.

- **CES(International Consumer Electronic Show)**
  미국가전협회가 주관하여 매년 1월 초 라스베이거스에서 열리는 세계 최대 규모의 가전 IT제품 전시회다. 세계 IT업계를 대표하는 기업들이 모두 출동하여 그해의 주력제품을 선보인다. 전년도 12월 중순이면 신제품과 신기술에 대한 정보를 뉴스 등을 통해 알 수 있다.

- **IFA(Internationale Funkausstellung)**
매년 독일 베를린에서 1주일 동안 열리는 유럽 최대 국제가전박람회다. 디지털 오디오, 비디오 멀티미디어 전시회로서 TV, 셋톱박스, 모바일 기기 등의 발전 방향을 직접 살펴볼 수 있다.

- **MWC(Mobile World Congress)**
세계 최대 규모의 이동·정보통신 산업전시회다. 지금은 누구나 사용하는 스마트폰이 'MWC 2010' 행사에서 처음으로 선보인 바 있다. 이 전시회에는 스마트폰에 장착되는 각 기업의 신기술이 소개된다.

02 우라가미 구니오의 증시 사계론

지금까지 나는 주식 투자와 밀접한 관계가 있는 글로벌 환경의 변화, 미래를 이끌어갈 여러 가지 트렌드, 그리고 주식 투자자가 갖추어야 할 자세 등을 말했다. 1부에서 소개하는 마지막 이야기는 '우라가미 구니오의 증시 사계론'과 '가치투자 거장들의 투자 방법'이다. 주식 투자의 대가라 불리는 인물들의 이론과 투자 방법을 숙지하는 것도 여러분의 투자에 분명 큰 도움이 될 것이라고 생각하기 때문이다. 그럼 먼저 일본 금융계의 백전노장이라 불리는 우라가미 구니오의 증시 사계론부터 살펴보자. 이는 이후 내가 강조할 '남석관의 주식 사계론'의 모티프가 되기도 했음을 미리 밝힌다.

주식의 메카로 불리는 미국 월스트리트에서 실력을 인정받는 아시아 투자자가 있으니, 그 주인공은 우라가미 구니오다. 그는 증시에 4계절이 있다고 주장하여 세간의 주목을 받았는데, 증시 사이클을 분석함으로써 일본을 넘어 세계적인 테크니컬 애널리스트 반열에 올랐다. 국내에 소개된 우라가미 구니오의 대표작 《주식시장 흐름 읽는

표 1-6 | 우라가미 구니오의 '증시 사계론' 요약

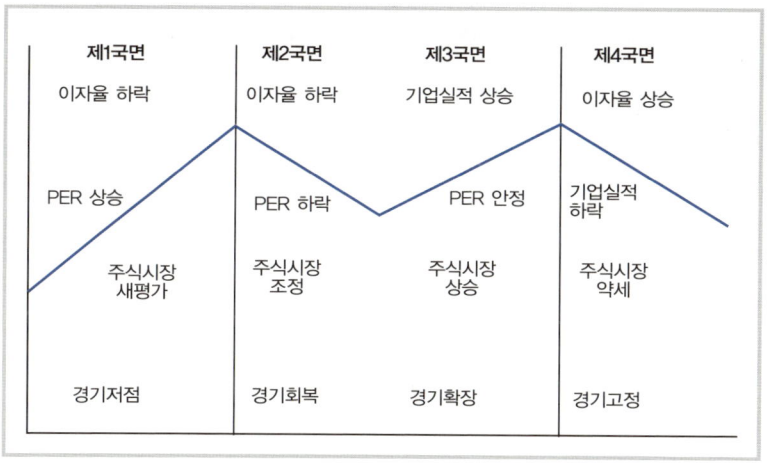

법》은 고전투자서의 바이블 중 하나라는 평가를 받는다. 자칫 무질서해 보이는 주식시장의 각종 흐름은 실상 네 가지 패턴, 사이클에 따라 반복적으로 나타난다는 것이 그의 이론이다.

우라가미 구니오는 주식 운용전략 결정에서 빼놓을 수 없는 지표 가운데 하나로 경기순환과 이에 연동하는 주식장세 국면 추이를 중시했다. 그리고 주식시장을 사계절에 비유하면서 시장 국면의 변화를 설명했다. 우라가미 구니오의 투자 방법론은 간단히 〈표 1-6〉처럼 정리할 수 있다.

자본주의 경제는 추세적으로 볼 때 성장을 지향하면서 경기 상승과 하락의 순환적인 변동을 반복한다. 이것은 투자의 변동을 중심으로 생산, 고용, 가격의 변동이라는 형태로 나타난다. 그 변동은 일단 한 방향으로 탄력이 붙어 움직이기 시작하면 같은 방향으로 누적적으로 발전하여 어느 지점에 도달하면 기동력이 떨어져 마침내 반대 방향으로

표 1-7 | 금융장세, 실적장세, 역금융장세,

구분	금융장세	실적장세	역금융자세	역실적장세
주가	↑	↗	↓	↘
금리	↓	↗	↑	↘
실적	↘	↑	↗	↓
국면	회복기 단기 큰 폭 상승	활황기 장기안정상승	후퇴기 큰 폭 동반하락	침체기 부분적 투매
주도주	금리하락 수혜주 재정투융자관련주 업종대표주	소재산업(초기) 가공산업 3류주 업종순환상승	중소형 우량주 저PER주	내수관련주 자산주 후반부에는 초우량주 투자
경기	자금수요감소 금리인하 물가안정 민간소비지출 확대	생산판매활동 증가 생산시설 증가 소비 증가 물가상승 자금수요 증가 통화긴축	실질이자율 상승 내구소비재 수요감소 생산활동 위축	재고누적 실업률 가속 부도기업 정부의 금리인하 경기부양책

역전하는 경향을 갖는다. 한 기업의 주가는 일반적으로 그 기업의 실적과 이자율에 따라 결정이 되는데, 이들 변수는 순환적인 성격을 가지므로 이에 따라 주가도 순환적인 패턴을 보인다는 것이 우라가미 구니오의 주장이다.

 우라가미 구니오는 이들 변수의 변화에 따라 주식 사이클을 네 가지 국면으로 분류할 수 있다고 생각했다. '증시 사계론'의 네 가지 장세를 자세히 살펴보자(다음의 내용은 우라가미 구니오의《주식시장 흐름 읽는 법》을 참조했음을 밝힘-저자 주).

★ 금융장세 ★

경기가 수축되었다가 회복되는 기간을 말한다. 이 시기에는 장·단기 이자율이 떨어진다. 금융장세가 나타나는 시기는 경기침체기 말과 경기회복기 초다. 경기침체기에는 금리인하를 취함으로써 경기에 활력을 불어넣고자 한다. 이때 주가는 금리인하 기대감과 실제 금리하락의 영향, 즉 돈의 힘으로 오르기 시작한다. 이자율이 낮으면 시중에 유동성이 풍부해지고, 경기부양과 기업실적 회복 기대가 높아진다. 또한 주가보다 채권 가격이 상대적으로 저렴해 보임으로써 낮은 이자율을 바탕으로 주가가 오른다.

금융장세 경기는 자금수요 감소, 금리인하, 물가안정, 민간소비지출 확대가 일어나며 주식시장에 금리하락 수혜주가 상승한다. 금리가 낮으면 은행예금이나 채권의 매력이 떨어진다. 이 시기는 경기가 회복하는 시기이기 때문에 기업의 실적도 좋아질 것이라는 기대감이 생겨 강세장이 형성된다. 금리하락 수혜주, 재정투융자 관련주, 업종대표주 등이 시장 주도주가 된다. 금융장세는 한 마디로 금융 관련주들의 장세라고 보면 된다.

★ 실적장세 ★

경기회복과 금리하락이 멈추면 금융장세가 막을 내린다. 이후 실적장세에서는 주가가 오르면서 경기회복에 따른 인플레이션 우려로 장기

이자율이 올라가는데, 이를 상쇄할 수 있는 배당 또는 기업실적의 성장이 가시적으로 나타나기 전까지 주식시장은 조정을 거친다. 이 무렵에는 기업들이 부채를 축소하려고 주식 발행을 늘려 수급 면에서도 매력이 떨어진다. 이런 흐름은 경기회복기를 지나 본격적인 활황기에 접어드는 과정에서 나타나는 현상이다.

금리하락으로 기업의 활동이 활발해지면서 경기가 회복됨에 따라 기업의 설비투자가 왕성해지고 기업의 실적도 이전보다 좋아진다. 경기회복에 따른 자금 수요가 증가하면서 금리가 다시 오르지만, 이보다는 경기가 활황이라는 점이 증시의 최대 호재가 된다. 이전의 금융장세가 짧은 시간에 주가가 가파르게 오르는 시기라면 실적장세는 장기간에 걸쳐 꾸준한 상승을 보이는 것이 특징이다. 실적장세에서는 소재산업을 중심으로 한 대형주들이 상승을 견인하고, 기관 투자자의 활발한 매매가 상승을 더 부추긴다.

실적장세는 금리가 오름세로 돌아섰음에도 불구하고 기업실적 증가에 힘입어 지속적인 상승이 이루어진다. 따라서 활황이 지속되면서도 비교적 물가가 안정되고, 금리 상승률이 어느 정도 수준에서 억제된다. 실적장세가 심화되어 활황기가 지속됨에 따라 시장을 이끄는 주력 업종도 초반의 부품 관련 소재업(제지, 유화, 철강, 비철금속 등)에서 완성품 위주의 가공 산업이 차지한다. 활황의 장기화로 소비가 늘고 이를 반영한 소재 산업 전반에 적극적인 설비투자에 나서게 되어 산업 전반에 걸쳐 고른 상승세가 나타난다.

★ 역금융장세 ★

인플레이션 우려를 안정시키기 위해 정책 당국이 긴축통화정책을 시행하면 장기이자율은 안정되는 경향을 보인다. 단기이자율은 상승세를 보이지만 경기는 회복세를 계속한다. 이 단계에서는 애널리스트들의 기대 이상으로 실적을 실현하는 기업이 나타나며, 주식시장은 이를 재료로 상승장세를 재개하여 고점에 이른다. 만약 실적장세가 계속된다면 인플레이션이 표면화되고 향락소비 산업이 만연해진다. 경제정책의 주요 목표인 물가안정이 위협받으면 정부가 금융긴축을 통해 시중 통화를 회수하고 결국 금리가 오른다. 금리 상승은 주식시장을 약세로 돌리는데, 이를 역금융장세라 부른다.

 강세시장에서 약세시장으로 전환하는 계기는 긴축금융이지만 그 밖에 외부의 충격(오일 쇼크 등)들도 영향을 준다. 역금융장세에서 실물경기는 아직 최고조에 있고 기업실적도 여전히 증가할 것으로 예상되지만 금리 상승에 따라 이미 많은 차입금을 사용 중인 대규모 소재 산업 기업들의 주가가 약세로 나타난다. 이때에는 재무 구조가 좋아서 금리 상승에 따라 오히려 이자수입이 늘 수 있는 성장력 높은 중소형 재료주의 가격이 상승한다.

★ 역실적장세 ★

역실적장세는 침체기다. 경기침체에 따라 실물경기가 악화되고 자금

수요가 크게 줄어든다. 기업실적은 대폭 감소할 것으로 예상되고 차입금이 많거나 시장점유율이 낮은 기업들은 적자를 기록한다. 역실적장세에서 대규모 상장회사가 부도나는 사태도 일어나곤 한다. 이 시기에 외부의 충격이 가해지면 그 정도가 더욱 심각해진다. 역실적장세에서는 작전 세력에 의한 주가 조작도 빈번하고 깡통계좌가 속출하기도 한다.

이런 상황에서 미래가 불투명한 주식을 보유하기보다 안정적으로 이자를 받을 수 있는 채권투자로 전환하고 다가올 금융장세를 대비하는 것이 좋다. 흔히 '바닥 밑 지하실'이란 표현이 난무할 만큼 주가의 바닥을 예측할 수 없는 두려운 시기가 역실적장세다. 몇몇 투자자를 제외하고는 주식시장에 관심도 주지 않는다. 그러나 이런 과정 중 경기가 바닥으로 떨어지기 전에 주가가 먼저 바닥에 도달한다. 이 국면에서 주목해야 할 종목은 금융주와 함께 경기에 덜 민감하고 위험이 적은 경기방어주(전력, 가스, 부동산, 제약주)이다.

우라가미 구니오의 증시 사계론 요약

- 금융장세: 금리와 실적이 모두 하락, 주가가 상승한다.
- 실적장세: 금리가 서서히 오르고 실적이 좋아짐. 주가가 상승한다.
- 역금융장세: 금리가 빠르게 오르고 실적이 상향 조정, 주가가 하락한다.
- 역실적장세: 금리가 서서히 하락하며 실적이 급락함. 주가가 하향길로 접어든다.

주식 투자자들이라면 흐름의 중요성을 잘 알 것이다. 그러나 정작 올바른 흐름을 읽고 투자하는 사람들은 드물다. 판단의 근거도 없이 쉽게 종목을 고르고, 쉽게 고른 만큼 쉽게 매도하기 때문에 잃는 일이 허다하다. 눈에 보이지 않지만 주식시장에도 흐름, 사이클이 있다. 참고로 1990년대 일본 경제는 거품이 빠지면서 붕괴되는 지경까지 경험한 바 있다. 한국의 주식시장이 일본을 따라가는 면이 많다는 점을 고려할 때, 우라가미 구니오의 사계론은 한국 주식시장의 미래가 어떻게 흘러갈지 예측하고 이해하는 데 도움이 될 것이다.

나도 투자 시 적용하는 '사계론'이 있다. 30년간 우리나라 주식시장을 지켜보며 깨달은 주식의 사이클이자 흐름이다. 이에 대해서는 2부 '남석관의 투자 사계론'에서 자세히 다룰 예정이다.

03 가치투자의 거장들

주식 투자 세계에도 구루(Guru)들이 있다. 워낙 유명한 이 거장들의 이름은 설령 주식을 모르는 사람들일지라도 한두 번 정도쯤은 익히 들어보았을 것이다. 가치투자에 대한 정의와 가치투자의 대가로 인정받는 벤저민 그레이엄, 워런 버핏(Warren Buffett), 피터 린치(Peter Lynch), 존 템플턴(John Templeton) 등의 투자 방법을 간략히 정리해보는 것도 의미가 있다.

사람들은 미래의 주가가 어떻게 변하고 흘러갈지를 알아내고자 여러 가지 분석 기술을 고안해냈다. 대표적인 것으로 기본적 분석이 있다(2부 2장 '기본적 분석' 편 참조). 기본적 분석은 '기업의 내재가치에 영향을 미치는 모든 요소들을 분석하는 것'이라고 정의한다. 기술적 분석은 기업분석, 경제분석, 산업분석 등 세 가지 방법으로 나누기도 한다. 기업분석이 기업의 내적 요인들을 분석한 것인 데 반하여 경제분석과 산업분석은 기업의 외적 요인들을 분석한 것이다. 이 세 가지 툴(tool)을 어떤 순서로 분석하느냐에 따라 '톱다운(top down, 하향식)'과 '보텀업(bottom up, 상향식)'으로 나뉜다.

　톱다운은 '경제분석→산업분석→기업분석' 순으로 접근하는 방식이다. 가장 큰 범주인 경제분석을 통해 주식시장 전체가 어떻게 움직일지 대세부터 파악한 후 산업분석을 통해 유망한 업종을 선택하고, 해당 업종 내에서 저평가된 종목을 골라 투자하는 방식이다.

　반대로 보텀업 방식은 시장 여건보다 우선 기업의 내재가치부터 분석하고 저평가된 종목을 찾는 것이다. 철저한 기업분석을 바탕으로 한 투자가 투자 원금의 안정성과 적절한 수익성을 보장해줄 수 있다고 보는 것이다. 이를 가치투자라고 하는데, 가치투자자들은 산업의 변동에 민감하게 반응하지 않고 주식을 장기 보유하는 성향이 강하다. 이 방법을 처음 고안한 인물이 그 유명한 벤저민 그레이엄이다.

★ 벤저민 그레이엄의 투자법 ★

〈월스트리트 저널〉은 벤저민 그레이엄을 두고 '시대를 초월한 가장 위대한 투자자'라고 소개한 바 있다. 그는 내재가치에 기초한 주식 투자 분석의 시조, 가치투자의 아버지라고 불린다. 주가수익비율, 부채비율, 장부가치, 순이익 성장률 등 익숙한 용어들도 그가 처음 일반화한 것이라고 알려져 있다. 벤저민 그레이엄 이전에는 재무 분석을 본격적으로 수행한 사람이 없었으며, 벤저민 이후 재무 분석이 생겨났다고 말할 정도다. 그의 오래된 저서 《증권분석》과 《현명한 투자자》는 지금도 많은 투자자들이 참고하는 최고의 고전으로 남았다.

■ 표 1-8 | 벤저민 그레이엄의 종목 선발 기준

선별기준	항목	기준
주가수익배율(PER)이 낮은 종목	PER	1/PER > AAA 회사채 시장수익률
		현재 PER < 5년 평균 PER × 0.4
배당수익률이 높은 종목	배당수익률	배당수익률>회사채 시장수익률 > 0.67
주가순자산배율(PBR)이 낮은 종목	PBR	PBR < 0.65
순유동자산과 주가	PNCAV	0 < PNCAV < 1
부채비율이 낮은 종목	부채비율	0 < 부채비율 <= 150%
유동비율이 높은 종목	유동비율	유동비율 >= 200%
부채/순유동자산 비율이 낮은 종목	순유동자산	부채/순유동자산 < 4
EPS 증가율이 꾸준한 종목	EPS	과거 10년간 EPS 증가율 > 4%
꾸준히 흑자를 내고 있는 종목	순이익	과거 10년간 순이익 적자 횟수 <= 2

　　벤저민의 투자전략은 채권 투자 시 '안전 마진' 개념을 주식 투자에 적용했다. 어떤 기업의 주가가 내재가치보다 훨씬 낮게 형성되어 있고 이를 매입하면 안전 마진이 발생할 것이라고 생각한 것이다. 그는 무엇보다 기업의 내재가치를 측정하는 기술이 필요하다고 보았다. 그는 《증권분석》이라는 책을 통해 '기업의 내재가치란 사실적인 요소에 의해 평가되는 가치'라고 정의를 내렸다. 여기서 말하는 가치란 기업의 자산, 수익, 배당금, 미래의 명확한 수익전망 등이다. 그중에서도 '미래의 수익전망'을 내재가치의 핵심으로 보았는데, 이를 정확히 측정하는 것은 불가능했다. 따라서 벤저민은 투자자들이 기업의 내재가치가 대충 어느 수준인지 또는 내재가치의 범위가 어느 정도인지 파악하면 된다고 주장했고 이런 그의 주장은 워런 버핏, 존 보글 등 월스트리트의 많은 투자자들에게 영향을 미쳤다. 벤저민 그레이엄의 종목 선발 기준은 〈표 1-8〉과 같다.

★ 워런 버핏의 투자법 ★

벤저민 그레이엄이 가치투자의 시초였다면 그의 제자쯤 되는 워런 버핏은 가치투자의 대가라고 불린다. '오마하의 현인'이라고도 알려진 워런 버핏은 발군의 실력으로 주식 투자에서 성공을 일구었을 뿐만 아니라, 해마다 엄청난 돈을 기부하는 것으로도 유명하다. 경제 전문지 〈포브스〉에 따르면, 2016년 기준 워런 버핏의 총 재산은 약 654억 달러, 세계 3위의 부자라고 알려져 있다.

— "주식을 살 때에는 그 회사와 동업한다고 생각한 후 결정하라."

워런 버핏이 했다는 이 말은 많은 가치투자자들에게 귀감이 되는 격언으로 여겨진다. 워런 버핏이 주식 투자 시 종목을 선정하는 기준은 〈표 1-9〉와 같다.

★ 피터 린치의 투자법 ★

'수익률 10배', '대박'이라는 말과 동의어인 증권가 용어가 있다. '텐베거(ten bagger)'라는 말이 그것이다. 사전적인 의미로는 '10루타'라는 뜻이다. 야구 용어로 어울릴 만한 이 말을 처음 사용한 인물이 피터 린치다.

그는 1969년 '피델리티 인베스트먼트' 사에 입사, 그리고 1977년부

📋 표 1-9 | 워런 버핏의 종목 선발 기준

선별기준	항목	기준
자기자본비율이 높은 기업	ROE	상위 30%, ROE가 10%를 초과
부채비율이 낮은 기업	부채비율	부채비율 < 100
동종업계 비교 영업이익률이 높은 기업	영업이익률	동종업계 비교 영업이익률 이상, 영업이익률 > 10%
재고자산 회전율, 매출채권 회전율 높은 기업	재고자산 회전일수와 매출채권 회전일수	재고자산 회전일수와 매출채권 회전일수 < 동종업계
안전마진이 확보된 기업	유동비율 순유동자산	유동비율 > 100% 순유동자산 > (시가총액×0.5)
자본지출이 낮은 기업	EV/EBITDA	유동비율 > 100% EV/EBITDA < 4.0
연평균 EPS 성장률이 꾸준한 종목(최근 5년간)	연평균 EPS 성장률	상위 30%, EPS > 10%

터 1990년까지 13여 년 동안 마젤란 펀드를 운영했다. 그리고 펀드 운영 기간 동안 무려 2,703%의 누적수익률을 기록함으로써 투자자들의 전설로 불린다. 이를 퍼센트로 바꾸면 연 29.3% 수준이다. 놀라지 않을 수 없다.

피터 린치는 마젤란 펀드를 운영한 13년 동안 단 한 번도 마이너스 수익률을 기록한 적이 없는 것으로도 유명하다. 이는 월가에서조차 전무후무한 성과이고, 2,000만 달러에 불과했던 마젤란 펀드를 운용해 660배에 달하는 140억 달러 규모의 뮤추얼 펀드로 성장시켰다.

피터 린치는 성장주 중심의 가치투자를 지향하고 투자원칙으로 삼았다. 그는 주식의 종류를 저성장주, 우량주, 고성장주, 경기민감주, 턴어라운드주, 자산주 등 6가지로 분류했으며 PER, 주당현금, 부채비

◘ 표 1-10 | **피터 린치의 종목 선발 기준**

선별기준	항목	기준
주가수익비율(PER)이 낮은 종목	PER	PER < 상위 60% PER < 산업평균 PER 현재 PER < 최근 2년간 평균 PER PER < 최근 2년간 매출성장률
당좌자산증가율이 높은 종목	당좌자산증가율	최근 5년간 당좌자산증가율 > 10%
자기자본조달력이 좋은 종목	PCFR	PCFR < 상위 30%
매출 성장률이 높은 종목	매출 성장률	매출 성장률 > 동종업계 성장률 매출 성장률 > 10%
유동비율이 높은 종목 부채비율이 낮은 종목	유동비율 부채비율	유동비율 > 100% 부채비율 < 100%
영업이익률이 높은 종목	영업이익률	영업이익률 > 동종업계 영업이익률, 영업이익률 > 10%

율, 배당, 장부가치, 현금흐름, 순이익과 영업이익의 성장률 지표를 중시했다. 피터 린치의 종목 선정 기준은 〈표 1-10〉과 같다.

★ **존 템플턴의 투자법** ★

투자회사 템플턴 그로스의 설립자 존 템플턴은 역발상 투자의 대가, 투자 영역을 세계로 확대한 글로벌 펀드의 개척자, 투자업계의 콜럼버스 등의 수식어가 따라 붙는다. 존 템플턴의 투자 방식은 '바겐 헌팅(bargain hunting)'으로 정의할 수 있다. 미국뿐 아니라 글로벌 증시에서 수만 개의 기업을 샅샅이 분석한 후 향후 전망이 밝은 종목에 가장 낮은 가격에 투자해 수익을 극대화한 것으로도 유명하다.

📊 표 1-11 | **존 템플턴의 종목 선발 기준**

선별기준	항목	기준
주가 수익 비율(PER)이 낮은 종목	PER	현재 PER < 전체시장균 PER 현재 PER < 5년간 평균 PER
주가 순자산 배율(PBR)이 낮은 종목	PBR	PBR < 1
순이익 성장률이 좋은 종목	순이익	최근 5년간 순이익성장률 > 10%
영업이익률이 뛰어난 종목	영업이익률	영업이익률 > 동종업계 영업이익률 영업이익률 > 10%

일명 '역발상 투자자'였던 존 템플턴은 아무에게도 주목받지 않을 때야 말로 주식의 가격이 가장 저렴할 때라고 믿고, 이를 기회로 삼아 최대한 활용했다. 이와 관련하여 그가 남긴 유명한 말은 다음과 같다.

— "강세장은 비관 속에서 태어나 회의 속에서 자라며 낙관 속에서 성숙해 행복 속에서 죽는다. 최고로 비관적일 때가 가장 좋은 매수 시점이고 최고 낙관적일 때가 가장 좋은 매도 시점이다."

주식 가격이 떨어지는 이유는 누군가가 계속 그 주식을 팔기 때문이다. 따라서 주식을 싸게 사고 싶다면 다른 사람들이 겁먹고 비관적으로 바라보는 시기를 찾는 것이 중요하다. 존 템플턴은 우리나라 주식 시장에도 투자하여 큰 수익을 올린 것으로도 유명하다. 1997년 한국에 외환위기라는 태풍이 몰아쳤을 때, 그는 큰 낙폭을 기록한 삼성전자, 대한항공, 포스코 등 우리나라 대표 주식들을 싼 값에 사들여 얼마

후 큰 수익을 거두었다. 독자들이 참고할 만한 존 템플턴의 종목 선별 기준은 〈표 1-11〉과 같다.

THE PRACTICAL GUIDE TO **STOCK INVESTING**

CHAPTER 4 주식 투자 일반론
01 가치의 변화 | 02 가치주 투자 | 03 성장주 투자 | 04 테마주 투자
05 계절주 투자 | 06 중·장기 투자 | 07 단기 투자

CHAPTER 5 주식 분석 기법
01 기본적 분석 | 02 기술적 분석 | 03 시장 분석

CHAPTER 6 주식 매수
01 매수 타이밍 장기 | 02 매수해야 하는 주식 | 03 매수하지 말아야 할 주식
04 중·장기 투자 시 주식 매수 | 05 단기 투자 시 주식 매수

CHAPTER 7 주식 매도
01 매도 타이밍 장기 | 02 수익 실현 매도 익절 | 03 손실 확정 매도 손절
04 중·장기 투자 시 주식 매도 | 05 단기 투자 시 주식 매도

CHAPTER 8 수익 모형 갖추기
01 남석민의 증시 사례들 | 02 선취매 노하우 | 03 시장 중심주 투자
04 장기 투자에서의 수익 모형 | 05 단기 투자에서의 수익 모형

PART
2

시장을 이기는 실전 주식 투자

THE PRACTICAL GUIDE TO
STOCK INVESTING

CHAPTER 4

주식 투자 일반론

★ ★ ★

주식 투자로 수익을 내는 방법은 여러 가지가 있다. 여기에서는 투자자들이 잘 알고 있는 가치주 투자의 내용과 함께 성장주, 계절주, 테마주 등의 이해를 돕기 위한 내 생각을 정리해보았다. 또한 주식 투자에서는 운영하는 자금의 규모나 투자 기간에 따라서도 투자법이 달라지기도 하는데 이를 간략히 소개한다. 중·장기 투자와 단기 투자의 차이 및 투자 접근법에 대해서도 함께 살펴본다.

01

가치의 변화

한여름 슈퍼마켓에서 파는 아이스크림이든, 추운 겨울 따뜻하게 몸을 녹여주는 커피 한 잔이든, 어떤 물건이든 간에 물건 자체의 고유한 가치(value)가 있다. 가격은 수요와 공급의 법칙, 계절적인 요인 등에 따라 늘 변한다.

그렇다면 주식의 가격은 어떨까? 주식 가격도 살아 있는 생물처럼 끊임없이 변한다. 가격의 변화 없이 가만히 있는 경우가 거의 없다. 주식 가격은 기업의 가치와 밀접한 연관이 있다. 한마디로 기업의 가치를 수렴하여 결정되는 것이 주식 가격이다.

주식 가격의 변화는 우리에게 익숙한 각종 차트를 통해 알 수 있다. 대표적인 차트로는 봉차트와 이동평균선이 있다. 이들 차트는 여러 가지 모양으로 나타난다. 기술적 분석 시 차트에 나타난 그래프 모양에 따라 정배열, 역배열, 급등, 급락, 횡보, 장기상승 추세, 장기하락 추세 등으로 해석한다. 기술적 분석은 뒤에서 자세히 다루겠다.

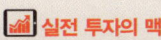 **실전 투자의 맥**　　　　　**이동평균선의 정배열과 역배열**

정배열

이동평균선에 나타난 주가의 흐름이 5일선, 20일선, 60일선, 120일선으로 배열된 모습을 정배열이라고 한다. 이런 배열은 흔히 주가의 상승 흐름이 강한 장에서 볼 수 있으며, 주가가 우상향으로 꾸준히 올라갈 가능성이 높다.

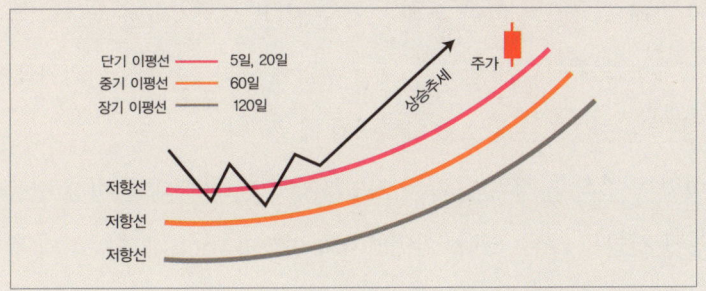

역배열

정배열과는 반대로 그래프가 120일선, 60일선, 20일선, 5일선 순으로 배열된다. 주가가 하락하는 추세임을 알 수 있으며, 역배열 그래프가 나타날 때에는 보유 대신 매도를 고려하는 것으로 알려져 있다. 주식시장이 강세에서 약세로 돌아서거나, 지속적으로 장이 안 좋을 때 역배열 차트가 나타나는 종목들이 많다.

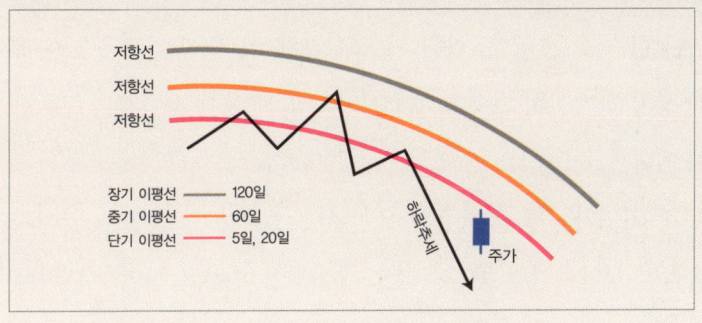

주가의 오르내림은 해당 기업의 미래 기업가치의 변화에 대한 시장의 반응을 나타낸 것이다. 기업가치가 지속적으로 상승할 것으로 예측되는, 즉 장기 성장 발전 전망이 있다면 해당 주식 그래프가 우상향 장기 상승 추세를 나타낼 것이다. 반면에 기업의 가치가 장기적으로 떨어질 것으로 예상되거나, 업황 전망이 어려운 상황이라면 해당 기업의 주식 그래프는 장기 하락 추세 모양을 띤다. 투자자라면 누구나 주식 가격의 변화에 민감한 반응을 보일 수밖에 없다. 주가의 변화가 투자자 자산의 증가 또는 감소를 나타내기 때문이다.

이렇듯 주식 가격의 등락은 기업가치의 변화에 대한 시장 반응이 반영된 것임을 알 수 있다. 기업가치의 변화가 주식 가격 등락의 전제 조건임을 숙지한다면 투자자 입장에서는 합리적인 투자 판단이 가능하다. 투자에 앞서 냉정하고 이성적인 투자 결정을 내리는 일이 가능하다는 의미다.

주식가치는 주식으로부터 기대되는 모든 현금 흐름의 현재 가치의 합이라고 볼 수 있으며, 주식가치를 평가하는 데에는 여러 가지 모형이 있다. 그러나 일반 투자자가 이들 모형을 모두 숙지하거나 반드시 알아야 할 필요는 없다. 다만 기업의 가치, 즉 주식 가격을 깎아 먹을 만한 상황과 기업의 가치를 훼손시키는 일이 어떤 것인지는 공부할 필요가 있다.

먼저 기업가치를 높여주는 요인부터 살펴보자. 당연한 말이지만, 지속적인 영업이익의 증가는 기업가치를 높여준다. 산업의 변화에 잘 적응할 수 있는 비즈니스 모델을 갖추었다면, 기업의 영업실적이 날로 좋아질 것이다. 시대의 변화는 소비의 변화를 불러오게 마련이다. 이에 '가치소비'에 대한 관심이 높아지면서 다양한 소비 패턴의 변화를 충족시켜줄 수 있는 비즈니스 모델도 기업가치를 상승시킨다. 기업 지배구조 개선, 배당률을 높이는 주주친화적인 정책을 펴는 기업, 기업의 사회적 책임에 앞장서 공익활동에 열심인 기업도 장기적으로는 기업의 가치를 높여주는 요인이 된다.

주식가치를 상승시키는 또 다른 주요 요인 중 하나는 유동성의 증가다. 2008년 미국 금융위기 이후 우리나라를 비롯한 세계 각국이 경기회복을 위해 막대한 자금을 풀었고, 넘쳐나는 유동성은 돈 가치의 하락을 가져온 반면에 부동산을 비롯한 실물가치의 상승을 유발했다. 실물가치의 상승은 기업가치의 상승으로 연결되며 주식시장으로 유입된 많은 자금은 주가 상승의 요인이 되기도 한다.

반대로 기업의 가치를 떨어뜨리는 요인들도 있다. 대표적으로 경쟁이 치열한 영업환경, 기업의 대주주나 대표의 반사회적·비도덕적 일탈 행위, 무리한 사업 확장과 빈번한 유상증자, 전환사채 발행 등이 기업가치를 떨어뜨리고 주가 하락의 원인이 된다.

주식 투자 시에는 단기간의 주가 변동에 민감하기보다 중장기적으로 기업가치의 상승을 가져올 기업에 대한 연구와 공부가 필요하다. 이를 바탕으로 한 투자야말로 변동성이 큰 주식시장에서 플러스 수익률을 얻도록 해준다.

02 가치주 투자

현재의 가치보다 미래의 수익이 클 것으로 기대하는 주식을 '성장주', 성장이 더디어도 현재의 가치보다 저평가된 주식을 '가치주'라고 한다. 가치주(value stock)는 성장주보다 영업실적과 자산가치가 우수한 것으로 알려져 있으며, 이러한 가치주는 투자자들의 심리가 위축되어 주가가 큰 폭으로 하락하는 시기에 많이 나타난다. 성장주 투자를 알아보기에 앞서, 우선 가치투자부터 살펴보자.

가치투자란 말 그대로 가치주에 투자하는 행위를 일컫는다. 이를 포괄적으로 간략히 정의하면 '기업의 가치에 초점을 둔 투자 방식'이라고 할 수 있다. 가치투자자는 현재의 실적이 다소 부진하더라도 해당 기업이 가진 기본적인 가치보다 주가가 훨씬 낮은 수준에 있는 기업들을 물색한다. 즉 가치를 제대로 평가받지 못한 기업의 싼 주식을 찾는 것이다.

1996~2003년 미국에서 가장 영향력 있는 투자 전문가 중 한 사람으로 선정된 바 있는 바턴 빅스(Barton Biggs)는 저서 《투자전쟁》에서 가

치투자자의 정의를 다음과 같이 밝혔다.

— "가치투자자는 자기가 매수한 주식과 사랑에 빠지지 않는다. 이들은 자기가 소유하고 있는 못생긴 기업의 주식 시세가 올라, 실질 가치보다 높은 가격에 팔 수 있는 때가 오면 얼른 팔아버린다. 그리고 다시 가격이 내재가치보다 싼 주식을 찾아다닌다."

가치주의 경우 많은 투자자들이 저평가하고(undervalue), 주식을 조금만 갖고 있으며(underowned), 선호하지 않는다는(unloved) 공통점을 갖고 있다. 주식시장을 유심히 관찰하면 이렇듯 저평가된 기업들을 쉽게 찾아볼 수 있다.

  기업의 가치를 평가하는 방법은 크게 '절대적 평가법'과 '상대적 평가법'이 있다. 절대적 평가법은 기업이 앞으로 얼마의 수익을 벌어들일지에 대한 미래 현금을 예측해 현금 흐름 할인법을 이용한 방법이다. 그러나 이 방법은 현재 적자를 기록 중인 기업에 대해서는 평가가 불가능하고, 미래의 현금 흐름에 대한 예측과 할인율에 대한 주관적 해석이 필요하다는 점이 한계로 알려져 있다.

  이런 문제를 보완한 것이 상대적 평가법이다. 상대적 평가법은 주식 투자자라면 다들 익숙한 용어인 주가수익비율(PER, price earnings ratio), 주가매출액비율(PSR, price sales ratio), 주당순이익(EPS, earnings per share), 시가총액(MC, Market Capitalization), 주당순자산(PBR, price book-value ratio), EV/EBITDA 등을 이용해 기업가치와 적정 주가를 평가하는 방법이다. 절대적 평가법을 보완한 것이 상대적 평가법이지만, 이 방법도 완

실전 투자의 맥   **상대적 평가법에 근거한 가치투자들**

주가수익비율(PER) 투자

PER 투자는 주가를 주당순이익(EPS)으로 나눈 것이다. 같은 주가의 기업일 경우 이익이 많이 나는 기업이 PER가 낮아진다. PER 투자는 투자자들이 가장 잘 알고 있는 상대적 평가법이다. PER의 장점은 개념이 명확하고, 주가에 가장 큰 영향을 미치는 순이익을 감안하기 때문에 분석이 쉽다. PER가 낮은 주식을 매입해 보유하는 저(低) PER 전략은 수익률이 높다는 연구 결과도 있다. 그러나 PER를 이용한 평가법은 기업이 순이익을 조작할 경우 가치가 왜곡될 수 있다는 한계가 있다. 기업은 분식회계가 아니더라도 일반적으로 인정되는 회계원칙의 범위 안에서 상당한 수준으로 순이익을 조정할 수 있다. 실제로 기업분석을 해보면 PER가 당초 의미를 상실할 만큼 왜곡이 심각하다는 사실을 확인할 수 있다. 또 PER은 10~15배 정도로 높은 경우가 오히려 매입 시기인 경우도 있다. 다시 말해 PER이 의미하는 바를 해석할 수 있는 능력과 지식이 필요하다.

주가매출액비율(PSR) 투자

PSR 투자를 처음 고안한 사람은 성장주 투자의 대가 필립 피셔의 아들, 켄 피셔(Kenneth Fisher)다. 그는 전통적인 투자기법이 아닌 자신만의 시장 예측 방법을 개발했는데, 그중 하나가 PSR 투자다. 이 방법은 분모에 당기순이익 대신 기업이 조작하기 쉽지 않은 매출액을 놓는다는 점에서 PER의 대안일 수 있다. 이 방법은 '이익이 나지 않으면서 매출액을 급격히 늘려가는 초기 성장 기업의 평가에 적합'하다. PSR을 일반 기업의 가치 평가에 적용하면 적자 기업이 우량 기업으로 둔갑할 수 있다는 함정에 빠질 수 있다.

주당순자산(PBR) 평가법

PBR은 기업이 보유한 순자산(자산 총계·부채 총계)을 기준으로 한다. 따라서 잃지 않는 투자에 적합한 보수적 평가법이다. 순자산의 대부분이 현금 또는 유가증권인 금융회사의 기업가치와 주가를 파악할 때 유용하며, 이익 흐름이 불안정할 때 적용할 수 있다. 그런데 PBR은 현대사회에서는 경영혁신 등으로 기업의 보유자산(순자산)과 생산성(순이익)이 비례하지 않을 경우 유용성이 떨어지는 경향이 있다. 가령 '네이버' 같은 인터넷 기업을 PBR로 평가하면 오류에 빠질 수도 있다.

전한 것은 아니다. 다만 기업의 가치와 시장의 가치 간의 차이를 파악함으로써 투자 실패를 줄이기 위한 평가법이란 점에 의의가 있다.

다양한 가치투자 방법이 있지만 가장 완벽한 방법은 없다. 정확한 기업가치를 평가하려면 해당 기업에 적합한 평가법을 고민하여 그 방법을 적용하는 수밖에 없다. 많은 투자자들이 바라는 바는 한 가지로 귀결된다. '수익은 극대화하는 반면에 리스크를 최소화하는 것'이다. 가치투자는 이와 같은 투자 희망에 가까워지려는 투자 방법일 것이다.

흔히 가치주 투자는 장기투자로 인식한다. 증권시장에 불황이 닥쳤을 때 저평가된 기업의 주식을 매수했다가 해당 주식의 가치가 적정선으로 올라 재평가 받을 때 매도함으로써 수익을 거두는 것이다. 성장주와 비교하면 가치주는 변동성이 적다. 따라서 주가하락 시 시장 상황에 덜 민감하여 손실 폭을 줄일 수 있다.

여기서는 주식 투자에 대한 일반론은 밝히는 것인 만큼, 가치투자의 정의와 잘 알려진 몇 가지 방법들을 소개했다. 가치투자에 대한 내 생각은 다음과 같다.

― "가치투자는 투자자 누구나 주식 투자를 하는 동안에는 지니고 추구해야 하는 절대적이고 기본적인 투자관이다. 다만 가치투자를 지향하는 수많은 투자자들과 애널리스트들 덕분에 시장에서는 계량적인 기준에서의 저평가된 가치주를 찾기가 매우 어렵다. 따라서 아직 평가받지는 못해도 뛰어난 미래가치를 가진 기업을 탐구하고 투자하는 것이 향후 우리가 가치투자 시 지향해야 할 부분이다."

― 남석관

03 성장주 투자

성장주(growth stock) 투자는 가치주 투자와 조금은 다른 접근방식의 투자법이다. 성장주의 개념은 현재보다 앞으로 성장할 가능성이 큰 종목을 의미한다. 성장주 투자는 앞으로 이익이 늘 것으로 예상되는 기업에 투자한다는 점에서 가치주 투자와 비슷해 보일 수도 있지만, 가치주처럼 반드시 저PER일 때 투자를 선택하는 것은 아니라는 점이 성장주 투자법의 변별성이라고 할 수 있다.

성장주의 특징은 가치주와 비교했을 때 현재 창출하는 이익이 낮아 주당순이익(EPS)이 낮게 나타난다. 그러나 수익의 규모와 비교해보면 주가가 높은 편이라 PER와 PBR은 높게 나타난다. 시장에 익히 알려진 성장주의 요건들은 아래와 같다.

- 기업의 미래성이 높아야 한다.
- 유능한 경영자가 운영해야 한다.
- 업계에서의 비중이 높아 일시적인 불황과 상관없이 매출과 이익이 꾸준해야 한다.

- 설비투자에 적극적이어야 한다.
- 발행된 주식 수가 많지 않아야 한다.

성장주 투자의 대가라고 알려져 있는 윌리엄 오닐(William O'Neil)은 과거의 통계자료를 바탕으로 높은 투자수익률을 올린 주식들의 공통점을 찾아내 'CAN SLIM' 기법이라는 나름의 주식 종목 선정 기준을 고안했다. 그는 이 기법을 적용하여 5,000달러를 투자했는데, 26개월 만에 20만 달러, 투자 수익률로는 2,000%를 기록한 것으로 유명하다.

오닐의 투자 방식에 따르면, 성장주 투자는 새로운 제품 또는 서비스로 이익이 성장하면서 시장에서 주도하는 종목에 투자한다. 성장주 투자는 기본적인 추세 변화를 잡아내는 투자 방식으로 보아야 할 것이다. 예컨대 인터넷 플랫폼 업체들이 처음 상장되었을 때 당시에는 비싼 가격이었지만 대중들이 널리 사용하면서 기업의 실적이 늘고, 기업가치가 개선되면서 주가는 점차 상승하는 흐름을 보였다. 2014년 화장품 업종은 중국인들의 한국산 화장품에 대한 커다란 수요 발생으로 산업 자체가 성장하는 방식의 대표적인 성장주 투자 흐름을 보여주었다.

성장주 투자는 특정 업종에 국한되지는 않지만 추세 변화가 일어나기 쉬운 업종에서 투자하는 것이 성공 확률이 높다. 단 추세 변화가 성장으로 반드시 이어져야 하므로 예측하기 어려울 수 있으나, 기대수익의 경우 가치투자와 비교하면 상대적으로 높다고 할 수 있다.

성장주 투자는 경기 회복기 또는 상승기에 실적이 크게 늘어남으로써 큰 수익을 기대할 수 있다. 그리고 미래 수익 성장에 대한 기대감이

> **실전 투자의 맥**
> **윌리엄 오닐의 'CAN SLIM' 기법**
>
> 윌리엄 오닐은 과거 50년에 걸쳐 매년 10종목씩, 가장 크게 성장한 종목 500개를 선정했다. 그는 500개 종목에서 주가가 상승하기 바로 직전에 나타난 공통점들을 추려 데이터화하여 'CAN SLIM' 기법을 고안했다. 'CAN SLIM' 이란 용어는 다음의 단어 첫 글자를 조합한 것이다.
>
> 1. C(Current Quarterly Earnings): 3개월 동안의 사업실적 성장세에 주목하라
> 2. A(Annual Earnings): 매년의 매출액에 주목하라
> 3. N(New): 새로운 변화를 감지하라
> 4. S(Supply and Demand): 수요와 공급, 그중 공급에 주의를 기울여라
> 5. L(Leader or Laggard): 업계의 리더를 찾아라
> 6. I(Institutional Sponsorship): 기관 투자자가 몰래 사들이는 종목을 찾아내라
> 7. M(Market Direction): 대세를 파악하라
>
> 출처: 《윌리엄 오닐의 좋은 주식 고르는 법》 이레미디어, 2010.

높아져 현재의 주가 수준이 높게 형성된다. 몇 년 전 화장품 주에서 이와 같은 경험을 했다. 경기가 본격적으로 회복될 때 가장 앞서 나가는 주식에 투자함으로써 주가 상승에 따른 수익률 극대화라는 이익을 누릴 수 있다. 그러나 가치주 투자와는 반대로 주식 시장의 전체적인 하락에 따른 주가 급락 시기에는 변동성이 높아지기 때문에 투자한 원금 손실이 커질 수 있다는 리스크가 존재한다.

04 테마주 투자

현재 우리나라 주식시장에는 약 2,000여 개의 주식들이 상장되어 거래 중이다. 그중에서도 '테마주'란 것들이 있다. 주식시장에서 어떤 이슈가 발생하면, 해당 이슈와 관련 있는 기업들의 주식이 함께 등락하는 종목군을 테마주라고 한다. 테마주는 하나의 사건이나 이슈에 따라 주식 가격이 함께 오르거나 내리는 모습을 보인다.

테마주의 종류는 무척 다양한데 정치, 연예, 레저, 과학기술, 부동산, 질병, 자원개발 등의 테마주가 대표적이다. 증권회사 컴퓨터 HTS 화면에 분류해놓은 테마만 하더라도 100가지가 넘는 것 같다.

우리가 잘 아는 테마주를 살펴보면 '계절주 테마주', '대북 관련 테마주', '황사 미세먼지 테마주', '대선 테마주' 등이 있다. 이렇듯 테마주는 우리 사회에서 발생하는 사건, 이슈, 자연현상 등과 밀접한 관련이 있다. 만약 정부에서 어떤 과학기술 분야에 지원하겠다는 뉴스가 뜨면 이와 관련된 기업들의 주가가 오르고, 조류 인플루엔자(AI)와 같은 신형 독감이 유행할 경우 관련 백신을 만드는 기업의 주가가 오르는 식이다.

참고로 우리 실생활에 광범위한 영향을 미치는 환율이라든가 유가와 같은 이슈들은 일반적으로 테마로 여기지 않는다. 테마주는 비단 국내에서 일어난 사건이나 이슈가 아닌, 외국에서 발생하는 국제적 이슈도 국내 주식시장에 영향을 미쳐 테마주가 만들어지기도 한다. 대표적인 사례로 4년마다 개최되는 올림픽, 월드컵 경기가 있다.

지금 생각해 보면 코미디 같은 상황이지만, 우리나라의 테마주 효시는 중국의 만리장성과 관련이 있다. 1980년대 중반 중국 정부가 만리장성에 바람막이를 설치한다는 소문이 무성했다. 달에서도 관찰이 가능하다는 만리장성에 바람막이를 설치한다는 것인데, 설치 재료로 쓰일 알루미늄 섀시 회사가 모 국내 기업이라는 둥, 설치하는 인부들의 고무신을 국내 업체에서 제공한다는 둥의 소문이 퍼져 알루미늄 또는 고무를 취급하는 국내 기업들의 주가가 엄청 오르기까지 했다. 더 웃긴 이야기는 인부들의 간식을 호빵으로 줄 것이라는 둥, 호빵을 먹다 체하면 소화제가 필요할 것이라는 근거 없는 소문까지 퍼져 빵과 소화제를 만드는 회사의 주가들이 덩달아 올랐다는 이야기가 지금까지 전해질 정도다. 이렇듯 테마주는 특정한 이슈에 따라 수혜가 기대되는 특정 기업에 투자자들의 돈이 한꺼번에 몰리는 것이 특징이다.

테마주 투자의 경우 단기적인 이슈로 주가가 급등하는 일이 많다. 따라서 기업의 내재가치나 펀더멘털에 비해 크게 오른 주식을 뒤늦게 비싼 가격을 주고 추격 매수함으로써 큰 손실을 보는 투자자들이 많다. 일반적으로 테마주는 단기 이슈가 사라지면 주가도 급락한다. 단기성 테마주는 매수하지 않는 것이 자산을 지키는 방법이다. 반면 중장기 테마주라면 테마를 주도하는 '대장주'를 위주로 투자하는 것이 바람직하다. 어떤 종목이 대장주이고 주변주인지는 시장에서 반응하는 종목을 보고 판단할 문제이다.

테마주 투자는 일종의 모멘텀 투자이며, 모멘텀의 분류를 여러 가지 형태로 구분하여 투자에 이용하는 투자다. 가령 기후, 정치, 질병, 새로운 산업 등 그 분류를 다양하게 하여 무궁무진한 투자 방법이 나타날 수 있다. 그런데 테마주 투자는 다른 투자 방법들보다 비교적 리스크가 크다. 최근에는 4차 산업혁명이라는 주제가 이슈로 떠올라 인공지능 테마주 투자에 대한 관심들이 높다. 미래에 대한 변화 또는 성장이 예상되는 산업에 대한 기대가 투자로 이어지고 있다. 그런데 이와 같은 투자들은 진정한 대장주나 주도주를 골라내기 어렵고 성장에 대한 정확한 분석이 없다면 실패 확률도 높다. 따라서 성장에 대한 기대감을 이용한 단기적인 투자로 활용하는 것이 좋다고 생각한다.

주가는 기본가치에 회귀하려는 본능이 있다. 따라서 모멘텀을 이용한 투자라면 위험도를 수치화하기 어렵기 때문에 단기적인 관점에서 대응한 투자가 한결 효과적이다. 결론적으로 테마주 투자에 관심 있는 분들이라면, 투자에 앞서 해당 테마가 언제까지 유효할지를 판단해야 한다. 또한 그러한 이슈가 일회성인지 장기적인 테마로서 의미가 있을지의 여부도 가늠해야 한다.

★ **정치 테마주 사례** ★

정치 테마주는 대표적인 테마주로 여겨진다. 주요 정치인이 대선에 출마할 경우, 그가 공약한 정책이나 지인들이 얽히고설킨 종목들이 등락하는 모습을 종종 볼 수 있다. 주가가 오를 만한 특별한 이유도 없는데 자고 일어나면 주가가 올라 있다. 실현되지도 않은 정책이나 인맥 관계만으로 주가가 급등락하는 비이성적 과열 움직임을 보인다.

일례로 불명예스러운 첫 대통령 탄핵 정국에서 치러진 2017년 대선 정국에서는 대선 후보로 나서거나 하마평이 있었던 유력 대권 주자들과 관련된 테마주들이 급등락하는 모습을 보였다.

그런데 이 같은 정치 테마주의 급부상과 몰락은 유독 우리나라에서 심한 편이라는 평가를 받기도 한다. 주식 투자자의 비합리적이고 비이성적인 투자 행태를 엿볼 수 있는 지표라는 조금은 씁쓸한 이야기도 종종 들을 수 있다.

대선 테마주의 하락 사례

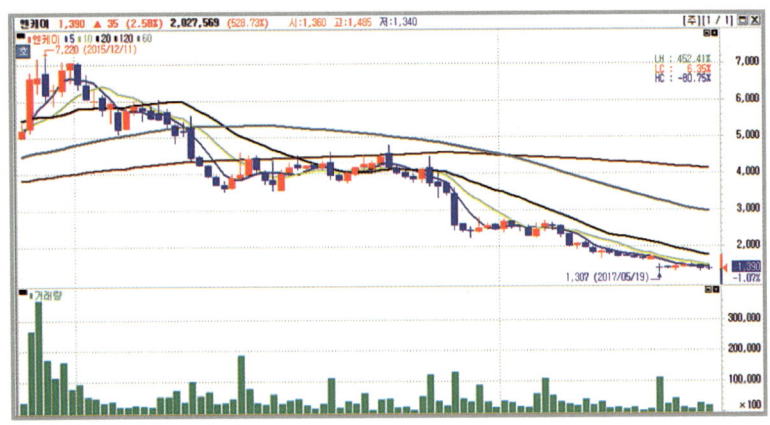

그림 2-1 | 대선 테마주: 엔케이

● 고점 15,000원대, 현재가 2,300원대

그림 2-2 | 대선 테마주: 우리들휴브레인

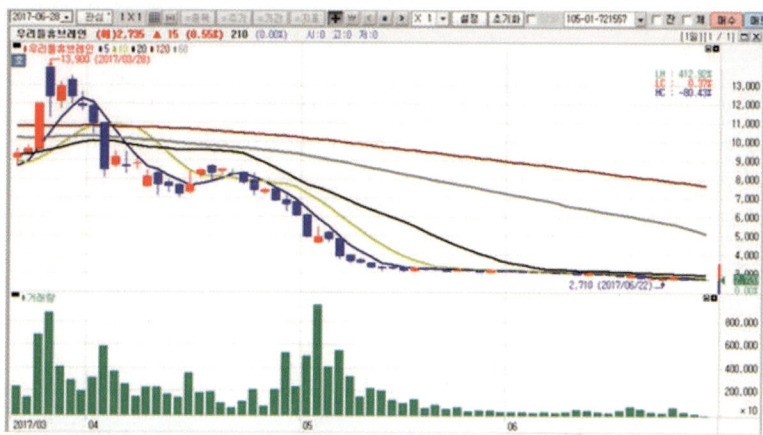

● 고점 13,900원 현재가 2,700원대

📊 **실전 투자의 맥**　　　**중·장기 테마주 투자 시 대장주 갈아타기**

테마주는 대장주 매매가 우선이다. 대장주라고 예상하여 선취매를 했는데 다른 종목이 대장으로 나선다면 갈아타야 한다. 방치하지 말고 반드시 갈아타야 한다. 대장주는 탄력도 좋고 매매하기에도 안전하기 때문에 상승을 멈추고 잠시 숨을 고르는 틈을 이용해 갈아탈 수 있으면 갈아타는 것이 좋다.

대장주는 수시로 바뀌기도 한다. 급등을 하면서 대장 노릇을 하려는 종목들이 튀어나온다. 이런 상황에서는 대장주를 계속해서 갈아타기가 부담스럽다. 자칫 자기 꾀에 빠져 손실만 키울 수 있다. 대장주를 고르기도 힘들고, 대장주가 바뀌는 상황에 수시로 대응하기도 어렵다면, 간단한 방법으로 테마주 여러 개를 묶어 포트폴리오를 구성하는 방법이 있다.

종목을 3개 정도로 압축하여 1/3씩 나누어 매수해두면 된다. 투자금이 적어 의미가 떨어진다면 2개 정도로 압축하는 것도 방법이다. 혹자는 말하기를 '내가 산 종목이 최고이며, 대장주다'라고 절대적으로 믿는 경우가 있다. 그런데 주식 시장에서 살아남으려면 열린 마음이 필요하다. 예측을 넘어 확신과 믿음을 가져버리면 대응력이 떨어진다. 그토록 믿었건만 시간이 지나면서 주가 상승이 별 볼일 없는 경우가 많다. 심지어 테마주라고 샀는데, 테마와 상관없이 움직임이 전혀 없는 종목도 수두룩하다.

잘못된 판단은 빨리 버리는 것이 좋다. 대장주는 내가 고르는 것이 아니라 시장이 인정해주어야 한다. 초기에 잘못 판단했다 싶으면 서둘러 다른 대장주로 갈아타고, 영 자신 없으면 테마주 투자는 하지 않는 것이 좋다. 테마주 투자는 리스크가 매우 크다는 점을 기억하기 바란다.

05 계절주 투자

주식 투자 격언 중 '밀짚모자는 겨울에 사라' 라는 유명한 말이 있다. 잘 알다시피 수요가 크게 없어 가격이 싼 겨울에 밀짚모자를 미리 사 두었다가 여름 성수기에 팔면 이문을 크게 남길 수 있다는 옛말이다.

계절주(seasonal stock)란, 특정한 계절에 수요가 늘어 매출과 이익 등의 영업실적에 큰 변화가 일어남으로써 주가 변동이 달라지는 기업의 주식을 말한다. 가령 무더운 여름철에 수요가 많은 음료수, 맥주, 냉·난방기 등을 만드는 기업의 주식들이 대표적인 여름주다. 거꾸로 수요가 겨울에 집중된 난방가전, 에너지, 백신, 백화점 등은 대표적인 겨울철 테마주다.

일반적으로 계절주는 성수기를 전후해 주식 가격이 오르는 것으로 알려져 있다. '계절주 투자' 라는 용어는 주식 투자에서의 재무적 지식 또는 기술적인 분석이 없더라도 일반인들이 주식 투자에 대한 이해를 높이고, 투자 자신감을 심어주기 위해 내가 강연이나 방송을 통해 공식적으로 처음 사용한 말이기도 하다.

■ 그림 2-3 | 여름철 계절주 리스트

섹터명	종목명	현재가	전일대비	등락률	거래량	전일동시간
여름관련주	하이트진로	28,000 ▼	400	-1.41	226,853	120.89
	보해양조	800 ▲	2	0.25	20,700	80.17
	조비	14,400 ▲	300	2.13	19,592	167.88
	롯데푸드	636,000 ▼	9,000	-1.40	2,522	83.15
	신일산업	1,515 ▼	15	-0.98	7,321,549	91.14
	롯데제과	1,598,000 ▼	4,000	-0.25	566	44.25
	빙그레	104,500 ▼	1,500	-1.42	10,841	47.11
	롯데칠성	1,464,000 ▼	10,000	-0.68	738	82.92
	리홈쿠첸	4,750 ▼	75	-1.55	730,362	71.27
	코웨이	57,400 ▼	400	-0.69	158,159	99.58
	남해화학	8,130 ▲	160	2.01	318,671	210.14
	잠스토리	1,255 ▼	10	-0.79	1,587,777	62.01
	마니커	642 ▼	2	-0.31	303,392	132.27
	이지바이오	4,875 ▲	75	1.56	1,262,697	129.55
	위닉스	9,460 ▲	10	0.11	1,444,113	107.50
	LG생활건강	556,000 ▼	12,000	-2.11	18,144	80.94
	오텍	7,800 ▲	100	1.30	215,539	122.31
	동우	4,035 ▼	65	-1.59	129,969	41.33
	하림	3,350 ▼	70	-2.05	370,840	77.02

상식적으로 생각해보자. 계절의 변화가 없는 나라들, 그러니까 기온 편차나 기후 변화가 심하지 않은 나라에서는 생필품에 대한 소비자들의 수요 변화가 별로 없을 것이다. 당연히 해당 기업의 주가 변동성도 크지 않을 것이라고 짐작해볼 수 있다. 계절주 투자에서 시장의 반응이 크게 나타날 때에는 자연현상이 극심할 때다. 가령 여름철 폭염이 장기간 지속되거나 겨울철에 나타나는 혹한이나 폭설이 대표적이다. 또한 겨울철 유행하는 독감 문제나 봄만 되면 많은 사람들을 괴롭히는 미세먼지 문제 등은 이른바 계절주 반응을 이끌어낸다.

과거 내가 계절주 투자로 큰 수익을 거둔 종목들을 간단히 소개하겠다. 황사나 미세먼지 관련 주식인 '오공', '크린앤사이언스', 여름 관련주로는 '신일산업', 보양식 관련주 '이지바이오', '마니커', 겨울철에 창궐하는 조류독감이나 구제역 관련주로는 동물의약품 회사 '제일 바이오', 독감 유행 시에는 '고려제약' 등 계절주 종목들은 무척 많다.

이쯤에서 내가 투자자들에게 강조하고 싶은 것이 있다. 계절주 투자는 철저히 선취매해야 한다는 점이다. 나는 각종 강의나 투자 조언 시 선취매를 강조한다. 선취매란 '해당 이슈가 일상생활에 영향을 미치기 전 미리 매수' 하는 것이다. 짧게는 한 계절보다 앞선 3~4개월 전, 길게는 6개월 전에 미리 매수하는 것이 선취매다. 이해를 돕기 위해 나의 '신일산업' 투자 경험을 공유하겠다.

신일산업은 사계절 종합가전 회사인데, 사람들은 머릿속에 '선풍기'를 가장 먼저 떠올린다. 나는 '올여름은 더울 것이다' 라는 기상청의 예보를 믿고 해당 주식을 매수했다. 1월에 1,000원 초반이던 주가가 6월이 되자 2,000원을 돌파했다. 예상보다 이른 시점에 급등을 시작했지만, 선취매를 해두었기에 예상보다 이른 급등이 내심 반가웠다. 목표가에 도달하자 매도하고 재차 들어갈 기회를 노렸지만, 2차 상승의 기회가 없었다. 밀짚모자를 겨울에 사두었다가 여름에 비싸게 팔아치운 대표적인 사례라고 할 수 있다.

선취매 시 투자자가 주의할 내용들도 몇 가지 있다. 잘 기억해 두었다가 투자에 참고하기 바란다.

- 첫째, 전년도에 시장에서 강한 반응을 보인 종목을 주목한다.
- 둘째, 계절주는 테마주 성격이 강하므로 재무적인 안정성이 뒷받침되어야 하고, 해당 주식을 매수하는 시기가 비수기이므로 주식 가격이 1년 중에서 가장 싸야 한다.
- 셋째, 중/장기 보유 시 벌어질 수 있는 리스크를 점검하고 대응 시나리오를 준비한다. 유/무상증자에 대한 대응 또는 예상보다 일찍 상승했을 때 매도 후 재

매수 전략 등을 미리 준비하자.
- 넷째, 계절주 투자도 포트폴리오가 필요하다. 같은 계절주 가운데 어떤 종목이 대장 역할을 해서 크게 오를지는 아무도 모른다. 종목별로 비중을 두어 골고루 '포트폴리오'에 담는 전략이 좋다.

재차 강조하지만 계절주 준비는 늦어도 한 계절 앞서, 여유가 좀 있다면 6개월 전부터(두 계절 앞서) 해두어야 한다. 그 이유는 그때가 가격이 저점이기 때문이다. 일단 싸게 매수해야 수익이 커지게 마련 아니던가. 위에서 소개한 네 가지 내용 중 둘째 이야기가 가장 중요할 듯싶다. 그렇다면 계절주의 특성은 무엇일까?

계절주의 특성을 정리하면 이렇다. 해당 계절에 매출이 좋아져 주가가 오르는 것이 계절주이지만, 한편으로는 매출과 상관없이 주가가 오르기도 한다. 실적과 상관도 없는 기대감이 주가를 밀어올리는 것이다.

또한 계절주라고 해서 해당 계절만 되면 반사적으로 늘 그랬던 것처럼 오르는 것도 아니다. 트렌드라는 변수가 작용하기 때문이다. 계절주와 같은 테마주들은 늘 진화한다. 새로운 종목이 탄생하고, 새로운 테마가 만들어진다. 따라서 계절주 매수 전, 어떤 계절주가 유행할지 점검하고 공부해 두는 것이 좋으며, 대체재(경쟁재)*주에도 관심을 가져볼 만하다.

겨울에는 조류독감(AI), 구제역 등 질병발생 확률이 높다. 나는 과거 동물의학 분야 관련주들을 여름에 미리 매수하는 선취매를 했다. 조류독감 발생 시 대체재인 수산주나 동물(소, 돼지) 관련주가 오르고, 동물에 문제가 생기면 닭 관련주가 오르고, 비브리오균 등에 의해 어패

> **실전 투자의 맥**   **대체재와 보완재**
>
> 한쪽을 소비할 경우 다른 쪽은 상대적으로 덜 소비되는 관계의 재화를 말한다. 즉 어느 정도 서로 대체할 수 있는 고기/생선, 쌀/빵 등은 대체재다. 두 재화가 서로 경쟁 관계에 있기 때문에 경쟁재라고도 부른다.
> 반면에 보완재는 한쪽을 소비할 경우 다른 쪽의 소비도 늘어나는 재화를 말한다. 서로 보완 관계에 있는 자동차/휘발유, 설탕/커피 등이 대표적인 보완재다.

류에 문제가 발생하면 수산주가 떨어지는 대신 대체재주가 상승한다. 그런데 겨울에 어떤 일이 일어날지 알 수가 없으니 선취매가 쉽지 않다. 잘못 짚으면 낭패를 볼 수도 있다. 내가 동물의학 분야 관련주를 선취매한 이유가 바로 여기에 있다. 어떤 질병이 발생하더라도 공통으로 필요한 분야이기 때문이다. 안전한 투자를 위해 한 번 더 고민한 결과였다.

  참고로 최근의 흐름으로 볼 때 겨울 질병 관련주는 전망이 그리 밝지만은 않다. 질병이 반복되면서 투자자들에게도 내성이 생겨 큰 주목을 받지 못하는 실정이다. 사건이 두 번, 세 번 반복되면서 신선도가 떨어졌다는 의미라고 볼 수 있다. 과거에는 조류독감이 발생하면 '파루', '이-글 벳', '제일바이오' 같은 종목들이 2~3배씩 급등했지만 최근에는 잠깐 '반짝' 하고 만다.

  이처럼 신선도가 떨어지는 테마는 접근하지 않는 것이 원칙이다. 그래도 투자를 해야겠다면 관련 뉴스와 질병의 강도를 면밀히 체크하는 것이 좋을 듯하다. 사건의 진행 상황을 보면서 상승의 파고를 측정해야 한다. 똑같은 재료로 두세 번 거친 바 있으므로 이제 더 이상 먹히지 않을 수도 있음도 염두에 두어야 한다. 시장에서의 파급 효과는 대장주를 기준으로 삼으면 좋다. 시장 상황에 따라 재빠르게 주식을 사고파는 기술에 자신이 없다면 대응하지 않는 것이 가장 좋다.

계절주는 내년의 어떤 절기에 어떤 것들이 이슈가 되어 상승세를 보일지 기대하고 상상하도록 만든다. 이런 상상도 주식 투자의 즐거움 중 하나일 것이다.

06 중·장기 투자

 주식에 돈을 묻은 투자자들이 이상적으로 생각하는 결과가 무엇일까? 아마 손실을 보지 않고 10~20배로 돈을 불리는 일일 것이다. 그런 결과가 어디 쉬운 일이던가. 대한민국에 수많은 주식 투자자들이 있지만, 투자자마다 투자 성향이 모두 다르다. 주식 자체가 일정 부분 리스크를 안아야 하는 투자 방법이지만, 어떤 이는 더 큰 리스크를 안고서라도 단기에 급등하는 투자를 선호하고, 어떤 투자자는 리스크가 덜하고 안정적인 중·장기 투자를 선호하기도 한다.

 안정성이 최우선인 투자자라면 '하이 리스크-하이 리턴'의 단기 투자 대신에 중·장기 투자가 더 매력적으로 보일 것이다. '지금은 단기 투자가 답'이라고 말하는 분들은 '우리나라 경제가 예전과 달리 장년기로 접어들었기 때문에 투자기간을 짧게 잡는 것이 옳다'라고 말한다. 주식을 매수해 짧게는 1년, 길게는 몇 년 동안 보유하는 시대가 아니라는 주장이다.

 많이 맞는 말이긴 해도 전부 맞는 말은 아니다. 투자자 사이의 말도 그렇고 내 경험도 그렇다. 단기든 중·장기 투자든 일장일단이 있게 마련이다. 저성장 시대라고 해서 중·장기 투자가 아주 불가능한 일은 아니다. 다만 매수 타이밍을 기다리는 것이 관건이다. 기다리다 보면 반드시 기회가 오게 마련이다.

중·장기 투자 일반론에 대한 설명을 이어가보자.

주식 투자의 정의는 '성장 발전 가능성이 있는 기업에 돈을 투자하여 미래에 시세 차익과 배당뿐 아니라 그 기업의 과실까지 함께 공유하는 것'이다. 위에서도 말했듯이 투자자 입장에서 생각하는 가장 이상적인 주식 투자의 결과는 자신의 여유자금을 투자한 기업이 날로 발전하여 배당도 받고 주가도 오르는 일일 것이다. 솔직히 투자한 돈보다 주가가 많이 오르면 그보다 더 좋은 일이 어디 있으랴.

주식 투자에서의 장기 투자는 한마디로 '농경형 투자'라고 생각하면 이해가 쉽다. 봄에 모를 심어 가을에 벼가 익어 수확할 때까지는 오랜 시간이 걸리듯 중·장기 투자로 수익을 맛보려면 인내의 시간이 필요하다. 오래 기다리고 묵힌 장맛을 다른 맛과 비교할 수 없듯이 말이다.

이처럼 중·장기 투자의 핵심은 시간과의 싸움이다. 시간의 무게를 내 편으로 삼아야 성공 가능성이 높다. 주식과 밀접한 연관이 있는 경제 분야는 하루가 멀다 하고 변수, 이슈, 트렌드, 대외 환경 등 부침이 심하다. 이런 문제들이 발생하는 것이 자연스러운 일이기도 하다. 중·장기 투자는 이 같은 각종 경제 이슈 부침들을 극복하여 결국엔 경제가 조금씩이라도 성장해갈 것이라는 믿음에 투자하는 일이다. 앞에서 논한 가치투자도 미래의 기업가치를 내다보고 한발 앞서 투자한다는 점에서 중·장기 투자 방법이다.

나도 주식을 오랫동안 보유함으로써 큰 수익을 거둔 중·장기 종목들이 여럿 있다. 대표적으로 삼성전자(《그림 2-4》)와 삼성전기(《그림 2-5》)가 있다.

주식 투자는 타이밍 싸움이 전부라고 말한다. 중·장기 투자도 매수 타이밍이 중요하다. 기업의 내재가치에는 큰 변화가 없는데도 기업 외부에서 작용하는 변수들로 인해 주식시장이 크게 하락하는 시기가 좋은 타이밍이다. 예를 들면, 1997년 우리나라에 불어닥친 IMF 시기, 2008년 미국 금융위기 때처럼 공포가 시장을 지배하여 절정에 이르렀을 때를 매수 타이밍으로 삼으면 틀림이 없다.

중·장기 투자자들은 이런 호기를 절대 놓쳐서는 안 된다. 누구는 공포에 질려 주식시장에서 빠져나가지만, 똑똑하고 냉철한 투자자들은 과감한 투자에 뛰어들어 큰 수익을 맛본다. 내가 아는 지인들 중 소위 '슈퍼 개미'라고 불리는 몇몇 분들은 경제적으로 큰 위기가 왔을 때 투자하여 큰 수익을 거두곤 한다. 위기는 두려움이 아니라 투자자의 자산을 크게 불릴 절호의 기회다. 내가 중·장기 투자의 기회를 엿본다는 것은 바로 이런 타이밍을 기다린다는 의미다.

과거 우리나라 연평균 경제성장률이 세계의 평균보다 앞서던 시기에는 경제 전반에 폭발적인 성장세가 있었다. 이런 시대에는 중·장기 투자가 호시절을 보냈다. 그러나 현재 우리나라 경제상황은 청년기를 지나 중장년기로 접어들었다. 따라서 중·장기 투자나 가치투자는 현재의 시대 흐름이나 경제상황과 일부 맞지 않을 수도 있다.

▣ 그림 2-4 | 삼성전자 그래프(중·장기 투자)

▣ 그림 2-5 | 삼성전기 그래프(중·장기 투자)

전 세계적으로 경기 부침이 심하고, 산업의 순환 사이클이 짧아진 점을 감안할 때 기업들도 지속적으로 성장, 발전하기가 쉽지 않다. 게다가 4차 산업혁명의 도래로 전 세계 산업 사이클이 빠르게 변하는 상황이다. 많은 경제학자들조차 대응과 예측에 어려움을 겪는다.

일부 산업 분야에서는 성장하지도 않고 지형도 빠르게 변하기 때문에 미래 예측이 어려운 시대에 살고 있다. 단기 투자를 선호하는 분들의 말처럼 기업 생존이 어려운 상황에서 장기적으로 성장 발전할 기업을 찾아 장기적으로 투자한다는 것은 생각보다 어려운 일일 수 있다. 웬만한 우량기업에 돈을 묻어 수익을 거둘 수 있었던 과거에는 기업의 성장과 더불어 투자자의 자산도 크게 늘어나던 시기였지만 지금은 그런 일을 찾아보기 드물다.

 결론적으로, 급변하는 주식시장에서는 중·장기 투자가 최고의 투자 방법이 아닐 수도 있다. 하지만 제대로 된 주식 투자자라면 제2, 제3의 삼성전자를 찾아 장기적으로 투자하려는 마인드를 잊어서는 안 된다.

07 단기 투자

 단기 투자란 말 그대로 짧은 시간 동안 보유·매매하는 투자 방법이다. 따라서 단기 투자자들은 짧은 기간 동안 투자하여 차익을 얻기 위한 목적으로 주식을 매매하는 사람들이다. 단기 투자자들의 투자 경향은 일반적으로 매매량이 적은 반면에 매매 횟수가 많은 것으로 알려져 있다. 아마 주변에서 주식 좀 한다는 분들 대부분은 단기 투자자일 확률이 높다. 나도 처음 전업 투자자로 주식에 발을 디뎠을 무렵, 꽤 오랜 시간 동안 단기 투자자로 살았다.

 단기 투자에서는 세 가지가 중요하다. '직관', '기술적인 매매', '심리적인 매매'다. 이 세 가지가 잘 어우러져 조화를 이루어야 성공적인 투자자가 될 확률이 높다.

 그렇다면 단기 투자의 주식 보유 일수 기준은 얼마나 될까? 일반적으로 하루에도 몇 번씩 매수와 매도를 하는 초단기 투자에서부터, 1~2개월 보유 후 매도하는 것도 단기 투자 범위에 들어간다. 물론 주식 투자에서 중·장기 투자, 단기 투자를 애써 구분할 필요는 없다.

주식 투자의 목적은 큰 수익을 실현하는 것에 있다. 따라서 어떤 투자 방법을 선택하든 높은 수익을 지속적으로 낼 수만 있으면 문제될 것이 없다.

단기 투자의 대상이 되는 종목이 상승하는 이유부터 유심히 살펴보고, 뉴스나 재료가 시장에서 지속적으로 반응을 하는지의 여부가 주식 가격 상승의 높이를 예측하는 기준이 된다. 단기적으로 주가가 급등하는 기간은 길면 일주일에서 열흘이다. 호재성 재료나 뉴스에 의해 시장의 주목을 받고 거래량이 급증하면서 상승할 때 이런 종목을 단기 투자자가 대상으로 삼기 때문에, 많은 경험이 있는 투자자만 단기 투자에 나서는 것이 리스크를 줄이는 방법이다.

그런데 대부분의 단기 투자자들은 큰 수익을 내지 못하는 경우가 많다. 단기 투자의 단점은 오랫동안 상승하는 종목에서 기간수익률을 얻지 못하고, 단기의 짧은 수익률에 머문다는 점, 그리고 빈번한 거래로 인한 비용의 발생이 크다는 점이다. 또한 자칫하면 추격 매수나 감정에 휘둘리는 투자가 될 수도 있다. 따라서 준비가 안 된 투자자는 가급적 단기 투자를 삼가야 한다.

그렇다고 단기 투자를 무조건 금기시해야 하는 것은 아니다. 짧은 시간에 주식시장의 흐름이나 실전 주식 공부를 하는 데에는 오히려 단기 투자가 많은 도움이 되며 실력만 갖추고 있다면 적은 금액으로 시장 분위기에 영향을 덜 받으면서 꾸준한 수익을 낼 수도 있다.

우리 주변에서 사람들이 사는 모습, 살림살이를 살펴보면 운 좋게 로또에 당첨이 된 사람들 빼고는 하루아침에 벼락부자가 되는 경우는 별로 없다. 물론 로또 당첨이라는 행운을 거머쥔 사람을 찾기도 무척 어렵다. 기업도 마찬가지다. 어느 날 갑자기 기업의 환경이 개선되어 떼돈을 버는 경우는 거의 없다. 그러나 주식시장에서는 작은 뉴스가 큰 호재 또는 악재로 작용해 주식 가격의 등락폭을 결정하기도 한다. 뉴스 하나로 주가가 급변동하는 모습은 자주 있는 일이다.

주가의 급등락은 투자자들의 심리에 큰 영향을 미친다. 단기 투자에서는 여러 가지 기술적 테크닉도 중요하지만 심리 싸움에도 능해야 한다. 그래야 성공할 수 있다. 그런데 이 같은 것들은 다년간의 투자 경험이 있어야만 갖출 수 있는 일이다.

한편 일반 투자자들이 섣불리 주식 투자에 나섰다가 큰 손실을 보는 또 다른 이유는 단기간에 급등한 종목을 추격 매수하는 때다. 추격 매수를 했다가 대응 미숙으로 큰 손실을 보는 분들이 대부분이다. 매일 열리는 주식시장인지라 관찰자 시각에서 보면 변동성이 큰 종목이 많이 있어서 단기매매를 잘만 하면 큰 수익을 거둘 것으로 생각하기 쉽다. 그런데 현실적으로 잦은 매매는 비용이 많이 들고, 심리가 쉽게 흔들리기 때문에 큰 수익을 내기가 쉽지 않다.

다만, 뒤에서 자세히 다룰 '단기 투자에서의 수익 모형' 한두 가지만 숙지하고 투자에 임한다면 어느 정도는 도움이 될 것이다. 이는 내가 이 책을 통해 독자들과 공유하고 싶은 투자 노하우다.

산의 정상까지 오르는 길은 숱하게 많다. 처음엔 지름길로 보였던 탄탄한 길이 쉽게 빠져나올 수 없는 골짜기로 이어지기도 하고, 어려워 보이는 길이 생각지도 못한 지름길이 되기도 한다. 주식 투자도 산에서 길을 찾아 정상에 오르는 것과 비슷하다.

투자자들의 노하우, 방법들이 참 다양하다. 나도 많은 시행착오를 겪으며 나름 산의 정상까지 올라왔다고 생각한다. 내 투자 조언과 노하우가 100% 정답은 아니겠지만, 길이 끊어져 절벽으로 떨어지는 허망한 길이 아니라는 점만은 믿고 따라와 주기를 바란다.

주식 투자에 앞서 중·장기 투자를 할지, 아니면 단기 투자로 임할지, 큰 틀에서 투자 방법부터 정하는 것이 바람직하다. 어떤 방법을 선택하느냐에 따라 매수 종목, 예상 수익률, 대응방법, 매수/매도 타이밍 등이 모두 달라진다. 일례로 단기 투자 목적으로 주식을 매수했는데, 처음 생각과 달리 주가가 하락하는 바람에 계획에도 없던 장기 투자로 돌아서는 경우를 심심찮게 볼 수 있다.

단기 투자는 단기 수익에 목표를 둔다. 따라서 보유하고 있는 동안에는 큰 집중력이 필요하다. 당연히 단기 매매 스킬과 테크닉도 무척 중요하다. 리스크가 큰 것은 두말할 필요조차 없다. '단기 투자는 기본적으로 단기 보유와 해당 주식의 상황에 따른 빠른 매도를 늘 염두에 두어야 한다' 라는 점을 꼭 기억해두기 바란다.

★ 단기 투자를 성공으로 이끄는 세 가지 조건 ★

직관

오랜 시간의 트레이딩 경험이 잠재적으로 축적된 감각을 직관이라고 한다. 이는 엉뚱하고 생뚱맞은 감각이 아니다. 말로는 설명하기 힘든 관련 정보와 데이터가 투자자의 머리에 입력된 것쯤으로 생각하면 이해하기 쉽다. 시장 상황은 매우 다양하다. 직관에 의하여 여러 가지 상황에 맞는 투자 결정이 이루어진다.

직관의 대표적인 예가 바둑에서 사용되곤 한다. 이세돌 기사가 알파고와의 대결에서 1승을 거둔 대국은 '신의 한 수'가 승패를 결정했다. 판세와 흐름을 꿰뚫고 둔 것이 아니라 감으로 두었다는 이 위대한 한 수를 사람들은 직관에 따른 결정이었다고 분석했다. 단기 투자에 필요한 직관도 이와 마찬가지다.

기술적 매매

변동성 상·하한선이 30%로 확대된 2015년 이후, 단기 투자에서 기술적 매매의 중요성이 커졌다. 이처럼 변동성이 크기 때문에 가격이 너무 높은 종목을 추격 매수하면 리스크가 커진다.

그렇다면 언제 매수해야 할까? 많이 오른 가격을 추격하지 않고 조정을 거칠 때, 5일선과 10일선이 지지선이 되어 있을 때 매수해야 한다.

이격이 높은 장에서는 차트 분석의 중요성이 대두된다. 참고로 장대양봉이 나타날 때와 갭(GAP) 상승 시에는 추격 매수에 나서면 안 된다. 이 같은 판단의 근거가 기술적 분석을 따르기 때문에 단기 투자자라면 기술적 분석에 능해야 한다.

심리적 매매

심리적 매매란 시장의 분위기에 휩쓸리는 것을 일컫는다. 심리적 매매에는 두 가지가 있다.

첫째는 이유를 불문하고 시장이 과열 상태일 때 추격 매수에 나서는 것이다. 남들을 따라야만 손해 보지 않는다는 심리가 작동한 결과다.

둘째는 보유한 주식이 좋은 것임에도 불구하고 시장 분위기가 하락하고 있다면, 역시 분위기에 휩쓸려 투매에 동참하는 경우이다.

두 가지 모두 정확한 이유도 모른 채 주식이 오를 땐 덩달아 매수하고, 내릴 때도 함께 매도하는 심리적 매매다. 단기 투자에서는 합리적인 판단이 결여된 투자를 매우 조심해야 한다.

THE PRACTICAL GUIDE TO
STOCK INVESTING

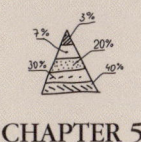

CHAPTER 5

주식 분석 기법

★ ★ ★

'빛깔 좋은 개살구.' 겉으로 보기에는 먹음직스럽지만, 입에 넣으면 시고 떫어서 인상 찌푸리게 만든다. 먹음직스러운 것과 진짜로 맛있는 것은 다른 차원의 이야기다. 투자하면 돈이 될 것 같은 주식과 정말로 돈이 되는 주식의 차이도 이와 같다. 어떤 주식, 어떤 기업에 투자해야 할지 고민할 수밖에 없다.

무엇보다 투자 시에는 확실한 근거가 있어야 한다. 주식을 분석한다는 것은 확실한 투자 근거를 만드는 일이다. 근거가 확실해야 주식 투자의 최종 목표인 수익이 만들어진다. 투자자들은 수익을 얻기 위해 여러 가지 예측 방법을 고민하고, 매매 방법을 동원한다. 이런 고민들의 목적은 주가를 예측하기 위함이다.

익히 잘 알려진 주식 분석 방법들도 주가 방향을 예측하기 위해 고안되었다. 누구나 한 번쯤은 들어봤음직한 분석 방법인 '기본적 분석'과 '기술적 분석', 여기에 더해 내가 국내에서 처음 명명한 '시장 분석'의 내용을 소개한다.

01 기본적 분석

많은 주식 투자자들이 중요하게 생각하고 실전에서 적용하는 분석 가운데 하나가 기본적 분석(Fundamental Analysis)이다. 분석한 자료로 기업의 미래성과 실적을 예측하고, 주가의 적정성 여부도 가늠해볼 수 있다고 여겨지기 때문이다. 기본적 분석은 전통적인 주식 분석 방법으로 '주식의 내재가치(Intrinsic Value)를 분석해 주가의 미래를 예측하는 것'으로 정의할 수 있다. 쉽게 풀어 말하면, 어떤 기업의 현재 드러나 있는 가치가 각종 분석으로 살폈을 때 정말로 적당한 것인지 아닌지를 알아보는 것이다. 기업의 내재가치는 내적인 요인과 외적인 요인의 분석을 통해 결정된다.

- 기업의 내적 요인: 영업실적, 재무구조, 시장점유율, 제품의 시장성, 경영자의 능력, 기업 이미지 등
- 기업의 외적 요인: 금리, 환율, 물가, 경기상황, 정치적·사회적 요인 등

기업의 내적 요인은 해당 기업의 주가에 직접적으로 큰 영향을 미친다. 관심을 갖고 있는 회사가 성장 중인지 쇠퇴의 길을 걷는지, 또한 그 회사에서 만든 제품이 잘 팔리는지 아닌지, 결산을 통해 주주들에게 많은 배당을 해주는지 아닌지 등의 정보를 알 수 있다. 한편 기업의 외적 요인으로는 각종 경제지표들이 포함되는데, 미국의 금리 인상이나 과거에 있었던 남유럽 경제 위기, 북한 리스크 등 정치적이거나 사회적인 요인들도 포함한다.

기본적 분석에서는 외적 요인도 무시할 수 없지만, 주가에 직접 영향을 주는 내적 요인의 중요성이 더 크다고 할 수 있다. 이런 분석들을 통해서 돈이 될 만한 유망 기업의 주식을 고르는 것이다. 만약 여러분이 인터넷에 실린 한 기사를 읽고 난 후, 관심 갖고 있던 기업의 수익성이나 미래 성장성 등을 고민했다면, 이는 기본적 분석을 활용한 것이라고 할 수 있다. 기본적 분석은 주식 투자에 앞서 어떤 종목에 투자해야 좋을지 결정하는 데 도움이 된다.

기본적 분석의 각론으로 들어가 하나씩 살펴보면 다음과 같다.

첫째, 경제분석이란 말 그대로 경기순환과 금리, 물가, 환율, 유가 등을 분석하는 것이다. 이런 요인들은 모든 기업에 영향을 미치며 주가에도 반영된다. 경제분석은 종합주가지수 흐름을 파악하는 데 필요하다.

둘째, 산업분석은 특정 산업의 경기전망과 구조변화를 진단, 전망하는 데에 필요하다. 최근 많은 사람들이 언급하는 4차 산업혁명이라는 테마가 뜨거운 이슈로 떠올라 여러 산업군의 지각 변동을 예고하고 있다. 특히 눈여겨볼 만한 산업군은 전기전자 업종인데, 산업분석

> **📊 실전 투자의 맥**　　　**톱다운 분석과 보텀업 분석**
>
> '가치투자들의 거장'에서 언급한 바 있지만 내용을 다시 설명하면 기본적 분석은 기업분석, 경제분석, 산업분석 세 가지로 나눌 수 있다. 기업의 내적인 요인들을 분석하는 것이 기업분석, 기업의 외적 요인들을 분석한 것이 경제분석과 산업분석이다. 이들 세 가지 분석의 순서에 따라 '톱다운(Top down, 하향식)'과 '보텀업(Bottom up, 상향식)'으로 나뉜다. 톱다운은 경제분석→산업분석→기업분석 순이며 보텀업 방식은 반대로 접근하는 것인데, 시장 여건보다 기업의 내재가치부터 분석하여 저평가 종목을 찾는 것이다.

을 기초로 해당 산업군이 향후 꾸준한 증가세로 성장할 것이라는 흐름을 짐작해 볼 수 있다. 나는 산업분석의 내용을 좀 더 확장하여 주식시장에 적용했고, 이를 여러 강연과 방송 등에서 '시장 분석'이라는 용어로 소개한 바 있다. 더 상세한 내용은 '시장 분석' 편을 참고하기 바란다.

셋째, 기업분석은 개별 기업의 재무적인 요인과 경영적인 요인 분석에 초점을 맞춘 것이다. 기업분석은 크게 양적 분석과 질적 분석으로 나뉘기도 한다. '양적 분석'은 기업의 이익 또는 손실 비용과 같은 재무제표상의 각종 수치를 분석하는 일이다. 기업의 안정성과 수익성, 성장성을 나타내는 각종 재무비율과 주가수익비율(PER), 주가순자산비율(PBR), 자기자본이익률(ROE) 분석 등이 여기에 속한다.

반면에 기업의 '질적 분석'은 수치화하여 나타낼 수 없는 영역에 대한 분석이다. 예컨대 기업을 이끄는 경영자의 자질, 기업 이미지, 기업의 인재구성, 기술력 등을 분석하는 것이 질적 분석이다. 이런 분석은 객관적인 정보나 자료를 찾아보기가 쉽지 않다. 따라서 해당 기업에 직접 방문해서 살펴보거나, 혹 아는 사람이 해당 기업에서 근무한다면 그런 사람을 통해 위에 열거한 정보들을 얻는 방법이 있다. 이처럼 질적 분석은 분석자가 직접 품을 팔아 노력해야 한다는 것이 특징이다.

★ 기업분석 시 유용한 지표들 ★

주가수익비율(PER: Price Earning Ratio)

특정 주식의 주가를 주당순이익(EPS, Earning Per Share)으로 나눈 값이다. 주가 1주당 수익이 몇 배인지를 알려준다. 공식은 다음과 같다.

$$PER = 현재\ 주식\ 가격\ /\ 주당순이익$$

PER를 통해 주식이 비싼지 여부와 기업이 고평가/저평가되었는지를 판단한다. 가령, 현재 주가가 1,000원인 A기업의 주당순이익이 100원이라면 PER가 10배다. 반면에 현재 주가가 500원인 B기업의 주당순이익이 100원이라면 PER가 5배다. A와 B 기업의 주당순이익은 100원으로 같지만 A기업의 주가가 B기업보다 두 배 높다. PER가 높으면 고평가된 기업이라고 보며, PER가 낮으면 저평가 기업이라고 본다.

주당순자산가치(BPS: Bookvalue Per Share)

기업의 순자산을 발행주식 수로 나눈 것이다. 흔히 '청산가치'라고도 한다. 그 이유는 현재 시점에서 기업 활동을 중단한 후 남은 자산을 모든 주주에게 나눠줄 경우 한 주당 얼마씩 돌아갈지를 나타내는 수치이기 때문이다. BPS에는 주가 정보가 고려되지 않는다. 따라서 해당 회사의 주가가 자산 가치보다 얼마나 저평가 또는 고평가되어 있는지 판단할 때 주가순자산비율(PBR)을 사용한다.

주가순자산비율(PBR: Price Book Value Ratio)

주가를 BPS로 나눈 값이다. 주가가 1주당 순자산의 몇 배로 매매되는지를 알려주며 PER과 같이 주가의 상대적 수준을 나타낸다. PBR이 낮으면 저평가된 것으로 여긴다.

자기자본이익률(ROE: Return on Equity)

기업이 투입한 자본이 얼마만큼의 이익을 냈는지 알려주는 지표다. 기업이 자기자본(주주지분)을 활용해 1년 동안 얼마나 벌었는지를 알려준다. ROE가 높을수록 좋은 회사이며, 최소한 시중금리보다 높아야 투자가치가 있는 회사라고 평가한다.

EV/EBITDA

기업가치(EV)를 세금과 이자를 내지 않고 감가상각도 하지 않은 상태에서의 이익(EBITDA)으로 나눈 수치다. 기업가치가 기업에서 버는 현금흐름 대비 몇 배인지 대략 알 수 있다. 만약 EV/EBITDA가 2배라면 그 기업을 시장가격(EV)으로 매수했을 때 그 기업이 벌어들인 이익을 2년간 합하면 투자원금을 회수할 수 있다는 의미가 된다. 이 비율이 낮은 회사의 경우 회사의 주가가 기업가치보다 저평가된 것으로 여긴다.

02 기술적 분석

기술적 분석(Technical Analysis)이란 한마디로 그래프나 차트를 분석, 공부하는 것이다. 주식에서의 각종 차트와 그래프들은 한 기업의 주식 동향이 과거에 어떤 모습을 보였는지를 나타내준다. 과거의 흐름을 통해 미래의 주가가 어떻게 흘러갈지 예측하는 것인데, 기술적 분석 회의론자들은 과거 지표인 차트로 기업의 미래를 예측하는 일이 불가능하다고 주장한다. 또한 그들은 주가 흐름의 예측을 차트가 아닌 기본적 분석으로 접근할 때 오히려 성공 가능성이 높다고도 말한다.

나도 과거 기업 행적을 나타낸 기술적 분석보다는 기본적 분석이 한결 더 투자에 유용하다고 생각한다. 만약 내 아이가 성적표를 받아 왔다고 해보자. 놀랍게도(?) 이번 학기에는 평균 95점을 받아 상위권에 올랐으니, 반 년 후 또는 1년 후에도 95점 이상의 성적을 유지할 것이라고 생각한다면 어리석다. 좋은 성적을 유지하기 위한 노력과 인내가 뒤따라야만 좋은 성적이 유지된다.

차트는 과거의 성적표와 같다. 차트를 보면서 과거엔 기업 실적이

어떠했다고 설명할 수는 있어도, 미래를 정확히 예측할 수는 없다. 그럼에도 불구하고 기술적 분석은 투자자들이 기본적으로 알고 있어야 할 내용이라는 점, 이에 동의하지 않는 사람이 없다는 점이 아이러니하다. 왜 그럴까?

주식 투자에서 성공하려면 빠른 의사결정을 통해 매매 타이밍을 잘 포착해야 한다. 만약 주식 투자를 기본적 분석에만 의존한다면 정보 분석에 많은 시간을 쏟아야 한다. 황금과 같은 매매 타이밍을 놓칠 수도 있다. 복잡하고 전문적인 자료들인지라 분석하느라 시간을 뺏긴다. 기본적 분석을 통해 저평가된 종목을 찾아 매수했더라도 거래가 잘 안 되면 처음 예상한 기간 내에 예상한 투자 수익을 내기가 어려울 수도 있다.

이 같은 기본적 분석의 결점을 보완해주는 것이 기술적 분석이다. 기술적 분석을 선호하는 투자자들은 이동평균선, 추세선, 차트 패턴, 보조지표 등 다양한 지표를 분석하여 주가의 움직임을 예측하고, 주식 매매 타이밍을 잡는 데 활용할 수 있다고 주장한다. 그들은 개별 주식이나 증권시장의 흐름 분석에 초점을 맞출 뿐 내재가치에 영향을 주는 기본적 요인은 고려하지 않는다.

★ 이동평균선 ★

대표적인 기술적 분석의 지표인 이동평균선부터 살펴보자. 앞에서 소개한 바 있는 이동평균선(정배열과 역배열)은 일정기간 동안 매일의 종가를 산술평균한 것이다. 종가를 하루씩 이동하면서 선으로 연결한 선이라는 뜻이다.

　5일 이동평균선은 단기, 20일과 60일 이동평균선은 중기, 120일과 200일 이동평균선은 장기 추세를 나타낸다. 이동평균선에서 나타난 정배열은 주식시장이 하락세에서 상승세로 전환할 때 단기(5일), 중기 (20일, 60일), 장기(120일) 이동평균선 순으로 상승하는 것을 말한다. 역배열이란 반대로 상승세에서 하락세로 전환할 때 단기, 중기, 장기 이동평균선 순서로 하락한다. 역배열 상태가 나타나면 보유한 주식을 매도하거나 매수를 보류하는 시기라고 알려져 있다.

　참고로 뉴스 등을 통해 종종 듣는 '골든크로스'나 '데드크로스'라는 용어도 기술적 분석에서 사용하는 말이다. 골든크로스는 단기 이동평균선이 장기 이동평균선을 상향돌파하는 상황이다. 흔히 주가 강세 신호로 여겨진다. 몇 가지 골든크로스 사례를 공유한다.

골든크로스 사례들

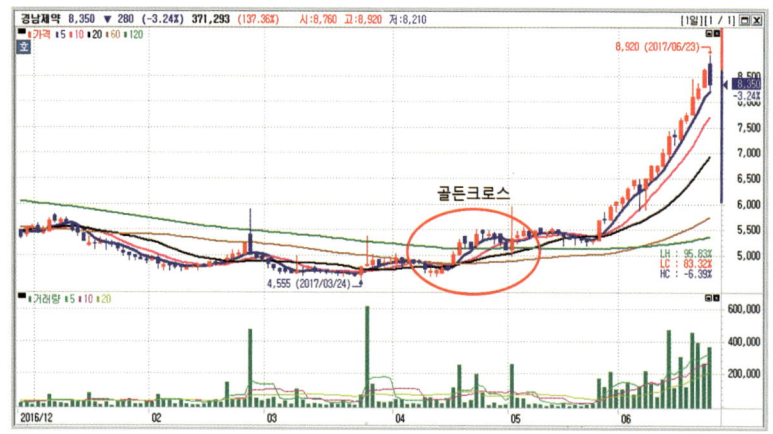

▣ 그림 2-6 | 경남제약 골든크로스

■ 그림 2-7 | 메리츠화재 골든크로스

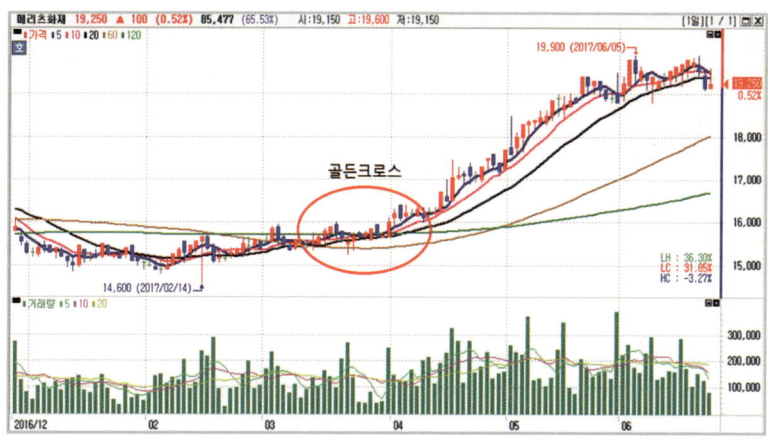

■ 그림 2-8 | 옵트론텍 골든크로스

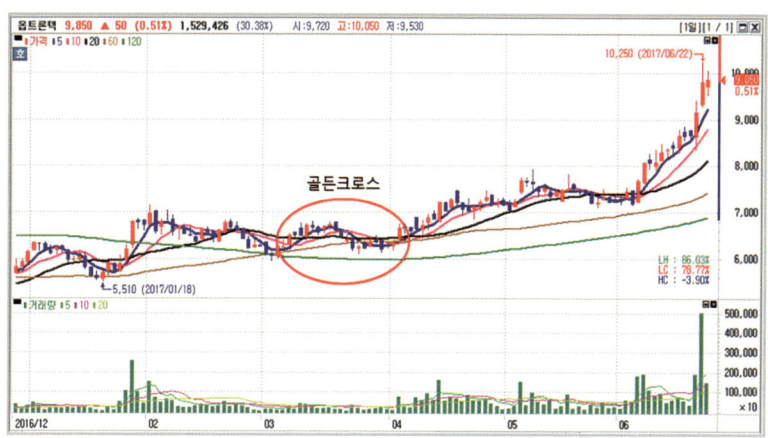

반면에 데드크로스란 단기 이동평균선이 장기 이동평균선을 하향돌파하는 것이다. 일반적으로 약세 신호라고 인식하고 있다. 이 또한 아래에 소개하는 몇 가지 자료를 통해 그래프가 어떤 모양을 나타내는지 함께 살펴보자.

데드크로스 사례들

▼ 그림 2-9 | 에스와이패널 데드크로스

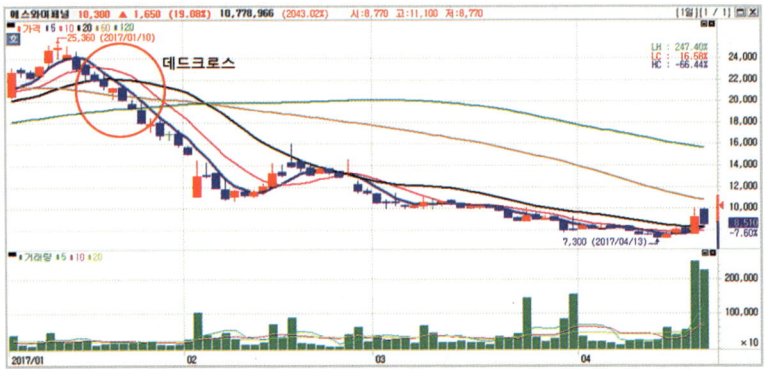

▼ 그림 2-10 | 롯데하이마트 데드크로스

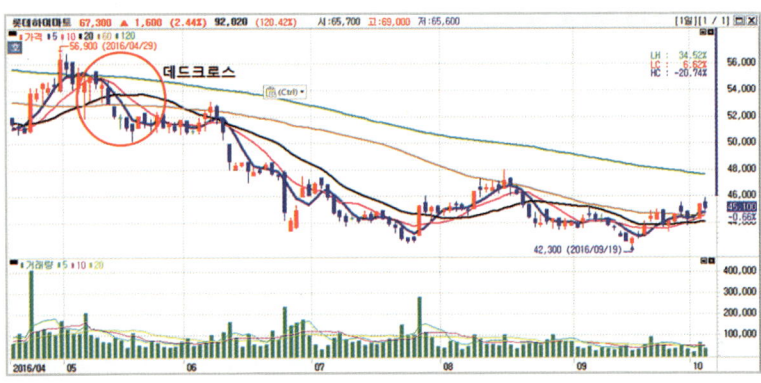

▼ 그림 2-11 | 형지 I&C 데드크로스

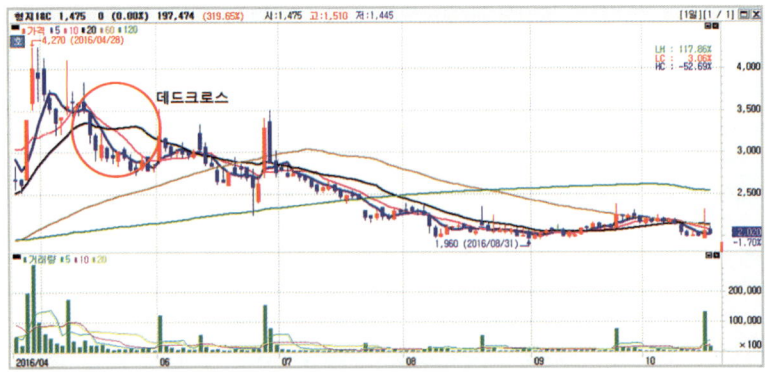

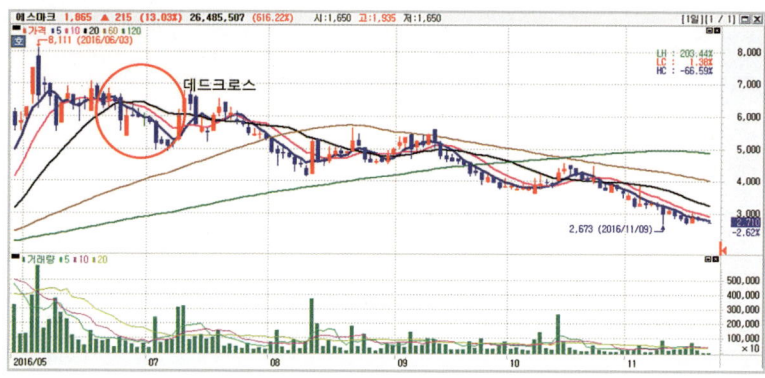

첨언하면, 내가 다년간의 투자 경험으로 깨달은 이동평균선의 느낌은 다음과 같다. 과거의 주가 흐름을 나타낸 이동평균선보다 더욱 중요한 것은 전체적인 현재의 시장 분위기다. 대세하락기 또는 경기가 전반적으로 하강하는 국면에서는 기술적 분석이 큰 의미가 없다.

★ 기술적 분석에서 활용하는 각종 보조지표들 ★

이동평균선 말고도 기술적 분석 시 활용하는 여러 가지 보조지표들이 있다. 주요 보조지표들은 다음과 같으며 그 내용을 함께 알아보자.

OBV(On Balance Volume)

주가가 상승한 날의 거래량 누계와 하락한 날의 거래량 누계의 차이를 알려준다. 거래량이 주가에 선행한다는 전제 아래 주가 횡보 시 거래량 움직임으로 향후 주가의 향방을 예측하도록 해주는 기술적 지표다.

OBV가 증가 추세라면 매수 타이밍, OBV가 감소 추세일 때에는 매도 타이밍으로 여긴다.

MACD(Moving Average Convergence and Divergence)

26일 동안의 지수평균(장기지수이동평균값)과 12일 동안의 지수평균(단기지수이동평균값)의 차이를 이용한 지표다. MACD는 두 이동평균선이 멀어지면 다시 가까워지려는 속성을 이용한다. MACD 곡선이 시그널(signal) 곡선을 상향돌파할 때가 매수 타이밍, 하향돌파할 때가 매도 타이밍이다.

RSI(Relative Strength Index)

우리말로 풀면 '상대강도지수지표'라고 부른다. 시장가격의 변동폭 중 상승폭이 얼마인지를 분석하여, 현재 시장가격이 상승세라면 얼마나 강력한 상승 추세인지, 하락세라면 얼마나 강력한 하락 추세인지를 백분율로 나타낸 것이다. 추세의 강도를 표시해주므로 향후 추세전환 시점 예측을 가능케 한다. RSI값이 30 이하라면 매수 타이밍, 70 이상일 경우 매도 타이밍으로 본다. 또한 RSI값이 30 이하이거나 70 이상일 때, 주가와 지표값의 Divergence가 나타나면 추세 반전 신호로 인식한다. RSI 계산은 다음과 같다.

> RSI=전체 상승폭 / 전체 상승폭+전체 하락폭×100

CCI(Commodity Channel Index)

최근 가격이 평균가격의 이동평균과 얼마나 떨어져 있는지를 표시하여 추세 강도와 방향을 알려주는 지표다. 지표값의 절대값이 클수록 추세가 강하고, 절대값이 작을수록 추세가 약하다고 여겨진다. 지표값이 0선을 상향돌파할 때가 매수 타이밍, 하향돌파할 때가 매도 타이밍이다. 지표값이 (+)100 이상 이면 매도 타이밍, (-)100 이하일 경우 매수 타이밍으로 보는데, 흔히 박스권 장세에서 유용한 기술적 분석이라고 알려져 있다.

위에서 살펴본 기술적 분석의 유용함은 아래와 같다.
① 심리적인 요인을 반영할 수 없는 기본적 분석의 한계를 보완한다.
② 매매 타이밍을 찾는 데 도움이 된다(기본적 분석은 매매 타이밍을 포착할 수 없지만 기술적 분석으로는 매매 타이밍이 가능하다고 전제함).

반면에 기술적 분석의 한계는 아래와 같다.
① 과거의 추세와 패턴이기 때문에 미래를 예측하는 데 적절하지 않다.
② 주가의 패턴과 거래량을 해석할 때 분석자에 따라 얼마든지 이견이 있다.
③ 시장의 변화를 읽어내는 기본적 요인 분석에 한계가 있다.

이동평균의 흐름을 이해하고 각종 보조지표들을 파악하는 데 도움이 되었기를 바란다. 그 밖에도 주식 투자 시 우리가 기본적으로 알아야 하는 '추세매매'와 고전적인 기술적 분석이라고 평가 받는 '엘리어트 파동이론'은 따로 정리하여 소개한다.

지금까지 기술적 분석을 살펴보았다. 여기서 나는 여러분에게 한

⬇ 그림 2-13 | 보조지표의 사용 사례

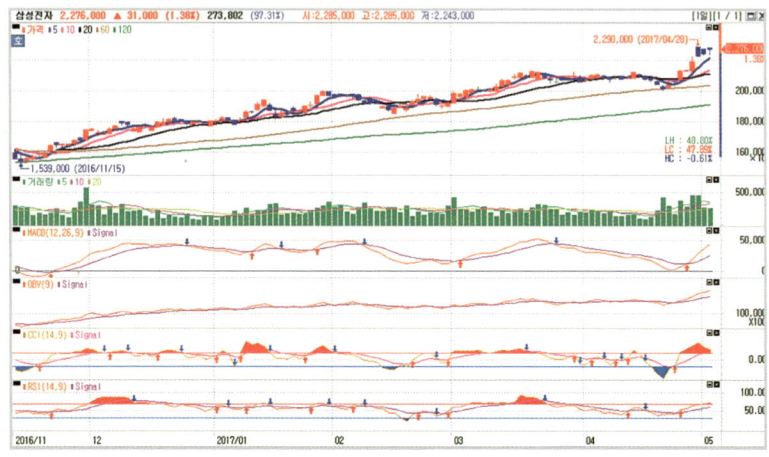

가지 당부하고 싶은 이야기가 있다. 기술적 분석의 경우 참고는 하되, 맹신하지는 말라는 것이다. 주가는 여러 가지 복합적인 요인에 의하여 결정되고 변동성도 크다. 특정한 한두 가지 요인이 주가를 움직이는 것이 아니다. 그래서 매일 하는 주식 투자가 매일 어려운 것이다. 백날 예측해도 그저 예측일 뿐이다. 수없이 많은 주식 투자자, 기관 등 시장 참여자들의 판단은 숫자만큼이나 다양하고 비정형적이다. 사정이 이러니 주식의 흐름을 예측한다는 것은 당초부터 답이 없는 건지도 모른다. 머리 좋은 천재라고 모두 주식 투자에서 성공하는 것은 아니다. 오히려 초보자보다 더 초라한 결과를 낼 가능성이 크다.

기본적 분석이니, 기술적 분석이니 등의 공부로 지식을 쌓아 주식을 하는 것도 좋지만, 더 중요한 것은 올바른 투자 가치관을 갖고 꾸준하게 앉아 버티는 묵직함이 주식 투자에서의 성공 비결일 수도 있다. 특히 기술적 분석의 경우, 단기 투자 시 참고하는 일들이 많아 수수료만 낭비하는 일만 생길 수도 있다. 이 모든 것이 증권사만 배불리는 일이다. 아래의 격언은 투자자라면 적어도 한 번 정도는 곱씹어볼 만한 이야기다.

— "과거의 자료를 가지고 투자 결정을 내린다는 것은 백미러만 보고 오토바이를 모는 일처럼 어리석다!"

★ 추세매매 ★

주식시장에서 말하는 추세란, 주가의 방향을 말한다. 그런데 흥미로운 사실이 있다. 즉 주가가 관성의 법칙을 따른다는 것이다. 주가가 일정한 기간 동안에는 정해진 방향으로 가려고 하는 성질이 있다는 것이다. 추세매매를 이해하려면 먼저 주가의 방향이 이런 특성을 갖는다는 점부터 알아야 한다.

주가는 추세에 몸을 실어 주가가 가려던 방향으로 움직이려는 속성이 있다. 만약 주가가 상승기에 들어섰을 때 투자한다면 큰 수익을 올릴 수 있다는 이야기다. 추세매매 전략이라는 것이 있다. 추세 시장에서는 주가가 한 방향으로 움직이기 때문에 주가의 큰 흐름이 상승 방향으로 움직이면 일시적으로 하락/조정을 거친다. 그럼에도 불구하고 큰 흐름은 상승 방향으로 가기 때문에 이런 추세 흐름을 이용하여 수익을 추구하는 것이 추세매매 전략이다.

그림으로 설명하면 이렇다. 다음 그림의 왼쪽 그래프를 보자. 주가가 가파른 모습으로 단기 추세선(가)을 따라 상승하다가 조정을 받고 장기 추세선(나)을 따라 움직이는 모습으로 바뀐 것이다. 그러나 전반적인 추세는 여전히 상승세를 유지 중이다.

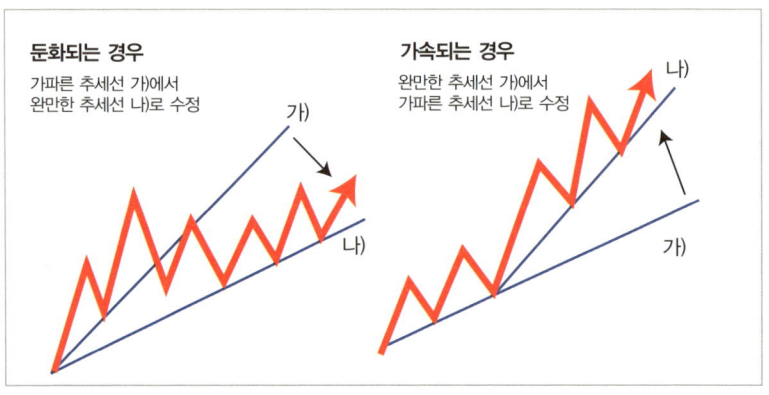

이번에는 위 오른쪽 그래프다. 그림에서 보듯이 주가가 장기 추세선(가)을 따라 움직이다가 주가의 상승세가 가속화되어 단기 추세선(나)으로 올라탄 모양이다. 이 경우 주가의 상승세가 더욱 가파르게 오른다. 이 두 가지 내용이 다 반영된 모습이 아래 '삼성전자' 그래프다(〈그림 2-14〉). 그림에서 보듯 삼성전자는 200만 원을 돌파한 후 추세가 5일선 추세에서 120일선 추세로 둔화되다가 6월에 접어들어 추세가 다시 가속되어 5일선 추세로 올라오면서 완만한 추세선에서 가파른 추세선으로 전환했다.

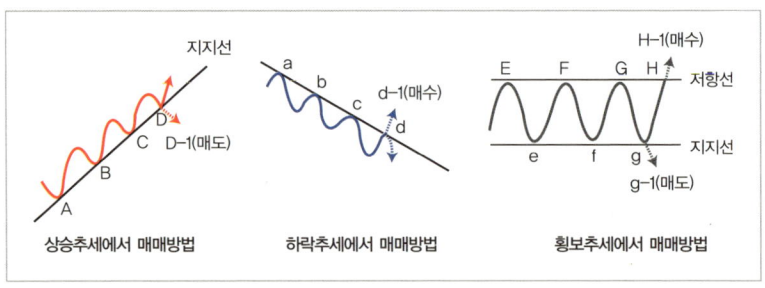

■ 그림 2-14 | 삼성전자 주가의 둔화와 가속

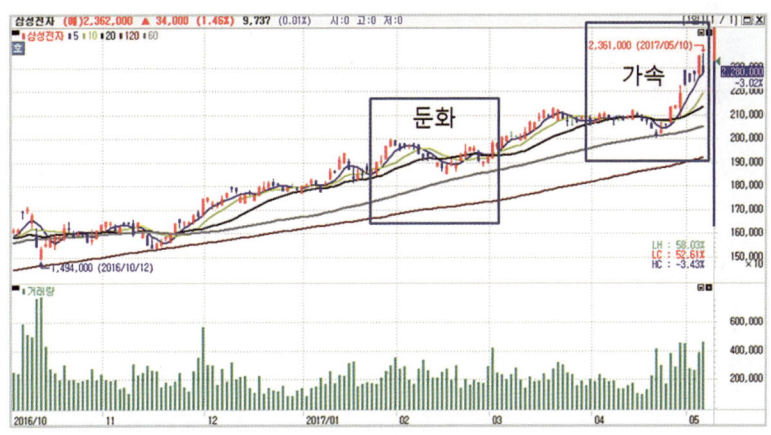

상승추세 시 매매 방법은 앞의 그래프에서 A, B, C, D처럼 추세선을 깨지 않고 따라가는 경우 계속 보유할 수 있다. 그런데 도중에 매도했다가 추세에 따라 다시 매수하고 싶다면 언제가 좋을까? A, B, C, D점과 같이 지지선 근처에서 재매수하면 된다. 그런데 D-1(매도)과 같이 지지선을 이탈할 경우라면 추세를 이탈한 것이므로 이럴 때는 하락추세로 전환할 가능성이 있으니 일단 매도해야 한다.

하락추세 시 매매 방법은 간단하다. 하락추세일 경우라면 절대 매수하지 않는다. 간혹 d-1(매수)와 같이 하락추세 저항선을 뚫고 상승하는 경우 매수가 가능하기는 하다. 그러나 다시 내려올 수도 있으므로 조심해야 한다.

횡보추세 시 매매 방법은 어떨까? 지지선인 e, f, g에서 매수했다가 E, F, G, H에서 매도하면 된다. 횡보추세도 g-1(매도)처럼 지지추세를 이탈해 하락추세를 맞을 수 있다. 따라서 g-1 지지추세를 이탈할 것 같으면 미련 없이 매도해야 한다.

 남석관의 투자 노트

엘리어트 파동이론

미국의 랄프 넬슨 엘리어트(Ralph Nelson Elliott)는 《파동이론(The Wave Principle)》이라는 저서를 통해 놀랄 만한 주식 관련 이론을 발표했다. 많은 분들이 잘 아는 '엘리어트 파동이론'의 탄생이었다. 알려진 사실에 따르면, 엘리어트는 과거 75년 동안의 주가 움직임 정보를 월간, 주간, 일간, 시간, 심지어 30분 단위로까지 자세히 모았다고 한다. 그리고 7년간의 연구 끝에 복잡해 보이는 주가 움직임에도 일정한 법칙이 있다는 결론을 내렸다. 그는 자신이 만든 법칙을 토대로 1937년 미국 주식시장을 패닉으로 몰아넣은 증시 대폭락을 예측하기도 했다. 엘리어트 파동이론은 지금도 주가의 등락을 예측하는 데 유효한 기술적 분석 방법이라고 평가 받는다.

엘리어트의 이론은 그가 생존했을 당시에는 대중이 잘 알지 못했다. 엘리어트의 추종자 로버트 프레히터(Robert Prechter)라는 인물이 이 이론을 《엘리어트 파동이론》 책으로 출간하면서 세상의 다시 나올 수 있었다. 프레히트는 엘리어트 파동이론으로 1987년 블랙먼데이를 예측했고 엘리어트 파동이론이 세상에 유명해지는 계기가 되었다. 파동이론은 주식 투자자라면 누구나 한 번쯤은 들어봤음직한 이야기다. 한때는 주식 투자의 필수 코스로 인식되기도 했다. 그 내용은 아래와 같다.

엘리어트 파동이론에 따르면 주가 움직임이 연속적인 8개의 파동(상승 5파, 하락 3파) 사이클을 갖는다. 엘리어트는 8개 파동이 순환한다고 보았고, 전체적인 사이클(주순환파, Primary Cycle) 주기가 3년마다 반복한다고 주장했다. 그림에서 보듯 1, 3, 5번은 상승파동으로 충격파동(Impulse Wave)이라 하고 2, 4번은 하락파동으로 조정파동(Corrective Wave)이라고 한다. 1~5번까지의 상승세가 끝나

▶ 그림 2-15 | 엘리어트 파동이론의 기본 패턴

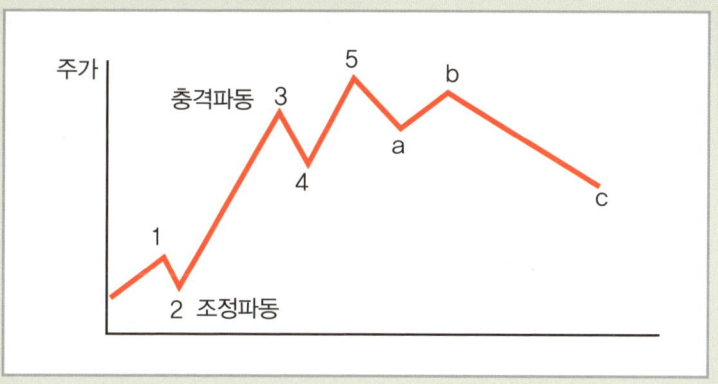

면 하락 3파에서 하락세가 시작된다. 즉, 엘리어트 파동이론의 핵심은 주가 움직임이 상승 5파와 하락 3파로 끊임없이 추세를 이어간다는 것이다.

엘리어트 파동이론의 단점으로 여겨지는 것은 파동을 분석하는 사람의 해석이 분분함에 있다. 즉 변형된 파동에 대한 해석의 여지가 많다는 점이다. 일정한 사이클이 있다고는 해도 사이클의 시작과 끝이 어디인지 정의하기 어렵다는 점도 단점으로 거론된다.

엘리어트 파동이론 적용 시 절대 불가침의 법칙
- (2)번 파동은 (1)번 파동의 출발점 이하로 절대로 내려가면 안 된다.
- 충격파동인 (1), (3), (5)번 파동 중, (3)번 파동이 가장 짧으면 안 된다.
- (4)번 파동은 (1)번 파동과는 겹치면 안 된다.

03 시장 분석

1장의 주식 투자 일반론에서 주식을 분석하는 내용을 보면 위에서 길게 설명한 기본적 분석과 기술적 분석 이야기가 대부분을 차지한다. 그런데 내가 수십 년 동안 주식 투자를 하면서 내린 결론이 있다. 개별 기업의 주식 가격이 시장 전체의 영향을 더 많이 받는다는 점이다. 결국 나는 시장 분석(Market Analysis)이 필요하다고 판단했다. 그런데 막상 시장 분석을 하려다 보니, 범위가 너무 크게 느껴졌다. 투자자 입장에서는 어떤 내용을 어떻게, 무엇부터 분석해야 할지 감을 잡기가 힘들 수도 있다.

'시장 분석'이라는 용어는 내가 그동안 여러 강연이나 방송에 출연하여 처음 사용한 것으로 기억한다. 앞에서 기술한 기본적 분석 내용 중 산업 분석 파트를 더욱 확장한 것이라고 생각하면 될 것이다. 그러나 아직 명확한 기준이나 개념이 완벽하게 정립된 것이 아니라는 점을 미리 밝힌다.

시장 분석이란 위의 산업분석에서 한걸음 더 세분화해 들어가, 주식시장에 영향을 미치는 요소들뿐만 아니라 주가의 변동과 큰 관계가 있어 보이는 시장의 내부 요인들을 분석하는 것이다. 시장 분석으로 현재의 주가가 적절한지 여부를 평가하고, 향후 주가를 조심스럽게 예측해 보자는 것이다. 구체적인 시장 분석 내용은 아래와 같다.

- 글로벌 금리 결정과 방향(미국의 금리 결정이 가장 중요함)
- 금리 결정에 따른 글로벌 유동성 파악
- 예정된 글로벌 이벤트가 국내 주식시장에 미치는 영향 분석
- 글로벌 경기 예측에 따른 국내 산업별 업황 전망 분석
- 연중 코스피 흐름 예측 분석
- 투자 유망 섹터의 투자 종목 선정
- 외국인 투자자, 기관 투자자의 포트폴리오 분석

주식시장 상황은 글로벌 경기, 금리, 이자율 등과도 밀접한 관계가 있다. 이와 같은 정보들을 분석, 연구하는 일은 각 금융기관 리서치 담당자의 몫이다. 주식 투자자는 주식 투자를 할 때 거래 비용을 지불한다. 그런데 증권사마다 거래 수수료의 차이가 큰 편이다. 이런 비용의 차이는 투자자인 고객에게 제공되는 리서치나 리포트에 담긴 내용의 차이라고 볼 수 있다. 비용이 다소 비싸더라도 좋은 정보, 돈이 되는 정보를 접해야 정확한 분석이 가능하다.

시장 분석은 일정 비용과 적잖은 시간을 들여야 가능한 일이긴 해도, 전문가만 할 수 있는 영역이 아니다. 일반 투자자들도 각 금융기관

에서 발표, 소개하는 리포트나 리서치 자료를 잘 활용하면 충분히 시장 분석을 할 수 있다.

나는 연말, 연초 시즌이면 주식 전망 강연을 자주 한다. 이때 각 증권사가 발표하는 리포트를 많이 활용한다. 경제신문에 실린 다음 해 경기 전망도 훌륭한 자료가 된다. 금융경제 관련 잡지의 눈길을 끄는 기사나 당시 주식시장에서 느껴지는 시장 분위기도 참고하여 조언한다.

주식시장은 늘 유기적이라 어디로 튈지 모른다. 따라서 시장 분석도 트렌드나 경기 상황에 맞추어 자주 바뀔 필요가 있다. 시장 분석을 어떻게 하느냐에 따라 투자 규모도 조절하고 그에 맞는 매수, 매도 포지션도 취한다. 공격적으로 투자 전략을 짤 때와 보수적으로 지키는 전략을 세우는 일도 결국 시장 분석의 결과에 따른다.

'물이 들어올 때 노를 젓는다'라는 속담이 있다. 주식시장은 매일 열리지만 주식 투자자가 하루도 거르지 않고 모니터만 들여다보며 매수, 매도한다고 능사가 아니다. 매일 수익이 나는 사람은 없다. 특히 전업 투자자라면 나의 조언을 기억하기 바란다.

시장에는 분위기라는 것이 있다. 객관적이고 합리적인 시장 분석을 통해 시장 전체의 분위기가 좋지 않다고 판단했다면, 과감히 판을 접고 쉴 줄도 알아야 한다. 그런 사람이 현명한 투자자다. 분위기를 반전시킬 만한 능력이 없다면, 분위기에 편승해야 한다. 나를 향해 거세게 달려오는 파고 앞에 맞섰다간 산산조각이 난 몸만 남을 뿐이다. 그럴 때는 피하는 것이 상책이다. 현명한 시장 분석과 분석에 걸맞은 행동은 자산을 늘이고, 늘어난 자산을 잘 지키는 데 꼭 필요하다.

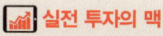 **산업 분석 < 시장 분석**

산업 분석은 특정 산업의 경기전망과 구조의 변화를 진단하고 전망하는 데 유용하다. 최근 부상하는 4차 산업혁명 테마는 뜨거운 이슈가 되어 여러 산업군의 지각 변동을 예고하고 있다. 특히 눈여겨볼 만한 산업군은 전기전자 업종인데, 산업 분석을 기초로 해당 산업군이 향후 꾸준히 성장할 것이라는 흐름을 짐작해 볼 수 있다.

그런데 나는 산업 분석을 더욱 확장하여 '시장 분석'이라는 툴을 이용한다. 즉 산업 분석을 확장한 것이 시장 분석이다. 여기에는 경제적인 내용만 국한된 것이 아니다. 여러 가지 사회 현상까지 함께 통섭하여 분석하는 일을 시장 분석에 포함된다.

시장 분석은 기술적 분석, 산업 분석, 글로벌 캐시 플로 등이 주식 시장에 미치는 영향을 통합한 시장 분석은 일종의 톱다운(Top-down) 서치라고 할 수 있다. 나는 개별 종목의 주가 변동성도 시장 전체 흐름의 영향을 많이 받는다는 사실을 알았다. 그래서 시장 분석을 무척 중요하게 여긴다.

THE PRACTICAL GUIDE TO
STOCK INVESTING

CHAPTER 6

주식 매수

★ ★ ★

주식 투자는 주식을 사고팔아서 시세 차익을 얻거나 배당을 받아 자산을 불리는 과정이다. 따라서 주식 투자는 어떤 회사의 주식을, 언제 매수하여, 언제 매도할지를 결정하는 일이 전부라고 할 수 있다.

이상적인 투자는 주식이 쌀 때 사서 비쌀 때 파는 것이다. 말로는 무척 쉽고 단순하지만 주가를 흔드는 변수와 경우의 수, 산업 환경의 변화가 너무 심하여 기준을 잡기가 힘들다. 코스피와 코스닥에 상장된 회사는 무려 2,000여 개나 된다. 아무리 돈이 많아도 모든 주식을 살 수는 없다. 따라서 투자자는 나름의 매수 기준이 있어야 할 것이며, 그런 기준을 바탕으로 좋은 주식을 매수하고, 피해야 할 주식을 골라낼 줄 알아야 한다.

6장에서는 사야 할 주식, 사지 말아야 할 주식, 중·장기 투자 시 주식 매수, 단기 투자 시 주식 매수 방법 등에 대해 상세히 알아본다.

01 매수 타이밍 잡기

나는 오랜 시간을 전업 투자자로 주식시장에 참여해왔다. 전업 투자자라는 직업을 선택한 이후, 운 좋게도 마이너스 수익률을 기록한 해가 단 한 번도 없었다. 수년에 걸쳐 실전투자대회에서 여러 번 상도 받았다. 주식 강연을 하다 보면 대체로 투자자들이 궁금해하는 점은 다음과 같았다.

— '투자할 종목을 어떻게 고르는가?'
  '주식 매수의 시기는 언제인가?'
  '어떤 주식을 매수해야 하는가?'
  '매수하지 말아야 할 주식은 무엇인가?'
  '보유하고 있는 주식을 언제 매도하는가?'

주변에는 더도 덜도 말고, 딱 한 가지 종목만 추천해 달라는 분들도 많다. 먼저 많은 분들이 그토록 궁금해 하는 주식 매수의 타이밍, 시기는 언제일까?

내가 경험으로 터득해 이론으로 굳힌 '증시사계론'에 따르면, 1분기(1~3월)가 매수의 호기다. 특히 이 기간에 정배열 차트를 만드는 종목들을 눈여겨보고 있다가 매수 종목 후보군으로 남겨두어야 한다. 봄에 상승을 시작해 우상향하는 종목은 최대한 기다렸다가 꼭지에서 팔수 있도록 한다. 중간에 주가가 흔들리는 모습이 나타날 수도 있지만, 성급하게 팔아치우면 안 된다. 이런 종목을 매수했다면 그 해는 쉽게 큰 수익을 거둘 수 있다.

아래 자료들은 1분기에 횡보세를 보이다가 2분기 이후 상승을 기록함으로써 내가 큰 수익을 얻은 주식들이다. 붉은색으로 표시한 작은 원이 1분기 횡보세, 큰 원이 2분기 무렵 상승세를 표시한 것이다. 독자들도 참고하면 좋을 듯하다.

1분기 횡보, 2분기 이후 상승 종목 사례

그림 2-16 | 대덕GDS(1분기 횡보, 2분기 상승)

◼ 그림 2-17 | 일진머티리얼즈(1분기 횡보, 2분기 상승)

◼ 그림 2-18 | 상아프론테크(1분기 횡보, 2분기 상승)

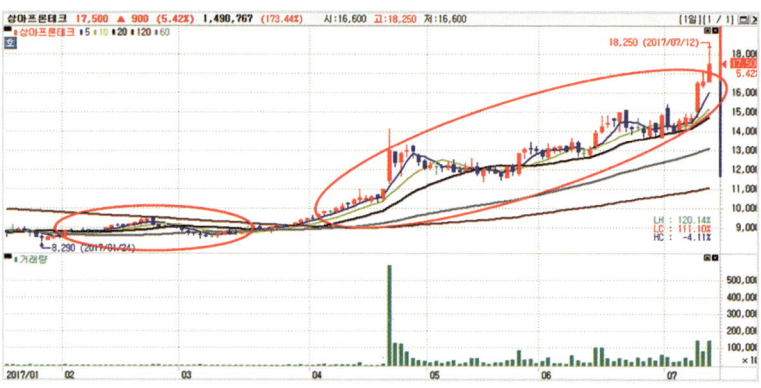

◼ 그림 2-19 | 에코프로(1분기 횡보, 2분기 상승)

주식 매수 타이밍은 기술적 매매가 능숙한 실력 좋은 단기 투자자와 일반적인 중·장기 투자자 사이에는 큰 차이가 있다. 여기에서는 일반적인 개인 투자자의 눈높이에 맞추어 설명하겠다.

내가 주장하는 '증시 사계론'에 따르면 코스피 시장이 1~2월에 급등하는 경우는 거의 없다. 반면에 3~5월에 코스피지수가 나빴던 경우를 본 적도 없다(이유는 뒤에서 밝히겠다). 그래서 대체로 1~2월에 그 해 업황이 좋은 산업군에서 3월 이후 상승할 종목을 매수하면 된다. 너무 일찍 매수할 필요도 없다. 앞서 기술한 것처럼 지수 상승을 리딩하는 쪽은 거의 외국인들이다. 지수가 횡보, 하락세를 보이고 있을 때 외국인, 기관 투자자가 연속 순매수하는 종목을 포트폴리오에 편입시키면 된다. 외국인과 기관이 공통으로 순매수하는 종목이라면 더욱 좋다.

기술적 분석 측면에서 보면 차트가 골든크로스가 발생한 이후에 얼마의 시간이 지나면 정배열, 우상향하는 모습을 나타내는 경우가 많다. 매수한 종목이 정배열 구간에 들어갔다면 그때에는 일찍 매도하면 안 된다. 추세 매매의 투자법을 숙지하여 데드크로스가 발생할 때까지 일정 부분 보유하는 것이 수익을 극대화하는 투자다.

하반기 이후에는 주식시장에서 차트가 골든크로스가 발생하고 정배열이 되는 종목을 찾기가 쉽지 않다. 체계적 리스크라는 외부 변수에 의해서 지수가 급락할 때에도 급락한 뒤는 절호의 매수 타이밍이라는 점을 꼭 기억해 두자.

1년 내내 죽을 힘 다해 투자하는 투자자보다 1분기에 들어가 여름 무렵 파는 투자자의 수익률이 높다. 전자는 손실도 가능하다. 그런데 후자는 손실이 거의 나지 않는다. 흔히 말하는 급등락주나 관리종목만 아니라면 말이다. 한마디로 정리하면 다음과 같다. 성공적인 주식 매매는 1분기를 주시하는 데에 달려 있다.

02 매수해야 하는 주식

그렇다면 어떤 기업의 주식을 사야 할까? 나는 아래와 같은 네 가지 기준을 세우고 이 기준들에 적합한 기업인지의 여부를 고려하여 매수할 주식을 고른다.

내가 주목하는 첫 번째 매수 기준은 '기업이익'이다. 당연히 기업의 이익이 증가하는, 또는 증가할 것으로 예상되는 종목을 매수해야 한다. 여기서 말하는 기업이익의 사전적 의미는 '경제생활상의 부(富) 또는 효용의 증가분으로서 기업의 전체 가치를 감소함 없이 기업 소유자가 임의로 처분할 수 있는 최고액'을 의미한다. 다른 말로 표현하면 기업의 전체 가치 평가에 기초한 순재산의 증가분이 기업이익이다.

그런데 일반 투자자들이 어떤 기업의 이익이 얼마나 되는지 정확히 알 수가 없다. 그저 뉴스 등에 언급된 제한된 정보만으로는 구체적인 기업이익을 머릿속에 그려낼 수 없다. 제한된 정보나 주관적인 판단에 의존하여 기업이익을 가늠한다는 것은 모험과 같다. 따라서 일정한 논리에 따라 기업의 이익을 측정한 여러 가지 방법과 절차를 참고해야 한다. 이 같은 방법과 절차가 바로 기업회계(business accounting)다.

덧붙여 강조하면, 나는 기업이 영업활동을 잘하려면 몸이 가벼워야 한다고 생각한다. 당연히 재무제표도 중요하지만 기업의 발행주식수를 반드시 살펴보라고 조언하고 싶다. 자본금이 적고 발행주식수가 적은 기업은 재무적 리스크가 상대적으로 적다. 예컨대 발행주식수가 1,000만 주라면 재무제표를 살펴보지 않더라도 웬만하면 도산 위험이 거의 없는 기업이라는 것을 직감할 수 있다.

특히 테마주에 관심 있는 투자자라면 자본금과 발행주식수를 주목해서 봐야 한다. 홀가분한 종목이 크게 오른다는 점을 염두에 두자. 일례로 900원에서 10,400원까지 폭등한 '써니전자'의 경우 당시 주식수는 900만 주가 채 안 되었다. 그만큼 자본금이 적었다는 뜻이다. 자본금과 발행주식 수가 적은 기업은 돈이 필요할 때 유상증자 등을 통해 자금을 차입한다. 덩치가 큰 기업과 달리 이런 기업은 재무적 리스크를 비교적 쉽게 피할 수 있다.

내가 과거에 관심종목 리스트에 넣고 투자했던 '서원'은 유상증자를 실시했을 때 지인들에게 유상증자를 받으라고 조언했다. 당시 주식 수가 1,600만 주였고, 유상증자율은 60%였다. 유상증자 물량까지 합쳐도 주가가 올라가는 데 큰 지장이 없다고 판단했다. 반면 총발행주식 수의 100%, 200% 단위로 유상증자를 하는 종목은 되도록 참여하지 말아야 한다. 주식 수로 2,000만 주, 3,000만 주씩 증자하는 종목은 주식을 받아도 좌불안석이다. 그 많은 물량이 쏟아지면 주가에 악영향을 끼칠 것이 뻔하며, 그렇게 리스크가 큰 주식을 감내할 이유가 없다.

18대 대선 당시 대선주였던 '보령메디앙스'와 '아가방앤컴퍼니'를 예로 들겠다. 두 종목 모두 복지 관련주였는데, 대장주는 보령메디앙스였고, 아가방앤컴퍼니는 이등주였다. 두 종목의 차이는 자본금의 차이였다. 또한 당시 보령메디앙스는 대주주가 총발행주식의 50%를 지분으로 보유하고 있었다. 유통 물량이 그만큼 적었다. 주가 상승세가 가속되어 매수세가 몰리면 유통 물량이 적은 주식은 비교적 쉽게 오름세가 지속될 수 있다. 이처럼 홀가분한 종목은 개인 투자자들이 투자하기 좋은 종목이다. 다만 환금성에 문제가 있는 소위 '품절주' 투자는 논외로 한다. 총발행주식 수와 유통주식 수는 주가에 상당한 영향을 미친다. 특히 테마주 투자 시에는 이 점을 중요한 포인트로 삼아야 한다.

매수해야 할 기업의 조건 두 번째는 '경제적 해자(垓子)'가 있는 기업들이다. 경제적 해자란, 쉽게 말해 다른 경쟁자가 '넘볼 수 없는 진입장벽'을 의미한다. 해자는 과거 전쟁 시, 적의 공격으로부터 아군을 방어하기 위해 성 또는 성곽 주위를 따라 둘러 판 두렁, 연못을 가리키는데, 경쟁사가 쉽게 넘볼 수 없는 진입장벽이라는 의미로 경제적 해자라고 표현한다. 경제적 해자라는 투자 아이디어를 제안한 사람은 워런 버핏이었다. 그는 타사가 넘볼 수 없는 어떤 기업의 진입장벽이야말로 그 기업의 장기적인 성장가치라고 주장했다. 경제적 해자의 판단 기준으로는 다음과 같은 것들이 있다.

- 무형자산: 브랜드, 판매망, 특허, 라이선스 등(기업 경쟁력의 핵심)
- 네트워크 효과: 특정 재화와 서비스에 대한 수요가 이미 형성된 사용자 집단의 네트워크에 의해 영향을 받는 현상(신규 소비자들이 기존 네트워크에 편입되고 싶도록 만들어 경쟁력을 이어나감)
- 교체·전환 비용: 소비자가 다른 회사의 재화나 서비스를 구입하는 데 드는 비용(이 비용이 높을 경우 소비자는 한번 구입한 브랜드를 바꾸려하지 않음)
- 비용절감 우위: 경쟁사보다 낮은 원가로 같은 품질의 제품을 생산하는 것(판매 가격을 낮춰 경쟁력을 높임)

매수해야 할 주식의 조건 세 번째는 전망이 좋은 산업군 내에서 1등 기업의 주식을 매수하는 것이다. 현재 1등을 만든 요소들이 향후 지속적으로 유지, 발전할 수 있는지를 살펴보아야 한다.

마지막 네 번째는 경쟁력 있는 비즈니스 모델을 갖춘 기업들이다. 가령 페이스북은 제품을 만드는 제조공장도 없고, 물건을 판매하는 기업도 아니다. 그러나 세계 일류 기업이라는 평가를 받는다. 빠르게 변하는 세상에서 그 같은 변화에 적합한 비즈니스모델을 갖춘 기업의 주식을 매수해야 한다.

그 밖에 주식을 매수할 때 고려하는 요인으로 ① 잠재력은 있으나 현재 전망이 안 좋은 주식, ② 주식시장의 두려움이 해당 기업의 악재와 결합할 때(역발상 투자), ③ 근시안적 비관론이 시장을 장악해 주가가 폭락할 때, ④ 비관론이 극에 달해 있는 시기 등이 있다.

실전 투자의 맥

기업회계란?

해당 기업의 재무 상태 및 영업 상태, 성과를 기업회계(재무제표)로 상세히 알 수 있다. 투자자들은 기업회계 상의 재무제표를 통해 해당 기업의 실체를 객관적으로 파악할 수 있다. 기업은 자사의 정확한 정보를 재무제표에 실어야 한다. 기업이 공개한 재산계산으로는 재정 상태를 파악할 수 있고, 손익계산으로는 기업의 경영 성적을 알 수 있다.

기업회계는 기업의 이익을 계산한 것으로 해당 기업과 관련 있는 주주 또는 채권자 등의 이해관계자들에게 유익한 정보를 제공한다는 점도 의미가 있지만, 기업의 경영과 관리를 위해 유익한 자료를 제공한다는 점에서도 의미가 있다. 참고로 기업회계는 보고의 목적이나 대상에 따라 재무회계와 관리회계로 나누어진다는 점도 알아두자.

03 매수하지 말아야 할 주식

주식에서 피해야 할 기업은 여러 가지다. 어쩌면 사야 할 주식의 숫자보다 사지 말아야 할 주식이 더 많은지도 모른다. 대표적인 것으로 기업 경영자 관련 사고가 언론에 노출되어 이미지가 나쁜 회사는 매수하지 않는다. 횡령이나 배임으로 얼룩진 기업도 피해야 한다. 관리종목은 특별한 경우가 아닌 한 매매하지 않는 것이 정신 건강에 이롭다. 또한 적자폭이 큰 기업도 피해야 한다. 위에서 언급한 정보들은 주변에서 쉽게 구할 수 있으므로 구체적인 설명은 생략한다. 그러나 반드시 투자자들이 참고해야 할 내용들이다.

투자자가 구해보기가 어려운 정보들도 있다. 가격이 지나치게 낮은 종목은 가급적이면 피하는 것이 좋다.

'가격이 낮고(1,000원 미만의 동전주), 자본금은 크고, 주식 수가 많은 종목은 매력이 없다.'

나는 종목을 선별할 때 주가가 너무 싸고, 총발행주식 수가 많은 종목은 일단 거르는 편이다. 가령 발행주식수가 7,000~8,000만 주 이상, 많게는 1억 주 이상 되는 종목은 투자 시 거의 배제한다. 혹 이런 주식에 투자했더라도 주가가 하락하면 추가매수하지 않고 정리한다. 리스크가 크기 때문이다. 이런 종목은 주식을 발행해 자금을 끌어모으고, 자금이 소진되면 다시 유상증자 등을 통해 주식을 발행하는 경우가 많다.

전환사채(CB, Convertible Bond)나 신주인수권부채권(BW, Bond with Warrant), 추가상장이 잦은 기업도 피해야 할 기업들이다. 이런 기업들은 주가가 급등하다가도 이내 급락으로 돌변한다. 주가가 급등하는 이유도 급락하는 이유도 특별할 것이 없다. 주식으로 장사하는 기업의 전형적인 패턴이다. 과거의 한 기업은 관리종목에 들어가자 감자 시행 후, 물량이 적어지자 주가를 크게 올려 코스닥 시가총액 2위까지 오르기도 했다. 화려하게 불타오르는 주식처럼 보이지만, 이런 종목에서 손실 보는 사람들은 대부분 개인 투자자다.

기업의 재무제표를 꼼꼼히 체크하는 것도 중요하지만 위와 같은 종목들을 잘 선별하는 것이 더욱 중요하다. 비정상적인 주식은 멀리하는 것이 상책이다. 주식 투자 초기부터 위에서 언급한 리스크가 많은 주식을 외면하는 것이 투자자의 자산을 지키고 주식시장에서 살아남는 첩경임을 주지해야 한다.

기술적 분석에 따라 피해야 할 주식들도 있다.

첫째 '주봉상 장기이동평균선이 하락 추세인 종목'은 피하자. 기업의 발전 전망이 없거나 시장에서 경쟁력이 없는 기업일 가능성이 크다.

둘째 '고점에서 데드크로스가 발생한 종목'도 피해야 한다. 역배열로 전환되어 장기적으로 하락할 수 있기 때문이다.

그 밖에 투자자들이 피해야 할 나쁜 주식들로는 아래와 같다.

① **동화 같은 기업**

마치 보물을 싣고 있던 해적선이 침몰하여 많은 사람들이 침몰선을 찾아 떠나는 것처럼, 주식 투자자들은 바람 같은 소문에 휩쓸려 투자하는 경향이 있다. 허황된 전설 같은 주식에 투자하면 안 된다.

② **껍데기 기업**

일부 기업들은 재무구조가 기형적이거나 사양 산업체인 회사를 인수해 마치 기업 인수 후 주가가 크게 상승할 것처럼 포장하기도 한다. 껍데기만 화려한 주식에 속지 말자.

③ **냄비 같은 기업**

현재 인기가 많은 주식 중 현재 과대평가되어 있거나 현재 주가에 미래가치가 포함된 경우가 많다. 냄비처럼 금세 끓다가 금세 식는 기업의 주가는 투자가치가 없다.

④ **덤핑형 기업**

기업의 경쟁방식은 여러 가지가 있다. 그중 가장 최악의 기업구조는 가격만으로 타사와 경쟁하는 것이다. 가격경쟁은 기업을 경영해가는 과정에서 치명적이기 때문에 주가가 폭락할 우려가 있다.

⑤ **밑 빠진 독 기업**

아무리 투자하고 돈을 부어도 차오를 줄 모르는 밑 빠진 독 같은 기업의 주식은 매력이 없다.

⑥ **부채 의존 기업**

순수한 자산이 아닌 빌린 돈을 이용해 재투자하는 기업은 삼류 기업이다. 부채에 의존하여 경영하는 기업에 투자한다면 정말 어리석은 결정이 된다.

 **실전 투자의 맥**　　　　　　　　　　**감사보고서의 중요성**

12월 결산 법인인 경우, 3월 말까지 금융감독원에 감사보고서를 제출하여 공시해야 한다. 정상적인 기업은 기한 내에 보고서를 제출하지만 어딘가 문제가 있는 기업들은 감사보고서를 기한 내에 제출하지 못하거나 시일을 미루기도 한다. 감사보고서 미제출이나 그 밖의 퇴출 사유가 발생할 가능성이 있는 기업은 투자자들이 주의해야 한다. 자칫 큰 손실을 입을 수 있다. 회계법인의 의견 거절도 퇴출 사유가 된다. 이런 리스크가 조금이라도 있는 기업들은 매수 대상에서 제외한다. 수익이 안 나오더라도 결산보고서가 나온 기업 위주로 투자하는 것이 좋으며, 이는 매우 중요한 일임을 강조한다.

04 중·장기 투자 시 주식 매수

 매수해야 할 주식, 매수하지 말아야 할 주식을 아는 것도 중요하지만 어떤 호흡으로 주식을 할지 결정하는 일도 간과할 수 없다. 즉 짧게 치고 빠질지 또는 좀 더 긴 호흡으로 길게 가져갈지의 여부를 판단하는 것도 중요하다. 나는 장기, 중기, 단기 3개의 계좌로 나누어 주식을 운영한다.

 중·장기 투자 종목들은 당연히 중·장기 계좌로 운영하는데, 개인적으로는 중·장기 투자는 최소 3개월 이상이라고 본다. 계좌 금액도 상대적으로 큰 편이다. 매매는 1년에 한두 번만 한다. 보통 1분기에 매수하여 2분기나 여름 즈음에 매도한다. 당연히 '절대 손실이 나지 않아야 한다'라는 원칙에 맞는 투자를 해야 할 것이다.

 나는 중·장기 계좌라 해도 전통적으로 '가치주'라고 여겨지는 무거운 종목은 거의 매매하지 않는다. 탄력도가 떨어지기 때문이다. 3개월 이상 투자가 필요한 종목들은 중장기로 분류한다. 가격이 저렴할 때 미리 사놓으면(선취매), 30~100%의 수익이 가능한 종목들이다.

중·장기 투자는 그동안 내가 주식으로 큰 자산을 만드는 데 공을 세웠다. 사실 중·장기 투자만 잘해도 한 해 수익의 대부분이 발생한다. 단기 투자보다 묻어둔 금액이 큰 만큼, 굳이 비유하면 커다란 호박이 한 번 크게 구르는 효과가 발생한다. 적지 않은 수익이 단기보다 리스크가 상대적으로 안정적인 중·장기 투자에서 이루어지기 때문에 다소 편한 마음으로 주식 투자에 임할 수 있다. 처음 주식을 하는 분들 대부분은 단기 투자로 시작하는데, 어느 정도 경험이 쌓이고 수익도 좀 불어난 상황이라면 중·장기 투자로 옮겨가는 것도 좋다.

주식 투자는 '종목을 사는 것이 아니라 때를 사는 것이다' 라는 말이 있다. 매수 시기에 따라 주식 투자의 성공 여부가 갈리기도 한다. 장기 투자는 '삼성전자' 처럼 평생 보유해야 하는 종목이 있고, 중기 투자의 경우 보유 기간을 3~6개월 정도로 한정하는 종목으로 나눌 수 있다. 장기 투자는 사회적 이슈로 떠오르는 메가트렌드의 직접적인 수혜를 받을 것으로 예상되는 기업 또는 전도유망한 사업에 발을 디뎌 해당 산업군 기업의 주식이 훗날 크게 오를 것으로 보이는 것들이 투자 대상이다. 운 좋게 그런 주식들을 초기에 매수했다면 장기 보유로 큰 수익을 얻는다.

대표적인 예로 반도체의 삼성전자, 휴대폰 시장을 선도했던 'SK텔레콤', 제3차 산업혁명으로 불린 인터넷 혁명의 최대 수혜자 '네이버', 고령화 사회 및 의학기술 발전으로 수혜를 본 '한미약품' 등이 해당 시장을 리딩하는 선도 기업으로 주목을 받았다. 불과 몇 년 사이에 처음과는 비교할 수 없는 수십 배의 주가 상승을 보여준 대표적인 기업들이다. 장기 투자는 이런 기업들을 발굴하여 그 기업의 성장과 더불어 과실을 함께 공유하는 것이다.

중기 투자 계좌는 당시에 중기 트렌드에 맞는 종목들을 위주로 매수한다. 금액은 장기계좌의 20~30% 수준이다. 우리나라는 사계절이 있다. 주식시장에도 시기별, 계절별, 시장 움직임의 특징이 있다.

투자론에서 말하는 '1월 효과'(January effect)는 우리나라 주식시장에서도 흔히 볼 수 있는 현상이다. 1월 효과는 통계적으로 중소형 주에서 두드러진다. 12월 결산 법인인 경우, 대체로 1~2월에 전년도 결산 실적을 발표하고 그 해에 어떤 산업군의 전망이 밝고 유망한지를 분석한 결과가 나온다.

세계적으로 경기가 하락할 것이라는 전망이 나올 경우, 간혹 1~2월에 시장이 급락하고 불안정한 모습을 보이는 때도 없었던 것은 아니다. 그러나 내가 살펴본 우리나라 주식시장 사이클은 3월 이후, 즉 1분기 마지막 달부터 2분기까지 주식시장이 나빴던 경우를 본 적이 없다. 따라서 중기 투자는 1~2월에 주식을 매수하는 것이 좋다. 그해에 전망이 좋은 산업군에서 투자할 주식을 찾는 것이다.

어렵게 생각할 것 없이 단순하게 증권회사의 리포트를 활용하면 된다. 상승 초기에 종목 선정은 외국인, 기관이 함께 연속적으로 매수하는 종목에서 찾으면 어렵지 않다.

기술적 분석을 통한 중기 투자 종목 고르기의 힌트는 '골든크로스'다. 이는 다들 아는 바와 같이 상승 전환을 의미한다. 대형주에서 '골든크로스'가 발생한 종목은 상승 추세로 전환되어 이내 정배열 모양을 갖추는 경우가 대부분이다. 따라서 지수 상승 초기에 '골든크로스' 발생 종목을 매수하면 큰 수익을 기대할 수 있다. 내가 수익을 낸 사례 2개(티씨케이, 한국전자금융)를 자료로 붙인다.

정배열 차트 사례

◆ 그림 2-20 | 티씨케이

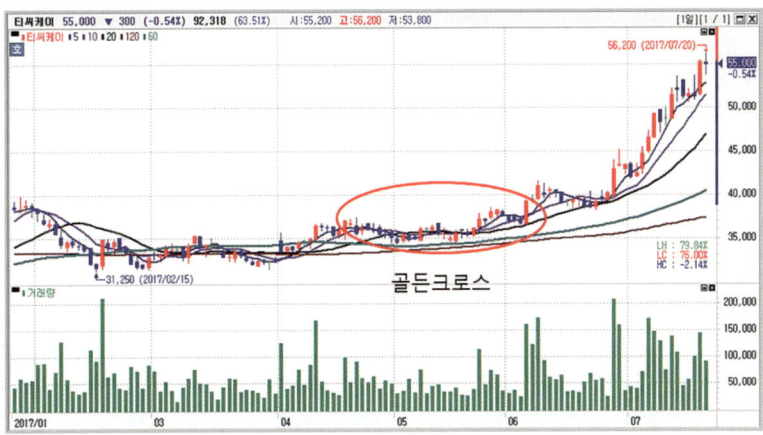

◆ 그림 2-21 | 한국전자금융

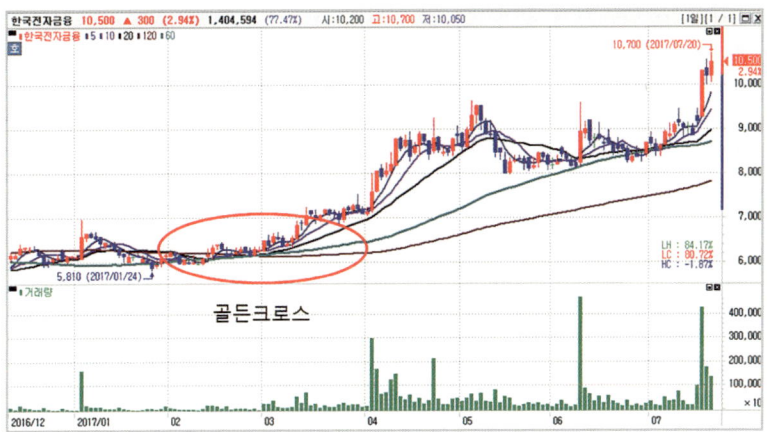

투자자가 매수할 종목을 정하지 못했다면 어떻게 해야 할까? 증권사 리포트에 2분기 이후 기업의 실적이 개선될 것으로 예상하는 종목들을 눈여겨보자. 1~2월에 횡보하거나 저점을 다진 종목을 중기 투자

목적으로 매수하면 대부분 3~4개월 안에 어느 정도 수익을 볼 수 있다. 시장에 상장된 기업의 주가 연중 변동성을 살펴보면 간혹 1년 내내 마이너스 수익률을 나타내는 주식도 있지만, 최소한 20~30%의 변동성을 나타내고 연초 대비 100% 이상의 상승률을 기록하는 주식도 꽤 있다. 따라서 한두 종목을 저점에서 투자하면 연 20~30% 수익률을 거두는 일이 어렵지 않다.

'선취매' 개념이 큰 중·장기 투자에서 매도 시점이 한참 남았는데 생각지 않은 이슈로 보유 중 급등하는 일이 벌어지면 생각지 못한 '횡재'라고 보면 된다. 중·장기 투자를 염두에 두고 매수했는데 단기에 급등하면 일단 매도해서 이익을 실현하는 것이 원칙이다. 단기 급등 후 주가가 제자리로 돌아오면 원래의 재료가 소멸되지 않는 경우 재매수한다. 중·장기 투자를 목적으로 매수한 특정 종목에서 이 같은 횡재로 수익을 낸 경우가 여러 번 있었다.

중·장기 투자에도 원칙이 있다. 앞서 언급했듯이 연초에 각 증권사에서 발행하는 리포트를 분석하여 그해에 전망이 밝은 산업군에 속한 종목으로 외국인과 기관들이 선호하는 종목을 매수한다. 이때 주로 분할 매수를 한다. 중·장기 투자에 적합한 주식으로는 대체로 대형주가 많다. 대형주 중에서도 어떤 주가 1등을 할지 모르니 기관과 외국인의 선호도가 높은 종목. 업종 대표주(대장주) 위주로 매수한다.

실전 투자의 맥 — '물타기' Vs '추가 매수'

내 투자 원칙 중에는 '물타기'가 없다. 물타기란 주가 하락 시 더 저렴한 가격에 주식을 살 수 있다는 판단에 매수하는 행위다. 그러나 냉정히 말해서 물타기는 초기의 투자자의 판단 미스를 인정하는 단어다. 판단을 잘못했다면 더 많은 돈을 넣을 것이 아니라 그 종목에서 빠져나오는 것이 순리다. 빠져나오지 않고 물타기를 시도해 평단가를 낮추고 주가가 오르면 빠져나올 기회를 노리겠다는 생각은 잘못하면 재투자의 기회를 날려버린다. 물타기로는 잘해봐야 본전인 경우가 허다하다.

반면에 추가 매수는 매우 좋은 투자법이다. 흔히 중·장기 투자에서 행해지는 투자법으로서 적정한 매수 가격에 투자자가 물량을 확보하기 어려울 때 분할 매수의 한 방법으로 추가 매수를 한다. 해당 종목의 가격이 떨어지면 더 싼 가격에 더 많은 주식을 살 수 있어서 좋고, 가격이 올라도 나중에 반드시 올라갈 것이라는 확신이 있을 때 사는 것이므로 더 큰 수익을 보장해준다. 추가 매수는 주식을 멀리 보고 매수할 때 분할해서 종목을 사들이는 방식이지, 빠져나올 기회를 노린다거나 본전이라도 찾자는 의미가 아니다.

물타기와 추가 매수의 차이는 종목에 대한 확신에 있다. 확신 없는 종목은 애초부터 사지 말아야 하며, 원칙으로 삼아 철저히 지켜야 한다.

05 단기 투자 시 주식 매수

투자자들이 단기 매매에서 실패하는 가장 큰 요인 중 하나는, 급등하는 종목에 대한 이미지가 머리를 지배하기 때문이다. '급등하는 종목은 지금 매수해도 얼마 정도는 더 오르겠지'라는 환상을 갖고 있다. 혹자는 중·장기적인 이슈나 테마를 잘못 생각해 단기 투자로 접근하여 실패하기도 한다. 이는 실전 투자에서 많이 저지르는 실수다. 그 결과 '원하지 않는 장기 투자자', '강제 장기 투자자'가 되기도 한다.

단기 투자 시에는 단기 투자에 적합한 종목을 공략하는 것이 원칙이다. 전술한 것처럼 일반적인 단기 투자는, 하루에도 변동성이 큰 종목으로 여러 번 매매하는 투자법에서 1~2개월가량 보유했다 매도하는 투자를 일컫는다. 단기 투자의 전제 조건은 단기 매도에 있다.

나는 2001년에 1,000만 원을 손에 들고 전업 투자자의 길로 뛰어들었다. 그 전에도 주식을 조금씩 하기는 했지만, 사회생활을 하면서 주식 투자를 했을 때만 해도 단기 투자자라 볼 수 없었으며, 장기·단기 투자가 무엇인지 기준조차도 없었다. 적은 금액으로 전업 투자자로 나선 상황이라 경제적으로도 심리적으로도 여유가 부족했다. 투자해서 번 수익을 생활비로 써야 했기 때문에 매달 수익을 내야 하는 단기 변동성이 큰 종목만 눈에 들어왔다. 그런 종목에 집중할 수밖에 없었던 것이다. 앞에서 말한 이상적인 주식 투자 방법, 즉 '장기적으로 성장하는 기업에 투자하여 과실을 공유하는 가치투자'라는 말은 머릿속으로는 잘 알아도 현실적으로는 실천하기가 힘들었다.

단기 투자에서의 주식 매수는 '짧은 기간에 수익이 나면 매도한다'는 전제 조건이 있어야 한다. 단기 보유하고 매수매도를 하기 때문에 회전률이 당연히 높을 수밖에 없다. 회전률이 높다는 것은 거래 비용이 많이 지불된다는 의미이기 때문에 투자에 있어서 일단 손해보고 들어가는 리스크가 높은 투자 방법이다.

과거에 상한가가 12%, 15%이던 시절에는 이른바 '상한가 따라잡기'라는 단기 매매 방법이 있었는데, 리스크는 있어도 잘 사용하면 높은 수익률을 올리는 것이 가능했다. 변동성이 30%로 확대된 이후의 단기 투자에서는 주식 매수 시 상대적으로 집중하고 신중해질 수밖에 없다. 장중에 상승한 이후 주식을 매수하기에는 부담이 많이 간다. 가급적 단기 매매라 하더라도 눌림목 주는 종목, 재료는 살아 있는데 2~3일 쉬면서 10일선을 지지하는 종목, 또는 20일선에서 강력하게 지지받는 종목 등으로 매수한다. 단기 투자에서도 시장의 중심주 위주로 매수하는 것이 원칙이다.

한편 주식시장을 잘 살펴보면 요일별로 작은 변화가 있다. 해당 주간의 주식시장을 이끄는 중심주는 그 기간 내에 거래량이 많이 수반되고 높은 상승률을 보이는 주식이다. 가령, 월요일에 처음 시작하는 종목이 그 주간을 뜨겁게(hot) 시장을 리딩하고 대체로 수요일이나 목요

일이 되면 시장이 무르익는다. 금요일이면 대체로 한 주를 마감하고 간혹 금요일에 새롭게 시작하는 종목이 그 다음 주를 새롭게 연다. 따라서 개별종목에서 금요일 시장의 분위기와 월요일에 전개되는 시장 분위기와는 판이하게 다른 경우가 많다.

단기 투자에서의 주식 매수는 급등하는 주식을 추격 매수하는 것이 아니라 급등 이후의 전개 상황을 살펴보는 것이 중요하다. 그리고 상승하는 이유를 증권 사이트 등을 통해 알아본 다음 매수에 동참한다. 단기 투자에서도 수익이 나는 모형이 있다. 수익 모형을 한두 가지만 익히면 한 달에 한두 번만 적용해도 높은 누적 수익을 얻는 일이 가능하다.

단기 투자자는 대부분 주식시장에서 빨갛게 상승하는 종목에만 관심을 갖게 마련이다. 당연한 심리일 것이다. 빨리 치고 빠져야 하는데, 파란색 지표들이 눈에 들어올 리 없다. 그러나 나는 급락하는 종목들도 면밀히 살펴보고 급락하는 이유가 무엇인지 파악해 둔다. 과도하게 주가가 떨어진 종목일지라도 급락에 영향을 준 이유가 해소되면, 곧바로 주가가 정상을 되찾거나 급등하는 경우도 많다.

참고로 급등 각도에 따른 매매법도 잠시 언급하겠다. 급등 각도가 높을수록 매도 타이밍도 더 빨라야 한다. 급등 후에는 거의 대부분 급락이 뒤따르기 때문이다. 단기 이슈일수록 보유기간을 짧게 잡고 수익을 실현하는 데 집중해야 한다.

단기 투자 대상으로 적합한 종목 고르기나 시기는 이미 앞에서 공부했던 정배열이나 골든크로스가 발생한 종목의 투자와는 완전히 다르다. 역배열 속에서의 짧은 정배열인 경우의 종목에서 기간에 따른 누적 상승분을 수익으로 보고 매도 타이밍으로 잡는 방법도 있지만,

단기 투자 대상이 되는 종목의 상승 시기는 일주일에서 열흘을 이상 지속되기가 힘들다. 급등의 각도를 보고 급격히 상승하면 매도 타이밍이 빨라질 수밖에 없다는 점을 염두에 두어야 한다. 단기 투자 시 주식 매수는 시장에서의 파급력을 분석하고 거래량과 상승 재료 상황에 따라 5일선, 10일선, 20일선 눌림목일 때 매수한다.

> **실전 투자의 맥**   **단기 투자 시 요일별 투자 대응법**
>
> 모든 시장 상황에 포괄적으로 적용할 수는 없으나 내가 생각하는 단기 매매 시 요일별 공략법을 정리하면 다음과 같다(단, 외국인이나 기관이 주로 매매하는 대형주는 제외함).
>
> - **월요일:** 새로운 한 주가 시작되는 월요일. 전주 금요일 장세 중 일부가 연장선상에 있다. 토요일과 일요일에 발표된 뉴스(호재와 악재)가 개별 종목에 큰 영향을 미친다. 보편적으로는 월요일에 새롭게 출발하는 종목이 해당 주간을 리딩한다. 월요일 매수 포인트는 전주 금요일에 처음 크게 상승했다가 저항선에서 지지되는 종목이다. 물론 상승 재료가 살아 있어야 한다. 이런 경우 이슈는 사라지지 않았는데 잠시 쉬는 타이밍이다. 매수하라.
> - **화요일:** 투자자들이 가장 주의해야 한다. 월요일의 시장 분위기에 휩쓸려 상승했던 종목이 급락하는 일이 많다. 화요일에 추격 매수에 동참함으로써 낭패를 보는 분들이 많다.
> - **수요일 · 목요일:** 주중 시장 분위기에 편승한 종목들 중 수익률이 높게 나올 종목이 있을 확률이 높다. 다른 것은 신경 쓰지 말고 매매에 집중하라. 특히 목요일에는 신규 매수를 자제해야 한다. 이는 매우 중요한데, 금요일이 되면 짧게 오르다 떨어지는 일이 많으니 신규 매수의 유혹을 참아야 한다. 장이 좋을 때는 논외이지만 시장을 관망하는 날로 삼으면 적당하다.
> - **금요일:** 개별 종목의 종가가 당일 저가일 경우가 가장 많다. 평소 관심 있는 종목을 매수하는 타이밍으로 삼아라. 나는 신규 매수 종목은 처음 상승했다가 하락하는 종목을 지켜본다. 이때 기술적 지표를 통해 지지선이 훼손되지 않았는지를 눈여겨본다.

THE PRACTICAL GUIDE TO
STOCK INVESTING

CHAPTER 7

주식 매도

★ ★ ★

자산에 편입시켜 평생 보유할 주식 또는 자녀들에게 증여할 주식은 매매 대상이 아니기 때문에 매도할 필요가 없다. 그러나 대부분의 일반 투자자들에게 매수가 주식 투자의 시작이라면 마무리는 매도다. 수익을 현실화하고 자산을 늘이는 마무리 과정이 주식 매도다.

매도 타이밍을 몰라서 수익을 놓쳤다는 투자자들의 이야기를 많이 듣는다. 매도 타이밍도 계량화되어 있거나 정형화된 공식이 있는 것이 아니다. 시장 상황에 따라 또는 해당 종목이 처한 환경에 따라서 투자자가 보유한 주식을 매도할 수밖에 없다. 그렇지만 오랜 시간 시장을 관찰한 결과 그래도 효율적인 매도 타이밍을 대략적으로 알 수 있게 되었다.

여기에서는 일반적인 경우로서의 수익실현매도(익절), 손실확정매도(손절), 중·장기 투자 시 매도, 단기 투자 시 매도 등의 내용을 설명한다.

01　매도 타이밍 잡기

끊임없이 우상향 그래프를 그리는 주식은 세상에 없다. 주가란 언젠가는 꺾이게 마련이다. 어떤 주식이든 매도 타이밍은 반드시 있다. 일단 차트상으로 가늠해보는 매도 타이밍은 '과하게 올랐을 때'다. 그런데 '과하다'는 기준은 다소 모호하다. 이 기준은 아무도 정할 수 없다. 이는 매우 감각적인 판단이며, 일반적으로는 주식 경험이 쌓이면서 좋아진다. 과하다는 기준을 아무도 모르기 때문에 '웬만한' 상황에서 매도를 한다는 정도로 생각해 두자.

　예컨대 정보수집과 공부를 통해 1분기에 좋은 종목을 좋은 가격에 매수했다고 해보자. 주가가 우상향으로 올라가면서 멋진 수익을 안겨주고 있는 상황이다. 그럼 이제 꼭지가 어디인지 잘 판단해서 빠져나오는 일만 남게 된다. 미리 팔아치웠다면 수익이 났더라도 아쉬움이 많이 남는다. 팔지 않고 보유했으면 거두었을지도 모를 수익을 생각하면, 마치 그만한 금액의 손실이 난 것처럼 가슴이 쓰리다. 이런 아픔은 누구나 마찬가지, 인지상정이다. 속이 덜 쓰리려면 디테일한 매도 타이밍을 알아야 한다.

　내 과거 경험을 공유하겠다. 한때 3,000원 아래에서 시작하여 18,000원까지 급등했던 '영진약품'. 어느 날 객관적으로 차트를 살펴보니 가격이 너무 올라간 듯 보였다. 분명 꼭지에 다 왔는데, 매수 물량이 몰리면서 대량 거래가 터지고, 매수세와 매도세가 치열했다. 일반적으로 대량 거래가 터지면 손바뀜이 심하다. 주가를 끌어올린 주도 세력이 자신들의 물량을 누군가에게 떠넘겼다는 의미다. 이런 날은 무조건 매도해야 한다. 바닥에서 이런 모습이 나타났다면 매수 시기일 수도 있지만, 이미 5배나 오른 종목에서 나온 이날의 현상은 매도가 정답이었다.

　종가는 장대음봉으로 끝이 났다. 이때 자칫 신규 매수의 유혹에 빠지 쉽지만, 대부분은 추가 하락으로 이어진다. 주식이라는 것이 상승세에 있다가 별안간 하한가가 나오지는 않는다. 마지막 날에는 위아래로 심하게 출렁이면서 손바뀜이 일어나고, 이 과정에서 대량 거래가 수반된다.

　이처럼 절호의 매도 타이밍은 절대 놓치지 말아야 한다. 주가가 크게 오르는 피날레에서 벌어지는 위와 같은 상황은, 투자자들이 주식을 언제까지 보유할 것인지에 대한 답도 제시한다. 미리 팔 필요가 없다는 계산이 나온다. 섣불리 팔지 말고 지속적으로 보유하면서 이런 상황이 발생하면 매도하면 된다.

　사례를 하나 더 만들어 매도 타이밍 공부를 해보자. 만약 어떤 종목을 연초에 미리 사두었다고 해보자(선취매). 연초의 계획은 초여름까지 보유하고 있다가 7,000원 선에 이르면 파는 것이었다. 그런데 만약 초

여름이 오기 전 7,000원이 되었다면, 이때는 목표가에 도달했다는 원칙에 따라 매도한다. 목표가가 생각보다 일찍 오면 팔고, 그래서 또다시 떨어지면 다시 매수한다.

이처럼 한 종목을 계속 사고팔 때에는 재료가 살아 있다는 전제조건이 필요하다. 주가가 오르락내리락하면서 매도 타이밍을 저울질하기 어려운 종목은 재료가 생명이다. 재료가 소멸되었는지, 살아 있는지로 판단해야 한다. 어떤 이유로 이 종목을 매수했는지를 다시 생각해보고, 매수 당시의 재료가 아직 유효하다면 목표가에서 팔고 떨어지면 다시 매수한다.

여기서 '싸다'는 개념을 한 번 짚어보자. 투자자들이 손해를 보는 이유와도 큰 관계가 있는데, 만약 어떤 주식이 5,000원에서 1만 원까지 올랐다면 2배 상승이다. 1만 원이던 주식이 20% 떨어져 8,000원이 되면, 흔히들 '싸다'고 생각해 다시 매수한다. 처음 매수한 가격 5,000원은 까맣게 잊고 고점 대비 20% 떨어진 사실만 기억한다. 많은 투자자들이 이 지점에서 주식을 샀다가 손실을 보는 경우가 많다.

대량 거래가 터지면서 장대음봉이 나오면 매도 타이밍이라는 점을 꼭 기억하자. 이런 원칙은 많은 투자자들이 잘 아는 내용이다. 기억해두었다가 매도 타이밍을 잡는 데 요긴히 활용하자. 대량 거래를 수반한 장대음봉이 출현하면 무조건 매도한다. 아래의 그래프를 참고하기 바란다.

대량 거래를 수반한 장대음봉

〈그림 2-22〉에서 확인할 수 있듯이 한미약품은 10만 원에서 시작하

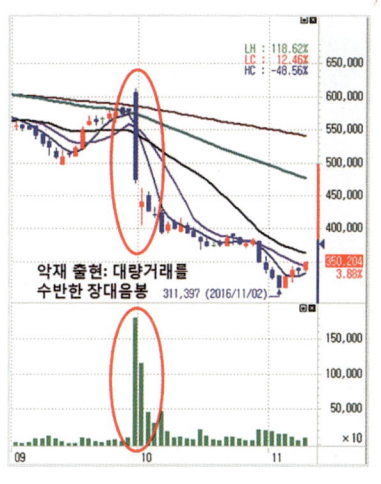
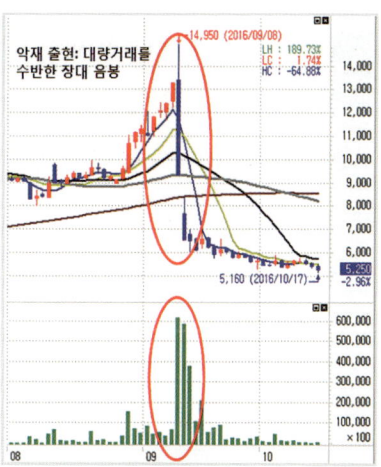

여, 5조 원이 넘는 기술 수출 호재에 힘입어 80만 원을 돌파했다. 이 경우 시세가 마무리되었다고 판단할 수 있다. 가장 객관적인 근거는 바닥 대비 상승률이다. 아무리 좋은 재료가 있어도 6~8배 상승했으면, 더 이상 추가 상승의 기대를 가지면 안 된다. 여기서 주가가 더 상승한다고 해도 수익은 크지 않을 확률이 높다. 이때 '힘에 부친다'는 표현을 쓸 수 있다. 주가가 크게 상승하면 고평가 영역에 들어간다. 상승 탄력도가 떨어지면서 상승 각도도 점차 완만해진다. 대량 거래나 장대음봉이 나오지 않으면서 완만하게 천정을 형성한다. 앞서 하늘로 높이 던진 공이 어느 시점에 다다른 후 땅으로 떨어지는 원리다.

한미약품은 60만 원대에서 계약해지라는 악재가 발생해 장대음봉이 발생했고 이후 주가의 추가 하락이 이어져 28만 원대까지 떨어졌다. 대체로 매도에는 정해진 답이 없다는 점을 기억하자. 여기서 가장 눈여겨봐야 할 대목도 가격 자체다. 주식이 얼마나 상승했는지 기간을 넓게 펼쳐 확인해보자.

　눈앞의 차트와 호가 창에만 정신을 집중하다 보면 수시로 상승 초기 지점에서 얼마나 올랐는지 망각하기 쉽다. 욕심을 버리고 적당한 가격에 수익을 실현하고 빠져나와야 한다. 투자자들은 수익이 나면 매도하는 전략을 절대 원칙으로 삼아야 한다. 이 원칙을 잘 지키려면 낮은 가격에 잘 사야 한다. 전제조건이 잘 지켜졌다면 수익이 난 영역에서는 한결 가벼운 마음으로 매도 타이밍을 잡을 수 있다.

남석관의 투자 노트

매매 주체에 따른 주식의 특징

주식시장에서 외국인 투자자, 기관 투자자가 주로 거래하는 종목과 개인 투자자들이 거래하는 종목이 특정지어진 것은 아니다. 단지 거래량에서 상위를 차지하는 종목을 분석해보면 크게 두 가지 주식 매매 주체로 나눌 수 있다. 결과적으로는 수익률에서 큰 차이를 나타낸다. 매매 주체에 따른 주식의 특징을 살펴보면 다음과 같다.

외국인 투자자, 기관 투자자 투자 종목의 특징

외국인 투자자나 국내 기관 투자자나 주식을 포트폴리오에 편입시키고 투자 대상으로 삼는 종목을 고르는 방법은 비슷하다. 재무학이나 투자론은 미국에서 시작되었는데, 같은 내용을 공부했기 때문에 새로운 투자 방법이 나올 가능성이 거의 없다. 따라서 주가가 일정 부분 상승한 이후에는 서로 주거니 받거니 하면서 매수, 매도세가 엇갈린다. 매수세의 연속성으로 성장성이 기대되는 주식은 지속적인 상승세를 보이는 경우가 많다.

초기에 지수 상승은 거의 외국인 투자자의 몫이다. 국내 기관 투자자는 지수를 리딩할 정도로 적극적이지 못하다. 고평가되거나 오버슈팅이 나오면 자동적으로 매도 물량이 나온다. 외부적인 영향으로 지수가 급락하면 기계적으로 매수세가 들어온다(프로그램 매매). 실적이 좋은 기업의 주가가 20일선, 60일선까지 떨어지면 재상승이 이루어진다. 따라서 기술적인 매매가 가능하다. 종목에 대한 리포터가 많아 투자에 기준을 삼거나 참고하기가 좋다.

일반 개인 투자자 투자 종목의 특징

대체적으로 단기 이슈나 뉴스에 의해 급변동하는 주식에 투자하는 경우가 많다. 실적이나 내재가치에 근거한 주가 움직임보다는 특정 세력에 의한 주가 왜곡 현상이 나타나는 주식이 많다. 추가적인 매수세 유입이 이루어지지 않기 때문에 연속적인 상승세를 보이지 않는다. 따라서 특정 세력이 떠나간 주식은 하락세가 지속되는 경우가 많다. 주가 하락 시 기술적 분석에 위한 투자가 매우 어렵다. 거의 리포트가 전무한 종목이 대다수다.

주식시장에 상장되어 있는 기업의 주식 가격의 변화를 그래프로 분석하면 거의 대부분 위에서 설명한 대로 두 가지 형태로 구분된다. 투자금액이 적은 개인 투자자라 할지라도 가급적이면 기관, 외국인 매매종목에 투자하는 것이 리스크를 줄이는 투자 방법이 된다. 기업의 재무 상태를 살펴보아도 개인이 투자하는 종목은 우량한 재무 구조를 지닐 가능성이 작다.

02 수익 실현 매도: 익절

보유하고 있던 주식이 올라 수익을 실현하여 매도하는 것을 '익절'이라고 한다(참고로 주식 투자를 하다보면 거래수수료를 빼고 본전 부근에서 주식을 매도하는 경우가 종종 있는데, 이는 '본전가 매도'라고 부른다).

당연한 이야기지만, 우량한 회사의 주식은 저렴할 때 매수해서 보유하고 있으면 그 자체가 훌륭한 자산이 된다. 이런 주식이라면 애써 팔아치울 필요가 없을 것이다. 대표적인 사례를 들자면, 우리나라 주식시장에서 가장 우량하다는 삼성전자가 있다. 만약 여러분이 20년 전인 1997년에 삼성전자 주식을 매수하여 지금까지 팔지 않은 채 가지고 있다면 아마 대부분 큰 부자가 되었을 것이다.

20년 전인 1997년 당시의 삼성전자 주가는 주당 약 4만 원이었다. 2017년인 지금, 삼성전자의 주가는 200만 원이 넘는 수준으로 크게 올라 있다. 단순히 주식 가격만 비교해보더라도 50배 이상 상승했다. 그러나 과거 4만 원에 주식을 매수해서 현재까지 보유하고 있는 투자자는 거의 없을 것이다. 대부분 주식을 보유하고 있다가 어느 순간 매도했을 것이다.

주식 투자에서 오랫동안 보유하는 전략도 분명 좋은 선택이긴 해도, 주가가 상승하면 적절한 매도 타이밍을 잡고 수익을 실현하는 것도 매우 중요하다. 특히 개인 투자자들은 투자자금에 한계가 있게 마련이다. 오랫동안 주식을 보유할 만한 여유도 상황도 여의치 않은 경우가 많다. 따라서 개인 투자자 입장이라면 수익이 난 주식을 적당한 시점에서 매도하고, 현금화시킨 자금으로 수익이 날 만한 종목에 다시 투자하는 순환구조로 자금을 운영하는 것이 이상적이라고 생각한다.

앞에서도 잠시 언급한 바와 같이, 주식 가격이 올랐을 때 매도 타이밍을 잡지 못하여 오히려 매수 가격 이하로 주가가 떨어졌을 경우 의도하지 않은 장기 투자로 내몰리는 투자자들이 너무나 많다. 원하지도 않은 장기 투자에 들어가면 기회비용을 잃는다. 당연히 현금이 묶여 투자 유연성이 떨어진다. 돈이 될 만한 다른 주식들이 눈에 보이는데도, 묶인 현금 때문에 투자의 기회가 사라지는 것이다. 이런 분들은 '주식에 돈이 물렸다'고 표현한다.

수익이 난 종목은 적절한 시기를 봐가면서 매도해야 한다. 수익을 실현시킨 후 투자 수익금을 자기 자산에 편입하는 수익 실현 매도, 즉 익절이야말로 '주식 투자의 꽃'이라고 할 수 있다. 그런데 익절이라도 한 가지 기억해야 할 것이 있다. 보유하고 있는 주식을 한꺼번에 모두 팔아치우면 안 되는 때가 있다. 즉 지수가 대세상승기이거나 장기간 상승하는 시기라면 이야기가 달라진다. 이럴 경우에는 가지고 있는 주식을 한꺼번에 매도해선 안 된다. 주가에서는 상승의 끝 꼭지를 아무도 모른다. 보유하고 있는 종목이 상승을 견인하는 중심주라면, 당초

> **실전 투자의 맥**   **여러 가지 상황에 따른 매도 방법**
>
> 전업 투자자가 매도하는 방법과 직장인이 매도하는 방법은 다를 수밖에 없다. 전업 투자자들은 단기적인 대응에 집중한다. 반면에 직장인은 시장에 재빨리 대응하는 일이 어렵다. 따라서 직장인 투자자라면 단기보다 중·장기 대응이 더 이롭다.
>
> 운용하는 돈이 많은 사람과 그렇지 않은 사람도 매도법이 달라야 한다. 투자금이 적다면 리스크가 큰 종목에 집중하기 쉬울 것이다. 금액이 많다면 리스크가 적으면서 수익률보다 수익액이 중요한 포인트가 된다. 투자금이 10억 원이라고 할 때, 리스크 없이 수익률 10%만 거두어도 1억 원을 벌 수 있으니 훌륭하다. 그러나 상대적으로 투자금이 적은 투자자 입장에서 10%는 큰 수익으로 느껴지지 않을 수도 있다.
>
> 긴 호흡으로 먼 곳을 바라보면서 가져가는 장기 계좌는 현재 마이너스 상태일지라도 매도하지 않고 유지하며 때를 기다리는 것이 좋다. 거꾸로 짧은 호흡으로 가져가는 계좌에서 마이너스가 나는 종목이라면 되도록 빨리 매도한 후 짧은 기간 안에 수익이 나는 종목에 집중하는 것이 좋다.

처음 예상했던 목표가에 다다르면 일부를 매도하는 분할 매도 방법이 수익률을 극대화하는 전략이다.

  나중에 더 상세히 살펴보겠지만, 대체로 중·장기 투자 종목에서의 수익 실현 매도는 분할 매수처럼 분할 매도가 원칙이다. 그러나 단기 투자에서의 수익 실현 매도는 빠르게 일괄적으로 매도하는 전략이 맞다.

  한편, 각자의 투자 스타일에 따라서 매도 방법이 다를 수도 있다. 매수도 그렇지만 매도도 누구나 지켜야 할 바이블 같은 원칙이 있는 것은 아니다. 자신의 직업 보유한 자금, 상황, 투자 기간 등에 따라 매도법이 다를 수 있다.

03 손실 확정 매도: 손절

주식 투자자들은 시장에 참여하면서 많은 경험을 한다. 수익이 나기도 하고 큰 손실을 보기도 하며, 웃다가 울기를 반복하는 일이 흔한 일상이다. 하루에도 몇 번씩 천당과 지옥을 오가기도 한다. 주식 투자를 하면서 자신이 사들인 종목들이 항상 수익을 거둔다면 그보다 행복한 일은 없을 것이다.

그러나 늘 수익을 거두는 사람은 시장에 존재하지 않는다. 만일 그런 사람이 있다면, '신의 손'이라 불릴 만할 것이며 천상에서 노니는 억세게 운 좋은 사람일 것이다. 그런데 주식시장 현실은 냉정하다. 투자자들이 겪은 경험 중에는 행복한 기억보다 울고 싶은 기억이 분명 더 많을 것이다. 대부분은 주식에서 수익을 거두어 파는 익절의 경험보다 손해를 보고서라도 팔아야 하는 '손절', 즉 손절매의 경험이 더 많을 것이다.

잠시 확률 이야기를 해보면, 육면체 주사위를 던져 내가 원하는 숫자가 나올 확률은 6분의 1이다. 동전을 던져 앞면 또는 뒷면이 나올 확률은 정확히 절반이다. 주식은 어떨까? 주식에서 수익이 나거나 손해를 볼 확률은 동전을 던져 앞면 또는 뒷면이 나올 확률과 똑같이 절반이다. 산술적으로만 생각하면 수익이 나거나 손실이 날 확률은 반반이다. 주식 투자자가 플러스 수익률(수익)을 나타낸 주식의 보유 기간이 마이너스 수익률(손실)을 나타내는 주식의 보유 기간보다 현저히 짧은 것으로 연구한 학술 보고서가 많이 있다. 여기에는 인간의 심리가 큰 작용을 한다.

플러스 수익률을 나타낸 종목에서는 빨리 이익을 실현시키고 싶은 욕구가 강해진다. 그리고 일찍 매도하는 분들이 많다. 특히 지수가 장기간 상승하는 대승 상승이나 지수의 상승을 선도하는 중심주의 경우, 일정 수익을 내고 서둘러 매도한 후 매도한 주식의 추가 상승을 보면서 아쉬워하는 분들을 심심치 않게 볼 수 있다.

반대로 보유한 주식의 중장기 전망이 나쁜데도 매도하지 못한 채 손실을 키우는 일도 많다. 이런 투자는 크게 잘못된 방법이다. 원금에 대한 미련과 아쉬움이라는 심리 탓에 현실을 부정하고 싶은 것이다. 원금 손실을 확정짓는 손절의 결단은 쉽지 않다. 그러나 결단이 있어야 새로운 기회가 생기는 법이다. 속 좀 쓰리고, 울고 싶더라도 손절 타이밍이라고 여겨지면 과감하게 판단해야 한다. 빈번한 손절은 가랑비에 옷 젖듯 원금이 계속 줄도록 만든다. 어떤 투자자들은 손절을 만회하기 위해 급등주로 눈을 돌리기도 한다.

이런 말이 섭섭하게 들릴 수도 있겠지만 손절 경험이 많은 분들은 유망한 종목을 찾고, 고르는 안목이 부족한 분들이다. 누구를 탓할 것도 없다. 처음부터 손절할 이유를 만들지 말았어야 했다. 꾸준히 흑자를 낼 우량주를 싸게 매수했다면 웬만해서는 손절할 이유가 없다고 본다. 좋은 종목을 고르는 안목부터 키워야 한다. 어떤 분들은 손절로 인해 무너진 투자 심리를 회복하고자 특별한 방법을 이용하기도 한다. 내용은 이렇다.

— "A주식과 B주식을 갖고 있는 투자자가 있다. 이 투자자가 동일한 기간 내에 투자한 두 종목의 주식이 있다. 그런데 A주식은 손절해야 하고, 반대로 B주식에서는 수익이 났을 경우, 손절로 잃은 손해를 수익 난 주식을 매도함으로써 투자 손실을 상쇄하는 것이다."

그럭저럭 투자금을 본전 선에서 방어한다는 전략인데, 이런 방법을 사용하는 투자자들은 '간단한 방법이지만 심리적인 안정을 얻을 수 있고 건강한 계좌관리가 가능하다'라는 점에서 이런 결정을 내리기도 한다. 혹자는 자신이 미리 정해둔 손절가로 주가가 떨어지면, 칼같이 원칙을 지키며 손절을 실행한다. 그런데 동일한 상황에서 어느 누군가는 '물타기'의 유혹에 빠지기도 한다. 손절과 물타기 중 결과적으로 위험이 더 적은 결정은 손절이라고 생각한다.

빈번한 손절도 문제지만 물타기 전략은 더 큰 문제가 될 수 있다. 투자 시 주의가 필요하다. 앞서 언급했듯이 물타기와 추가 매수는 구분되어야 한다. 물타기는 처음 매수했을 때의 판단이 잘못되었다는 의미이기 때문에 기약 없는 재상승을 기대하고 매수함을 뜻한다. 반면 추가 매수는 선취매하려는 종목의 매수 적정가를 잡기가 어려울 때 시장 상황에 맞추어 분할 매수에 나서는 것을 의미한다. 물타기로 원금이 회복될 확률은 더 큰 운이 따라주어야 하며, 만약 물타기 전략이 실패할 경우 감당하기 힘들 정도로 손실이 커질 수도 있다. 마지막으로 자신의 투자 스타일이 중·장기 투자가 아닌 단기 투자라면 재빠르고 냉정하게 손절 결정을 내리는 것이 좋다.

04 중·장기 투자 시 주식 매도

중·장기 투자와 단기 투자에서의 주식 매수 방법이 다르듯, 주식 매도의 경우도 중·장기 투자와 단기 투자 시 방법이 다르다고 생각한다. 중·장기 투자에서는 주식을 분할하여 매수하는 것이 정답일 수 있다. 그런데 중·장기 투자 시의 주식 매도 방법도 분할 매도가 정답이라고 할 수 있다.

분할 매도 이외에 중·장기 투자자들이 유념해야 할 주식 전량 매도 타이밍 사례들은 다음과 같이 정리할 수 있다. 독자 여러분의 이해를 돕기 위해 사례별로 차트 하나씩 첨부한다.

① 상승장에서의 매도 타이밍은 상승 추세에서 추세선 하단을 벗어나 지지선을 하향 돌파할 때다. 이 경우 매도 타이밍이다. 그래프로 확인해보자(〈그림 2-24〉).

상승 추세, 하단 하향 돌파

■ 그림 2-24 | LG전자

② 위에서도 강조했듯이 데드크로스가 발생하면 위험 신호다. 서둘러 보유한 주식 전량을 매도해야 한다. 데드크로스는 장기적으로 보면 역배열 장기하락 추세선으로 전환되는 경우가 대부분이다. 다시 한 번 그래프로 확인해보자(〈그림 2-25〉).

역배열 차트

■ 그림 2-25 | LG전자

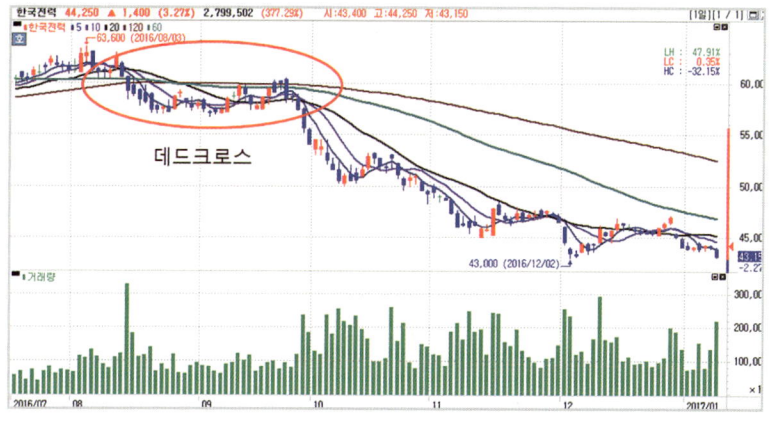

③ 아래처럼 상승 추세에서 쌍봉을 나타내면 매도가 원칙이다(〈그림 2-26〉).

쌍봉 출현

▣ 그림 2-26 | 코오롱

④ 위에서도 살펴보았듯이 대량 거래를 수반한 장대음봉이 보이면 무조건 매도해야 한다. 그래프를 하나 더 소개한다(〈그림 2-27〉).

▣ 그림 2-27 | 영진약품

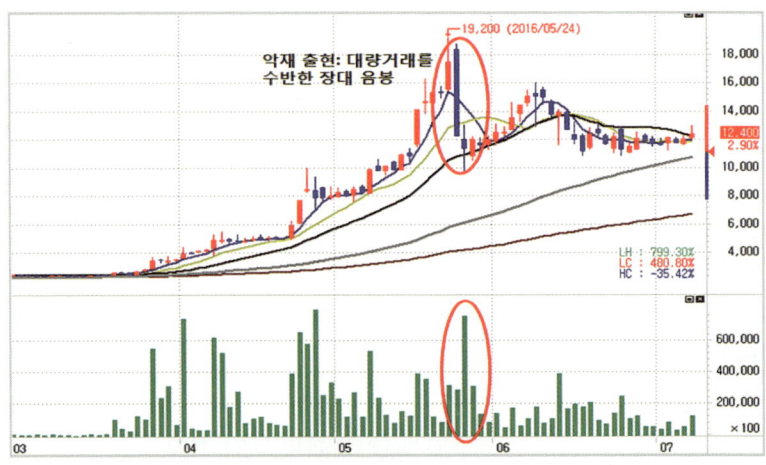

⑤ 유무상 증자 물량 출회, 보호예수 해제 물량, 전환사채, 주식 전환 물량 등 대규모 물량이 출회되려는 조짐도 알아두어야 한다. 당연히 매도 타이밍이다. 보유하고 있는 주식과 관련이 있는 시장의 조치나 뉴스, 그리고 상황을 확인하고 증시 일정을 체크해야 한다. 사전에 리스크에 대비하는 것이다.

투자자들은 어느 정도 수익이 났을 때 주식을 매도하여 기쁨을 누리는 일을 상상하겠지만, 그렇지 않은 상황들도 많이 있다. 만약 시장에 악재가 발생했을 경우라면 어찌할까. 우선은 장·단기 악재인지의 여부부터 판단해야 한다. 만약 중·장기 악재라고 여겨지면 일단 무조건 매도함으로써 현금을 보유하는 대응이 좋다.

이와 관련하여 내 경험을 하나 소개하겠다. 미국 금융위기가 발생했던 2008년의 일이다. 소문으로 무성하던 미국발 금융위기 뉴스가 현실로 다가오자, 주식시장은 말 그대로 패닉에 빠졌다. 나는 월요일 장이 열리자마자 보유하고 있던 모든 주식을 시장가에 매도하여 현금화했다. 당시 우리나라 주식시장의 코스피지수는 무려 900포인트까지 하락했다. 이후 시간이 좀 흘러 끝도 없이 바닥을 기고 있던 주가가 서서히 회복세를 보이는 시점이 왔다. 이때 나는 앞서 매도 포지션으로 현금화한 투자금으로 매수에 집중했다. 물론 그 결과 큰 수익을 거둘 수 있었다.

정리하면, 주식 매도는 '투자 수익을 확정짓고 빠져나온다' 라는 의미와 더불어 '자산 손실을 최소화한다' 라는 의미에 이르기까지 포괄적이다. 어떤 결과를 얻고 매도하게 될지 정확히 안다는 것은 힘든 일이지만, 자신이 가지고 있는 주식을 어느 시점에 매도해야 수익이 극대화될지에 대한 고민은 늘 하고 있어야 한다. 또한 '아니다' 싶으면 전량 털고 나오는 매도 전략이 더 큰 손실을 막아주기도 한다.

05 단기 투자 시 주식 매도

 전업 투자자들 중에는 단기 투자를 하는 분들도 많다고 앞서 밝혔다. 산전수전 수중전까지 모두 겪어본 웬만한 주식고수들이 중·장기 투자뿐 아니라 단기 투자 시장에도 많이 몰려 있다. 결론적으로 말해 단기 투자에서 잃지 않으려면 어느 누구보다도 결정이 빨라야 한다. 늘 머릿속에 '전광석화(電光石火)'라는 사자성어를 기억하고 있어야 한다.

 단기 투자에서는 추세를 빠르게 판단하는 능력이 성패를 가른다. 따라서 매수가 되었든 매도가 되었든 간에 기본적으로 추세부터 알아야 한다. 즉 현재의 주가 흐름이 상승추세인지 하락추세인지 또는 박스권에서 조정을 받고 있는지 등은 알고 있어야 성공적인 단기 투자 매수, 매도가 가능하다. 단기 투자 시장은 특성상 대개 투자자들이 단기 변동성을 기대한 종목들에 투자하기 때문에 급등하거나 급락하는 주식들이 많다.

단기 투자 시의 매도 타이밍은 아래와 같다.

① 테마주의 경우 대장주의 상승 탄력이 둔화되는 시기가 있다. 이럴 경우 매도 타이밍이다.
② 단기 급등주의 경우 해당 기업의 대주주가 주식을 매도했거나, 자사주 매도가 나오면 즉시 전량 매도를 한다. 이 같은 사례는 대선 테마주에서 종종 볼 수 있다.
③ 주가의 상승을 견인해주던 재료나 뉴스가 희석되기 전에 매도 타이밍을 잡아야 한다.
④ 이격률이 120% 이상이거나 투자 심리 지표가 80% 이상이라면 매도를 준비해야 한다.
⑤ 시장 조치 상황에 '투자 경고'가 붙는 경우도 매도 시그널이다. 간혹 투자 경고가 붙었는데도 추가로 상승하는 주식이 있지만, 그렇더라도 관심을 두지 않는 것이 좋다.

실전 투자의 맥 — 외국인 또는 기관이 매도할 때의 대응법

하락장 초반에는 대형주가 하락을 시작한다. 이때 외국인들과 기관들이 하락장 분위기를 이끈다. 개인들이 보유한 개별주들은 그 뒤를 이어 하락한다. 따라서 이럴 경우 자신의 종목이 하락하지 않는다고 해서 안심한 채 들고 있지 말고 즉시 매도하여 현금으로 보유하는 것이 좋다. 이런 매도의 기회를 놓치면 대개는 후회한다. 특히 하락장 초기 급락 시 자기가 가지고 있는 종목이 아무리 좋아보여도 팔아야 한다. 폭락하지 않은 것을 다행으로 여기고 서둘러 매도한 후 기다리는 자세가 현명하다.

거센 소나기는 일단 피해야 한다. 바지만 젖는 것이 온몸이 젖고, 손에 든 우산마저 뒤집힐 수 있다. 투자 심리가 무너지는 것은 순식간이다. 테마주도 마찬가지인데 앞에서 말한 것처럼 대장주가 하락하면 기타 관련주들이 덩달아 하락한다. 대장주의 움직임을 보면서 매도 타이밍을 살펴야 할 것이다.

참고로 급락이 진행되는 와중에는 종목을 매수하고픈 욕심이 생길 수 있다. 그러나 절대로 사면 안 된다. 매수 타이밍은 지수가 크게 떨어진 이후다. 지수든 종목이든 크게 하락하는 도중과 크게 하락한 이후는 시간의 간격이 별로 없지만 리스크의 차이는 매우 크다. 지수가 크게 하락한 뒤에는 두려워할 이유가 없다. 대부분은 절호의 매수 기회다.

CHAPTER 8

수익 모형 갖추기

★ ★ ★

나도 주식시장에서 빠져나와 휴식을 취하며 쉴 때가 있다. 주로 가을 이후 겨울 동안이다. 쉴 때는 확실히 쉬어야 한다는 것이 내 지론이다. 밀린 숙제를 한꺼번에 처리하듯 짬이 나면 좋아하는 골프를 치거나, 여행을 떠난다. 인기가 하늘을 찌른다는 뮤지컬 공연을 가족들과 관람하기도 한다. 뮤지컬 이야기가 나왔으니 말인데, 콘서트나 뮤지컬에는 으레 그날의 무대 전체를 집약해주는 피날레 곡이 있다.

이 '수익 모형 갖추기' 장을 나는 힘주어 강조하고 싶다. 본문 중간에 조금씩 언급했던 수익 모형 배우기가 피날레라고 생각한다. 수익 모형의 내용은 이미 언론 인터뷰나 강의 등에서 늘 강조했던 내용들이다. 즉 선취매, 시장 중심주 투자, 장·단기 투자 시 수익 모형 등의 이야기가 포함된다. 또 나 나름의 투자 경험으로 터득하고 체득한 주식 시장 사이클, 일명 '남석관의 증시 사계론'을 소개한다.

01 남석관의 증시 사계론

나는 주식시장을 수십 년간 지켜본 관찰자로, 직접 투자해서 놀라운 성과를 얻은 투자자로, 우리나라 주식시장에 큰 맥락 흐름이 있다고 본다. 간단히 요약하면 '봄과 여름은 주식 성수기(상승기), 가을과 겨울은 주식 비수기(횡보, 하락기)'라는 사이클에 따라 시장이 움직인다는 점이다.

이런 주장에 혹자는 생경함을 느낄 수도 있을 것이다. 나의 사계론에 따르면, 봄은 보유한 종목에 손실이 나더라도 손절하지 말아야 하고, 가을 이후에는 손실이 나면 미련 없이 손절해야 한다. 왜? 봄은 성수기, 가을은 비수기 초입이니까 그렇다. 물론 봄에도 손실이 날 수 있고, 가을에도 수익이 날 수 있다. 그런데 흐름은, 물로 비유하면 커다란 물줄기가 아닌 작은 개천과 같다. 작은 흐름을 제외하면 봄과 가을을 바라보는 투자 사계론 원칙은 변함이 없다. 즉 대한민국 주식시장의 패션이라 하겠다.

따라서 투자자들은 봄에 좋은 씨앗을 뿌려 가을이 오기 전 풍요하게 추수를 마치면 된다. 한 해 주식 농사는 그게 전부다. 단기 대응이 어려운 투자자라면 가을에는 쉬는 전략이 좋다. 그리고 겨울부터는 시장 흐름을 살피면서 새해에 어떤 종목에 들어갈지 타이밍을 잡아야 한다.

겨울이 오면 살 만한 종목들이 하나둘 생기기 시작한다. 좋은 종목들이 가을을 거치며 적정가 이하로 곤두박질을 치는 경우가 많다. 내가 원하는 가격대로 내려와주는 시기다. 이 시기에는 현금을 보유한 투자자가 '갑'이다. 가장 좋은 종목을 연중 가장 저렴한 가격에 살 수 있다.

겨울을 지나 봄까지는 주식을 마음대로 골라서 담는 쇼핑의 계절이다. 반대로 이 시기에 주식을 들고 있으면 '을'의 위치에 놓인다. 이미 손실이 커져 있으므로 손절이 망설여진다. 현금이 없기 때문에 좋은 종목이 보여도 그림의 떡이다. 위기가 오면 매도하고, 기회가 왔을 때 사두면 되는 간단한 원리를 알면서도 실천하지 못하니 답답한 마음만 들 것이다.

나의 이런 주장에 관심을 갖는다면 분명 도움이 될 것이다. 그리고 관심을 넘어 스스로 투자 결정을 해야 수익이 날 수 있음은 물론이다. 이제 각 분기별(계절별) 투자·시장 상황을 세부적으로 살펴보겠다.

★ 남석관의 증시 사계론 개요 ★

1분기(1~3월)

1분기는 일명 '탐색기'다. 코스피지수가 크게 상승하는 일이 거의 없다. 1월 효과가 대한민국 주식시장에도 어김없이 적용된다. 투자론에서 말하는 '윈도 드레싱(window dressing)'의 영향이라기보다는 주로 중소형 개별주에서 당해 '이슈'로 짧은 기간 시장의 주목을 받는다. 국가적으로 큰 이슈가 있는 해에는 이슈와 관련 있는 주식, 매년 초 국제전자제품박람회(CES)가 열리는데 그곳에서 선보인 신기술, 신제품 관련 IT 주식 등이 상승한다.

1~2월에는 명절 수혜주도 눈여겨보자. 중국의 '춘절'은 중국인들이 지내는 최대의 명절이다. 중국 관광객이 많이 방문한다. 따라서 관련 매출이 늘어나는 업종도 살펴볼 필요가 있다.

세계적으로 경기전망이 어둡거나 불투명하면 간혹 1월, 2월에 급락장세를 보이는 경우도 있으니 이 또한 참고 사항이다. 12월에 결산하는 법인이라면 결산보고서의 영향으로 단기에 급등 또는 급락하는 일도 흔하다. 여기서 투자 팁은 호재보다 악재가 더 크게 시장에 영향을 주니, 결산보고서가 나온 기업 위주로 투자하는 것이다.

1분기는 외국인 투자자나 기관 투자자들도 적극적인 매수 대신 어떤 섹터(sector)가 유망할지 분석, 탐색하는 기간이다. 그러다 3월이 오면 일부 종목에서 슬슬 기지개를 켜기 시작한다. 1분기에 여름 관련주를 선취매하는 것도 추천한다.

정리하면, 1분기에는 앞으로 오를 종목을 고르는 탐색기다. 펀드와 같은 간접투자도 이 시기에 가입하는 것이 좋다.

2분기(4~6월)

2분기는 '개화기'다. 산과 들녘엔 꽃이 피고, 시장에도 꽃이 핀다. 투자

> **📊 실전 투자의 맥**　　　　　**봄에는 적극적인 투자자가 돼라**
>
> 이 시기에는 공격적인 투자가 필요하다. 다른 종목으로 자금을 나눌 필요가 없을 만큼 '너무나 좋은' 종목을 발굴했다면 이 한 종목에 모든 돈을 투자하여 한 해 농사를 마무리해도 된다.
>
> 주식 투자는 단순하다. 일정한 금액으로 최대한의 수익을 내면 최고다. 나눌 필요가 없으면 모두 '올인'하여 큰 수익을 거둬야 한다. 실력만 된다면 '이 종목 20%, 저 종목 30%' 식으로 나눌 필요가 없다. 올라갈 확률이 확실하다면 그 종목을 모두 매수해도 된다.
>
> 만약 종목 발굴에 약점이 있다면 좋은 종목을 몇 가지 선별한 후 금액을 나누어 투자한다. 그중에서도 더 좋은 종목이라 생각하는 곳에는 더 투자하고, 두 번째 좋은 종목에는 덜 투자하는 식이다.
>
> 자신의 실력을 객관적으로 판단하는 능력도 중요하다. 종목 발굴 능력이 안 되는데, 엄한 곳에다 몽땅 집중해 투자한다면 낭패다. 떨어질까봐 걱정되는 주식은 사지 말아야 한다. 올라갈 확신이 있는 종목만 사자.
>
> 포트폴리오 구성 차원에서는 종목을 나눠 담는 것이 맞다. 다만 확신의 정도에 따라 비중을 달리 해야 한다. 투자금이 적은 대부분의 개인 투자자 입장에서도 100% 확신하는 종목이 있다면 자산 100%를 투자하는 것이 현명한 포트폴리오 구성이다.

자는 자신감을 갖고 적극적인 투자를 해야 한다. 전 세계적인 과거의 주가 흐름을 봐도 3월 이후 6월까지 주식시장이 나빴던 적은 거의 없다.

　3월 이후에는 차트 상으로 '골든크로스'가 발생한 종목에 집중하자. 골든크로스가 발생한 종목이 그 시기의 산업을 선도하는 종목이라면 얼마 후 차트에 정배열, 우상향 모습을 보일 것이 틀림없다. 정배열, 우상향 종목을 너무 일찍 매도해서 추가 상승의 수익을 걷어차는 어리석음을 범하지 말아야 한다.

2분기의 마지막 달인 6월에는 그동안 상승폭이 컸던 종목군에서 일부 차익실현 매물이 나와 급락세를 나타내는 일이 많다. 이 시기에는 외부적인 악재나 대외 여건으로 시장이 부정적인 영향을 받는 경우가 거의 없다. 예견된 악재는 이미 1분기에 미리 반영되어 있다.

1년 중 가장 편안하게 투자에 집중하고 꽃구경하듯이 시세를 즐길 시기가 2분기다.

3분기(7~9월)

3분기는 한마디로 '혼조기'다. 3월 이후 대세상승을 이룬 종목에서는 7~8월에 상승의 꼭지를 나타내는 종목이 많다.

3분기의 특징은 주식시장 전체적으로 대외적인 변수의 영향을 많이 받는다는 점이다. 계좌를 관리하는 차원에서도 수익이 많이 난 종목에서는 이익을 실현시키고 단기적으로 조정을 보이는 종목에서는 매수로 대응하기를 추천한다. 지수나 종목에서 단기적으로 급락세를 보이기도 하는데, 아직 4분기가 남아 있으니 너무 부정적으로 대응할 필요는 없을 듯하다.

이 시기에도 외부적인 요인에 의한 지수 급락 시에는 절호의 매수 기회가 된다. 크게 상승한 후 '데드크로스'가 발생한 종목은 무조건 매도가 원칙이다.

4분기(10~12월)

4분기는 '수확기'이자 '휴식기'다. 연초에 세운 전망이 현실화되는 시기다. 주식 격언 중에 '소문에 사서 뉴스에 팔라'라는 말이 있다. 모든 가격이나 계획이 이루어지면 주가는 떨어진다. 투자자 입장에서는 자산관리에 집중해야 할 리스크가 가장 큰 시기이기도 하다.

안타깝게도 투자자들이 가장 많이 실패하는 계절이 4분기다. 리스크 관리에 실패하여 1년 농사를 다 망치고 만다. 기대심리와 현실 간에 괴리가 발생하여 마음고생이 심할 수도 있다. 야금야금 손실을 기록하다 보면 어느새 계좌는 마이너스로 변해버린다.

주식은 미래가치에 대한 투자다. 그래서 꿈을 먹고 자란다고들 한다. 그 꿈이 현실이 되면 주가는 떨어지게 마련이다. 또한 모든 것이 실행되고 나면 희망이 사라진다. 좋았든 나빴든 4분기는 계획이 일단락되는 시기다. 4분기에 주가가 떨어지고 더구나 근래에 주식양도에 따른 세율이 인상됨과 동시에 대주주 요건이 강화됨에 따라 이른바 '큰손'들의 매도 물량 출회가 대개 11월부터 12월 중순까지 나타난다.

예외적으로 시장 전체가 우호적일 경우에는 시장의 중심주와, 앞에서 공부한 골든크로스가 발생한 종목 위주로 투자에 임하도록 한다. 하지만 짧은 대응이 원칙이다.

1년이라는 시간 단위 속에 분기별 흐름과 분위기가 있다. 잘 알려진 사실도 있고 그렇지 않은 내용도 포함되어 있을 것이다. 나는 사계론 원칙을 기준으로 투자함으로써 해마다 큰 수익을 거둔다. 잘 된 사람을 부러워할 것만이 아니라, 잘 된 사람의 조언을 수용하고 따라야 성공에 한 걸음 더 다가설 수 있는 법이다.

투자할 종목을 못 찾았다면 어떻게 해야 좋을까? 정답은 '투자할 종목이 없으면 투자하지 않는다'다. 주식 투자를 안 하면 허전하고 맥

> **실전 투자의 맥**　　　**4분기는 추풍낙엽의 계절?**
>
> 한국 증권시장의 과거를 뒤돌아보면, 4분기에 장이 좋았던 적은 별로 없었다. 기억하고 싶지 않은 IMF 위기도 4분기에 발생했다. 국내외적으로 시장에 충격을 주는 사건들이 대부분 4분기에 발생한다. 4분기는 사건과 사고의 계절이다. 1987년 뉴욕 월스트리트에서 터진 블랙먼데이 사건도 4분기인 10월에 터졌다. 세계무역센터가 무너진 사건은 2001년 9월 11일. 2008년에 발생한 서브프라임모기지 사태(Subprime Mortgage Crisis)는 국제금융시장에 신용경색을 불러왔고 세계 금융위기의 촉발제가 되었다. 11월 금융위기의 여파로 전 세계 경제가 매우 좋지 않았고, 코스피지수가 최저가인 892포인트를 찍은 달도 11월이었다. 우리가 기억하는 증시의 악재와 대폭락 등은 대부분 4분기에 나타났다.

이 빠진다는 분들이 많다. 그러나 전략이 없는 기계적인 투자는 금물이다.

특히 4분기에는 이런 분들이 한결 더 많아진다. 그런데 4분기에는 집중하지 않고 투자를 해봐야 손해만 늘 뿐이다. 투자 대신 투자 유망 종목을 보는 안목을 키우기에 힘써야 한다. 좋은 종목이 눈에 띌 때까지 기다릴 줄 아는 것도 실력이다.

실전 투자의 핵심 1

선취매 노하우

내가 강조하는 '시장을 이기는 실전 주식 투자의 핵심'은 '선취매', '시장 중심주 투자', '자산 키우기'로 정리할 수 있다.

우선 선취매 이야기부터 해보자. 선취매란 '앞으로 가치가 높아질 주식을 상승하기 전 가격이 쌀 때 미리 매수하는 행위'다.

주식은 '현재가치'가 아닌 '미래가치'에 대한 투자다. 우리가 오늘 주식을 사는 이유는 내일부터 주가가 높아질 것이라고 예상하기 때문이다. 주식의 시작은 이런 판단에서부터 비롯된다. '반드시 오른다'라는 예상 또는 전제가 현실이 되기를 희망하며 주식을 사는 것이다. 주식을 하다보면 주식 투자는 때로는 빠르게 사야 할 때도 있고, 느긋하게 사는 경우도 있다. 그리고 어떤 일이 벌어질지 알 수 없으므로 뉴스를 매일 체크하는 일이 투자자들의 일상이다. 경제와 관련된 뉴스뿐만 아니라 세상 돌아가는 온갖 종류의 뉴스에도 귀를 기울여야 한다. 거기에 투자의 힌트가 숨어 있기 때문이다. 그럼 어떤 종목을 언제 살 것인가?

금수저를 물고 세상에 나온 소수의 사람들은 논외로 하고, 주식 투자로 돈을 벌고 싶은 대다수 평범한 사람들은 당연히 돈이 될 만한 주식을 사야 한다. 종목을 사야 하는 시기는 투자 판단에 따라 다르겠지만, 나는 위에서 설명한 '남석관의 증시 사계론'을 참고하라고 조언하고 싶다.

이제 남은 것은 '어떤 종목을 살까?' 하는 투자 수익을 높이고 싶은 현실적인 고민이 문제다. 그런데 선취매는 성공적인 주식 투자에서 가장 중요한 첫 번째 관문이다. 주식 가격의 상승은 알려져 있지 않은 호재가 나타날 때, 좋은 실적이 발표되는 '어닝서프라이즈(earning surprise)'가 있을 때 주로 상승한다.

그렇다면 기업가치가 올라갈 만한 재료가 있는 주식을 시장이 관심 두지 않을 때 미리 사면 큰 투자 수익을 올릴 수 있다는 생각이 들 것이다. 정답이다. 앞에서 언급한 효율적 시장가설(EMH)에 따르면, 모두가 아는 정보나 뉴스라 해도 주식시장에서 반응이 없을 때에는 매수, 뉴스가 반영되어 시장에서 뜨거운 반응을 보일 때에는 매도! 이것이 선취매 투자법이다.

미리 사두었다가 가격이 오를 때 판다는 개념의 선취매도 단기 투자 개념(단기 변동성을 기대하여 매수)과 장기 투자 개념(장기간 주가 상승을 기대하여 매수) 선취매가 있다.

과거 나의 투자 사례를 하나 소개하면, 1분기에서 2분기로 넘어가는 무렵인 3~4월에 여름 관련주를 몇 개 종목으로 나누어 분할 선취매를 했다. 신일산업, 누리텔레콤, 옴니시스템 등의 종목을 보유하고

> **실전 투자의 맥** **개별 종목 선취매 노하우**
>
> 선취매할 종목들은 보통 한두 달 전부터 선정에 들어간다. 좋은 종목이 포착되면 다이어리에 종목명을 적어두고 놓치지 않도록 한다. 2월에 사야 할 종목이라면, 12월부터 선정 작업을 시작하고, 2월 달력에 종목명을 기입하는 식이다. 적어두지 않으면 종목을 놓칠 수 있고, 매수 타이밍이 늦어질 수도 있다. 나는 11월부터 뉴스를 집중적으로 살펴본다. 이때부터 준비하면 다음해 1분기에 종목을 놓치지 않고 매수할 수 있다.
>
> 좋은 종목을 찾으면 기다리지 않고 바로 매수하는 투자자들이 많다. 가격을 너무 무시한 투자다. 나는 종목을 선정한 후 가장 좋은 매수 가격이 올 때까지 기다린다. 2월에 살 종목을 12월부터 선정하기는 하지만, 가격을 가끔 체크하면서 매수 가격대가 오는지 살피는 과정을 빼놓지 않는다. 그 전에라도 가격이 떨어지면 예정보다 먼저 매수할 수도 있다. 낮은 가격에 살수록 수익률도 높고, 마이너스 구간을 버텨야 하는 마음고생도 피할 수 있다.
>
> 매수 시에는 해당 종목의 가격이 높은지 낮은지 살피는 습관을 갖도록 해야 한다. 매수 당시 가격의 높고 낮음은 일봉, 주봉 차트를 참고하면 된다.

있었고, 5월경 원자력 부품 납품 비리사건이 터져서 그해 여름 블랙아웃(일시 전력난으로 전기공급이 끊기는 현상)이 발생할 우려가 있다는 뉴스가 떴다. 당연히 내가 보유한 해당 관련 주식이 모두 급등했고 나는 예상하지 못한 큰 수익을 얻었다. 선취매에 나선 3~4월에는 주가 상승 예정 시기를 7월쯤으로 생각했는데, 예상 밖의 일이 터져 예정보다 빨리 급등한 것이다. 일단 모두 매도하여 큰 수익을 챙겼고, 이후 해당 주식이 다시 떨어졌을 때 재매수하는 식으로 두 번에 걸쳐 생각보다 큰 수익을 거둔 바 있다. 이는 장기 투자 개념으로 접근한 선취매가 결과적으로 단기 투자가 된 사례라 하겠다.

계절주는 대표적인 선취매 대상이지만 정책 관련주나 월드컵, 올림픽처럼 일정이 잡힌 이벤트 관련 주식도 선취매 대상으로 적당하다. 해당 주식의 급등락을 이용해 여러 번에 걸쳐 큰 수익을 얻은 경험이 부지기수다. 뉴스나 신문에 나는 개별기업의 이벤트도 메모해 두었다가 선취매에 활용하면 될 것이다.

선취매의 리스크는 '주식시장은 불확실성을 싫어한다' 라는 데에 있다. 따라서 너무 오랜 시간 기다려야 하는 선취매는 추천하지 않는다. 장기간 보유하는 도중에 발생할 리스크도 감안해야 한다. 선취매한 종목에서 예정된 이벤트의 변경이나 취소, 해당 종목의 재무적 리스크 부각, 실적 악화, 비관적인 경기전망 등의 악재가 발표될 수가 있다. 이러한 것들은 딱히 선취매의 리스크라기보다는 주식 투자의 기본적인 리스크일 것이다.

팁을 하나 더 소개한다. 선취매는 낮은 가격에 사야 수익률이 높다. 그런데 오르는 시점을 잡기 어렵거나 상황에 빠르게 대처하기 어려운 투자자라면, 가격이 조금 낮을 때 선취매해도 된다. 주식 가격의 완전한 바닥은 아무도 알 수 없다. 다만, 해당 주식의 이동평균선의 일봉, 주봉과 기업의 내재가치를 가늠해 추측할 뿐이다. 짧게는 한두 달, 길게는 몇 달 전에 매수한 후 주가가 오르기만을 기다리면 된다.

실력이 좋을수록 기다리는 시간을 좁힐 수 있을 것이다. 이는 개인에 따라 제각각이기 따라서 선취매는 며칠 전, 몇 개월 전에 투자해야 좋은 것이라고 계량화할 수 없다. 주식시장을 비유하여 '황금곳간' 이라고 표현한다면, 선취매는 황금 곳간을 여는 '황금열쇠' 라고 부를 만하다.

> **실전 투자의 맥**　　　　　　　　　　　　**대선 관련주 선취매**
>
> 이른바 대선 관련주들도 선취매 대상이다. 대선은 5년마다 열리는 가장 중요한 국가행사이다. 대선 테마주는 유력 대선후보와 관련 있는 기업들을 투기 세력들이 투자수익의 대상으로 삼아 일반 투자자들을 매수세로 유도하는 투기적인 주식 투자 형태로 나타난다. 리스크가 큰 대표적인 투기 행위이지만 과거 오랜 기간 동안 여러 번 학습효과로 인해 시장에 참여하면서 마냥 외면하기도 어려운 것이 현실이다.
>
> 대선 테마주는 인물 관련주와 정책 관련주로 구분할 수 있는데, 특히 미국 대통령의 정책은 전 세계적으로 영향을 미치기 때문에 매우 중요하다. 우리나라도 대통령의 정책이 산업의 근간을 뒤바꿀 정도로 영향이 막강하다. 따라서 주식 투자자라면 정책의 수혜를 받을 산업군을 살펴보는 것이 중요하다.
>
> 대선 테마주 투자 시 리스크를 늘 염두에 두고 선취매한 종목에서 큰 상승세를 보이면 역시 매도가 정답이다. 높은 가격에서의 추격 매수는 절대 금물이라는 점을 명심하자.

— "시간과의 싸움에서 이기라는 말은 주가가 낮을 때 사놓고 시간이 지나 주가가 상승하면 충분한 수익을 내며 부담 없는 투자를 하라는 말이다."

03

실전 투자의 핵심 2

시장 중심주 투자

세상 어느 곳이든 중심이 있다. 그런 중심에 사람들이 몰리게 마련이고 시간이 흐르면서 범접할 수 없는 메카로 자리를 굳힌다. 우리 옛말에도 "사람이 태어나면 한양으로, 말이 태어나면 제주로 보내라"라는 속담이 있다. 과거 한양은 우리나라 정치와 경제를 아우른 모든 생활의 중심지였고, 제주는 말을 키우는 대표적인 장소였다. 사람이나 말이나 중심지에서 자라고 배워야 더 좋은 결과를 얻을 수 있다는 옛 사람들의 생각은 지금도 유효하다.

주식시장을 두고 사람들은 세상의 축소판이라고들 표현한다. 주식시장은 살아 있는 유기체처럼 매일, 매시간 역동적인 움직임을 보이다. 그런 가운데 시장을 대표하는 중심주가 있다. 일명 '스타 주식'이라고도 불리는 중심주 말이다.

재미있는 현상은 스타들이 한 시절을 풍미하고 시든 후 새로운 스타가 떠오르는 것처럼 스타 주식도 시절에 따라 시들고 새롭게 떠오른다는 점이다. 한때 해운업이 붐을 이루어 세계 최고의 수주를 달성하던 시기에는 관련 업종의 주식들이 스타 주식이었다. 건설업이 뜨면 건설 관련 주식들이 크게 오르기도 했다.

중심주의 특징은 높은 상승률과 많은 거래량을 수반한다. 투자자들의 시선을 사로잡을 수밖에 없다. 변동성이 큰 주식시장에서는 시장을 대표하는 중심주가 늘 바뀐다. 장기적으로 산업을 이끌어가는 경우 1~2년 정도 시장 중심주가 되고, 짧게는 1~2주가량 투자자 사이에서 선망의 대상이 되는 단기 시장 중심주들도 있다.

— 시장 중심주는 유행처럼 늘 변화한다!
　1~2년 단위의 장기 시장 중심주와 1~2주 단위의 단기 시장 중심주가 있다!

나는 과거 한 방송에 출연하여 시장 중심주 투자에 관한 설명을 '손수건 이론'으로 설명했던 적이 있다. 나름 투자자들의 이해를 돕기 위한 아이디어였다.

손수건 한 장을 머릿속에 그려보자. 손수건을 지면에 넓게 펼친 후 가운데 부분을 손으로 잡아 올려보는 것이다. 손수건의 네 귀퉁이가 지면에 닿은 채 가운데만 끌려 올라간다. 마치 가운데 부분이 하늘로 치솟은 피라미드 모양처럼 될 것이다. 이제 올리고 있던 손을 멈추고 아래로 내려 보자. 네 귀퉁이 부분은 올라가다 멈추고 이내 땅에 닿을 것이다. 이때 가운데 부분은 내려가더라도 천천히 내려갈 것이다.

손수건이 이렇게 변하는 모습은 시장 중심주를 설명하는 데 알맞다. 시장 중심주는 당시 주식시장에서 대부분 많은 거래량을 수반하며, 가장 뜨겁게(hot) 상승하는 종목을 일컫는다. 시장 중심주는 계량화 되거나 어떤 공식에 따라 정해진 기준이 있는 것은 아니다. 내가 주식 투자를 쉽게 설명하는 과정에서 이름붙인 용어다. 따라서 시장 중심주는 대형주일 수도 있고 중소형주일 수도 있다. 중소형 개별주라 해도 거래량이 너무 없어 일반 투자자가 매수나 매도하는 데 불편하다면 중심주라고 할 수 없다.

시장 중심주에 대한 구체적인 예를 들어보자. 과거 2007년 대세 상승기에 시장 중심주는 삼성전자나 현대차가 아닌 조선, 중공업, 철강주였다. 2008년 중국 베이징 올림픽에 대비한 중국 정부의 장기간 인프라 투자 수혜로 우리나라 주식시장에서 그와 관련 있는 종목들이 대세 상승을 이끌었고 당시의 시장 중심주가 되었다.

2016~2017년의 시장 중심주는 단연코 삼성전자, SK 하이닉스와 같은 반도체 관련 주식이다. 4차 산업혁명 시대를 맞이하여 반도체 수요는 가히 폭발적으로 늘어나 관련 주식들이 시장 중심주 역할을 하고 있다.

대선 시기에는 대선 테마주가 시장 중심주가 되고, 국가적·사회적 이슈나 이벤트가 있을 때에는 그에 맞는 단기 시장 중심주가 나타나기도 한다. 사람들의 관심이 많은 곳에 돈이 몰리는 것은 당연한 일이다.

부동산을 한번 생각해보자. 중심이 아닌 외각 변두리의 집값은 싸다. 이유가 있다. 교통, 문화, 교육 등 주변 여건과 질이 중심보다 떨어지기 때문이다. 이 경우 장기간 집을 보유해도 투자 수익이 크지 않은 경우가 많다. 그래서 사람들은 중심을 찾는다. 찾는 사람이 많으면 값도 당연히 비싸진다. 주식시장도 이치는 같다. '주변주', 일명 '잡주'는

■ 표 2-28 | 시기별 시장 중심주 변천 사례

시기	중심주	시장 상황, 관련 업종
2007년	현대중공업, 삼성중공업, POSCO	중국 인프라 투자 영향. 대세상승기 코스피 최초 2000P 돌파: 중공업, 철강, 조선, 해운업종 주도
2009~2011년	삼성전자, 현대차	2008년 미국 금융 위기에서 회복 단계. 전 세계적인 경기부양책: 낙폭 과대 대형주
2014~2015년	컴투스, 아모레퍼시픽, 한미약품	PC에서 모바일로 전환. 중국 관광객 몰려옴, 고령화시대 수혜: 모바일 게임주, 화장품주, 바이오제약주
2016~2017년	삼성전자, SK하이닉스	4차 산업혁명 시대 도래: 반도체업종, IT주 등

1년 내내 주가 변동성도 별로 없고 거래량도 많지 않다. 가지고 있어봐야 수익이 나지 않는다. 시장을 선도하는 주식 또는 향후 전도유망할 것으로 예측되는 주식에 관심을 가져야 투자 수익을 누릴 수 있다.

나라를 이끌어가는 정치인들은 국민들로부터 '시대정신'을 요구 받는다. 주식시장의 경우 해당 시기의 시대정신을 담은 주식이 바로 시장 중심주가 될 것이다. 나는 매수에 앞서 매수하려는 해당 종목이 시장 중심주가 맞는지 자문하면서 투자하는 경우가 많다. 활황기 시장에서는 지수가 상승하고 시장 중심주는 많이 오르는데, 본의 아니게 시장에서 소외된 주변주를 보유하고 있으면 주식 참여자로 느끼는 상실감은 말로 표현할 수 없을 만큼 답답하고 마음이 아플 것이다. 특히 투자할 자금이 제한적인 개인 투자자들은 늘 시장 중심주를 염두에 두고 투자해야 한다. 리스크를 상대적으로 줄이고 수익률이 높은 주식 투자의 길은 시장 중심주 투자라는 점을 기억하자.

04 장기 투자에서의 수익 모형

 부침 없이 늘 항상 수익을 거두는 투자자 입장이라면, 주식 투자가 매력적인 재테크 방법이 된다. 반면에 이렇게 해도 저렇게 해도 잃기만 하는 투자자는 주식의 '주' 소리만 들어도 넌더리가 날 것이다. 동일한 시장 상황에서 어떤 이는 수익을 얻고, 어떤 이는 병을 얻는다.

다양하고 많은 주식 투자 방법이 있다. 투자금액의 크기, 투자 기간에 따라 또는 시장 상황에 따라서도 투자 방법이 달라질 수 있다. 주가 흐름에 변수가 되는 여러 가지 내용들을 조합하면 주식 투자를 하는 방법에 있어 경우의 수가 크게 늘어난다.

나는 여러 가지 투자 방법들 중 나름의 수익 모형을 갖추고 있어야 한다고 믿는다. 이는 주식 투자 노하우라고 할 수 있다. 오랜 경험을 통한 나름의 수익 모형을 갖추면 더 이상 시장이 두렵지 않다. 여러 투자법들이 있지만 잃지 않는 방법을 찾아 활용해야 한다.

나는 장기 투자에서 수익을 거두기 위해 '투자 타이밍', '골든크로스', 'U형(원반형) 투자기법' 등을 학습한 후 투자에 활용해야 한다고 생각한다.

먼저 '투자 타이밍' 부터 살펴보자. 장기 투자 시 대형주에서 수익을 내려면 투자 타이밍이 중요하다. 대형주를 매수하는 데 가장 유리한 시점은 "전체 시장이 하락추세 마무리 또는 해당 산업군의 업황 개선 모멘텀을 보여주는 시점"이다. 우리나라는 수출 중심 국가이다. 따라서 수출기업이 국가 경제에서 차지하는 비중이 크다. 주가지수에 큰 영향을 미치는 요소는 글로벌 경기상황과 수출기업들의 전망이다. 이는 과거 우리나라의 주가 상승(대세상승)을 주도했던 업종을 통해서도 확인할 수 있다. 몇 가지 사례들을 소개한다.

1985년은 코스피 지수가 박스권 돌파하며 대세상승을 시작한 해다. 이후 약 3년 7개월 동안 주가가 상승했는데, 당시 3저(低)라 불린 저환율·저유가·저금리에 힘입어 우리나라 경제가 크게 성장했다. 당시 연평균 수출 성장률은 무려 30% 이상을 기록했고, 저유가와 저금리가 기업의 영업활동에 긍정적으로 작용함으로써 1986~1995년까지 연평균 10%에 가까운 고도성장을 유지할 수 있었다. 이 기간에는 경상수지가 흑자로 돌아서는 등 경기 확장세에 힘입어 코스피가 1,000 포인트를 돌파하며 박스권에서 벗어날 수 있었다.

두 번째 대세상승은 2005~2007년에 이루어졌다. 이때 처음으로 코스피지수가 2,000포인트를 돌파했다. 당시에도 글로벌 경기가 호조를 보였고 미 연방준비제도이사회(FRB, Federal Reserve Board of Governors)의 긴축정책에 따른 마이너스 실질금리로 글로벌 유동성 확장 및 국내

◘ 그림 2-29 | 10년간 경제성장률 및 지니계수

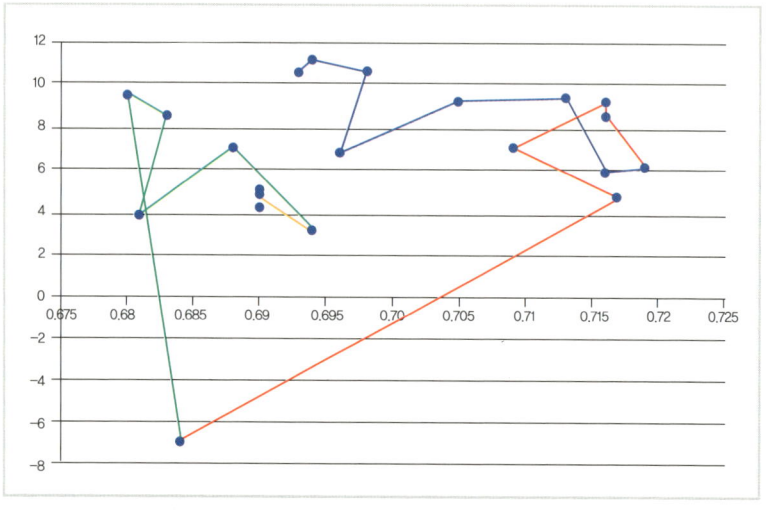

의 펀드 붐이 대세상승을 이끌었다.

이 시기의 글로벌 GDP 상승세는 49.0%나 상승했고, 한국의 GDP도 2003년 7,936억 달러에서 2007년 1조 2,363억 달러로 55.8% 상승했다. 당시에는 중국과 관련한 산업재(건설, 조선, 기계)와 소재(철강) 등이 지수의 상승을 견인했다.

두 번째 대세상승을 겪은 이후 2008년 하반기부터는 서브프라임 사태로 인한 글로벌 금융위기가 찾아왔다. 이 시기에 지수가 큰 폭으로 하락했다. 그러나 2009년 초부터 회복기로 돌아섰고 2011년까지 코스피지수는 큰 상승을 보여주었다. 글로벌 금융위기를 거쳐 지수상승 추세가 돋보인 시기로, '차화정(자동차, 화학, 정유)'이라 불린 경기민감업종이 랠리를 이끌었다. 정부의 자동차 개별소비세 인하조치(2008년 12월)와 조선산업육성책 발표(2009년 2월) 등으로 산업재(조선, 건설)가 당시의 대표적인 상승 업종이었다.

　코스피지수의 랠리는 글로벌 경기의 부침과 큰 관계가 있다. 특히 대세상승 시에는 주가 상승을 주도하는 업종들이 있었다. 상승을 이끈 주도업종들 대부분은 순환 사이클을 가진 업종인 동시에 수출 주도업종이었다.

　결론적으로 우리나라 코스피지수의 상승은 글로벌 경기가 호황이거나 회복 국면에서 이루어진다. 2005년 산업재, 2008년 금융위기 이후 차화정, 2015년 화장품 등 향후 전망이 양호한 주도업종이 등장하는 시기가 최적의 투자 타이밍이다.

　재차 강조하건대 대형주 투자는 글로벌 금융위기 이후 회복기처럼 '전체 시장이 하락추세 마무리 또는 해당 산업군의 업황 개선 모멘텀을 보여주는 시기'에 이루어져야 한다.

　2017년 코스피지수는 박스권을 뚫고 2,500포인트를 돌파했다. 무려 10여 년 만에 찾아온 대세상승기다. 코스피지수 대세상승 요인은 위에서 설명한 내용들과 일치한다. 글로벌 경기가 디플레이션 우려에서 벗어나 되살아났고, 글로벌 인플레이션의 귀환으로 수출 단가 상승 압력이 발생했다. 또한 세계 교역량도 3%대 중반으로 증가함에 따라 글로벌 경제가 완만한 회복세를 보였다.

　2017년 우리나라의 수출도 전년보다 약 3.9% 증가했다. 수출 증가 요인은 크게 두 가지다. 주요 선진국들의 수요 회복과, 유가의 상승에 따른 단가 인상이다. 결국 코스피지수 시가총액 대부분을 차지하는 수출 기업들의 매출액과 순이익이 동반 증가세를 보이며, 이런 흐름이 향후에도 지속할 것임을 시사한다.

그림 2-30 | 코스피 종합지수(일봉 그래프)

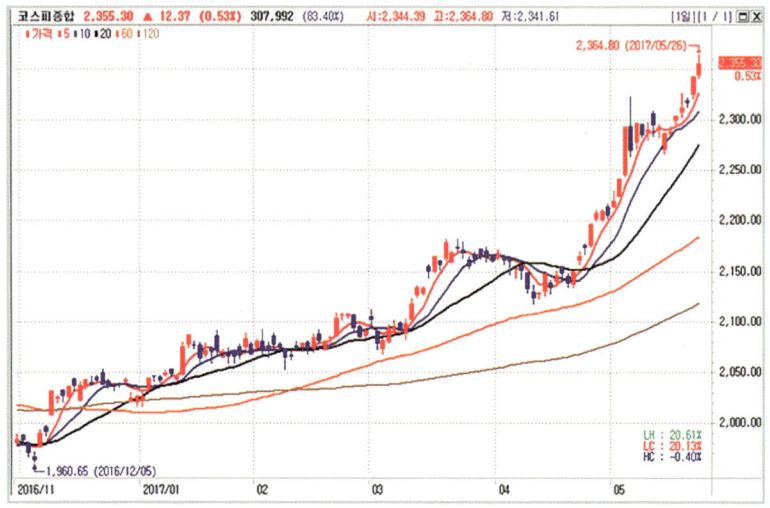

해당 산업군의 업황 개선 모멘텀을 보여주는 시그널도 나타났다. 삼성전자를 필두로 한 반도체/IT, 전기전자 업종이 주도주로 등장했다.

반도체 수요가 기존 PC, 스마트폰에서 벗어나 4차 산업혁명이 본격화됨에 따라 인공지능(AI), 사물인터넷(IoT), 커넥티드카(스마트카) 등 미래 신산업에 사용될 반도체의 수요가 더욱 증가할 것이다.

사물인터넷 시장의 성장은 가전제품, 자동차, 건물, 식물, 일용품 등 모든 사물에 반도체가 탑재될 것으로 보여 센서, MCU, AP, 통신칩 등 IoT 특화 비메모리 수요가 증가할 것이다.

아울러 고성능 IT 기기의 수요 증가로 DRAM과 NAND 등 메모리 수요도 증가할 것으로 전망한다. 가전제품 등에 본격적으로 접목될 인공지능은 빅데이터를 수집, 분석하기 위한 대용량의 서버가 필요하다. 이는 고사양의 메모리 반도체가 필요함을 의미한다. 스마트폰도 점차

■ 그림 2-31 | 삼성전자(일봉 그래프)

고사양화 되면서 고성능 메모리 반도체 수요가 늘어날 것이다.

이 같은 반도체 빅사이클 도래로 반도체/IT와 전기전자 업종인 삼성전자, SK하이닉스, 삼성전기, LG전자 등 주요 기업들의 전망이 밝다고 할 수 있다. 이들 기업의 양호한 기업 실적이 코스피지수를 이끌고 있다.

이처럼 대형주 투자는 역사적 흐름으로 보나, 현재 주도주들로 인한 지수의 대세상승으로 보나 투자 타이밍이 중요하다.

장기 투자에서 수익을 내기 위해 주목해야 할 두 번째 항목은 '골든크로스' 다. 나는 앞서 기술적 분석 편에서 "대형주에서 골든크로스가 발생한 종목은 상승 추세로 전환하여 이내 정배열 모양을 갖추는 경우가 대부분"이라고 설명한 바 있다. 따라서 지수상승 초기에 골든크로스 발생 종목을 매수하면 수익을 기대할 수 있다. 물론 골든크로스가 발

그림 2-32 | LG전자(골든크로스)

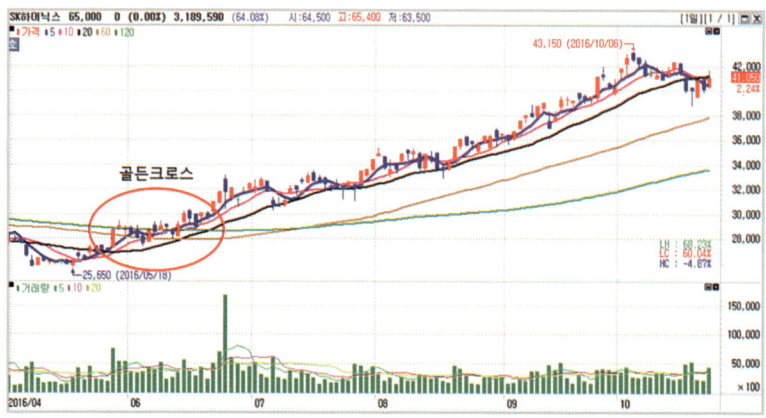

그림 2-33 | SK하이닉스(골든크로스)

생한 종목이 해당 시기에서 '산업을 선도하는 종목'이어야 한다. 이 기준을 충족한 골든크로스라면 얼마 후 차트상 정배열, 우상향의 모습을 보일 것이다.

투자자는 골든크로스가 발생한 시점에서 향후 전망을 분석해야 한다. 그리고 리스크가 없다고 생각되면 중·장기 투자 목적으로 해당 종목을 매수하자. 골든크로스를 보이는 사례 두 가지를 소개한다(《그림 2-32》, 〈그림 2-33》).

마지막으로 기술적 분석을 통해 장기 투자 시 수익을 내는 방법이 있다. 이는 널리 알려진 방법인데, 'U형 투자 기법'이다.

U형(원반형) 투자기법은 주식의 가격이동평균선이 원반형, 즉 U형 모습을 보이는 종목들을 공략할 때, 수익을 낼 가능성이 높다는 뜻이다. 예컨대 마라톤 경기에 출전한 수많은 선수들 중 우승할 가능성이 높은 사람은 대체로 선두 그룹에 속한 선수일 것이다. 이처럼 주가 상승이라는 모멘텀이 출현하면 일정 기간 그런 현상이 지속된다는 점에서 나온 투자 아이디어이다.

U형 모양에서 W형으로 모양이 바뀌는 경우도 자주 있다. W자 모양으로 바뀌면서 우측 하단이 좌측 하단 위에서 하락을 마무리하고 상승 추세로 전환하면 추가 매수에 나선다. U형 투자기법은 주봉 상승 추세 전환 종목인 만큼 단기적으로 일봉상 이미 상승한 부분이 부담이 될 수 있다. 따라서 일봉상 전저점을 하회하는지 확인하고 추가 매수하는 것이 중요하다. 완전히 U형을 보이며 시장 상황을 살펴서 목표가격을 정하고 대응한다.

주식 투자가 위험하다고들 말하지만, 재무적 요소와 기술적 요소, 그리고 수급적 요소들을 꼼꼼히 점검한 후 수익을 낼 승산이 크다고 보이면 과감히 투자에 나서자. 분명 수익을 얻게 될 것이다. 위에서 소개한 내용들을 숙지하고 투자 시 반영, 실천한다면 잃지 않는 투자 성과를 얻게 될 것이다.

실전 투자의 맥 — U형 투자기법: 종목 발굴 절차

- 상장된 종목들의 가격이동평균선 차트를 주봉 기준으로 검색한다.
- 그중 중기 10주선, 20주선이 원형 바닥을 다지고 상승세로 돌아선 초기의 종목들을 고른다.
- 이때 주의할 것은 중기추세가 상승추세 전환 초기라도 월봉이 하락추세 진행 중이라면 신중히 살펴야 한다. 그런 종목들은 매물벽에 부딪혀 시세상승 폭이 크지 않기 때문이다. 기술적 분석에서 역배열 상태이기 때문에 장기 투자 관점에서는 매수세가 너무 이르게 된다.
- 종목을 골랐다면 해당 기업의 재무제표를 점검한다.

위의 조건들에 부합한 종목을 선별한 후 하루 평균거래량 20만 주 이상인 종목(매매에 부담 없는 정도의 거래량이 필요함)을 눈여겨본다. 그리고 외국인과 기관들의 매수세가 유입되고 있는지를 살핀다. 또한 최근 특별한 이슈나 호재 또는 악재가 있는지도 파악한다. 더 자세한 내용이 필요하다면 금육감독원 전자공시(DART) 사이트에서 기업의 사업보고서를 살펴본다.

05 단기 투자에서의 수익 모형

요즘은 기업의 생존조차 어려운 상황이라고 말하는 분들도 많다. 따라서 경험이 부족한 일반 투자자들은 어떤 기업이 장기적으로 성장하고 발전할지를 판단하기가 쉽지 않다. 과거에는 이름 좀 있는 기업에 투자금을 오랫동안 묵혀두면 큰 수익을 기대할 수도 있었지만 시장 상황이 날로 변하고 트렌드가 급변하는 지금은 그런 투자에 대한 확신이 예전만 못하다. 그래서 그 대안으로 단기 투자를 하는 분들이 많다. 짧은 시간 안에 주식을 매매하는 행위가 단기 투자다. 단기 투자의 개념을 다시 정리하면, '단기 변동성을 기대하면서 주식을 매수하여 수익을 실현하는 것'이다.

앞서 나는 단기 투자에서 '직관', '기술적인 매매', '심리적인 매매' 등 세 가지가 중요하다고 강조한 바 있다. 여기에서는 내가 단기 투자로 수익을 거둔 차트 위주의 정보를 소개하겠다. 단기 투자 시 유용한 이야기들 중 소위 기술적 매매에 기초한 결과라고 생각하면 무리가 없을 듯하다.

아래의 2개 그래프(신신제약, 에디스생명공학)는 단기 이슈가 있는 상태에서 10일선, 20일선을 지지선으로 급등하는 모습이다.

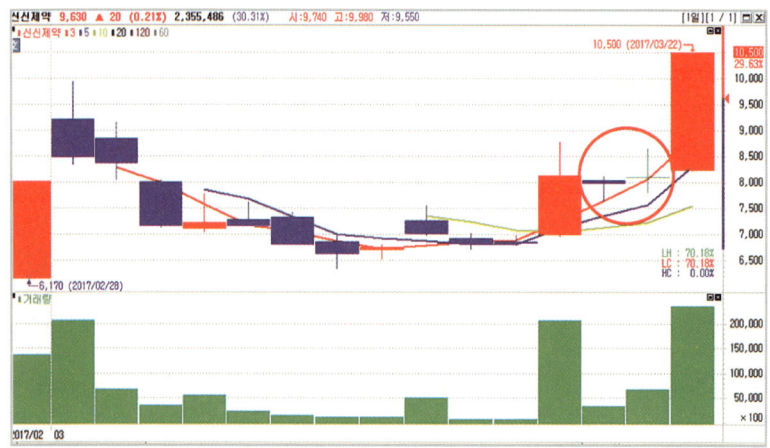

그림 2-34 | 신신제약

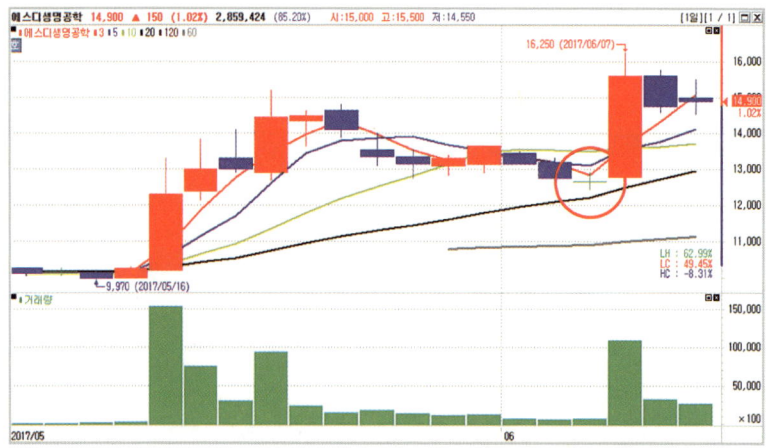

그림 2-35 | 에스디생명공학

■ 그림 2-36 | 서산

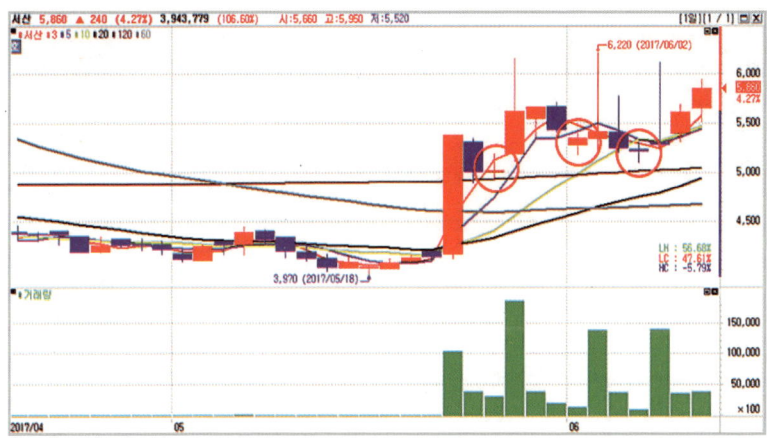

〈그림 2-36〉는 '서산' 인데, 내가 단기간 동안 세 번에 걸쳐 큰 수익을 실현한 그래프 모습이다. 그 밖에 단기 투자에서 수익이 나는 그래프 모양은 아래와 같다.

수익 나는 모형: 단기 매매 그래프 사례들

■ 그림 2-37 | 투원글로벌

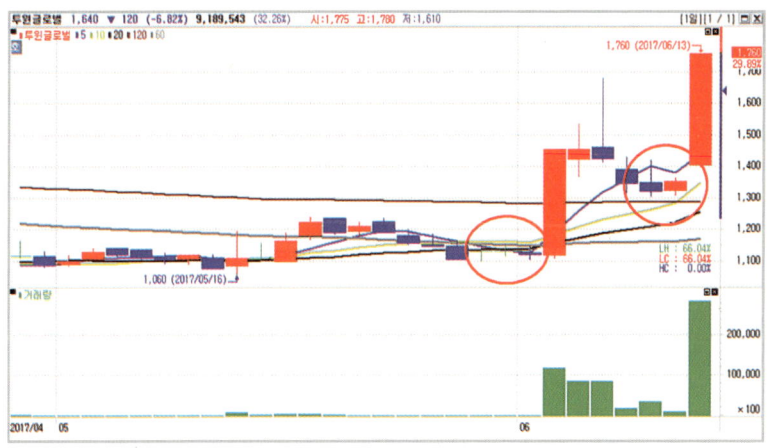

CHAPTER 8 수익 모형 갖추기 **229**

▣ 그림 2-38 | 아스타

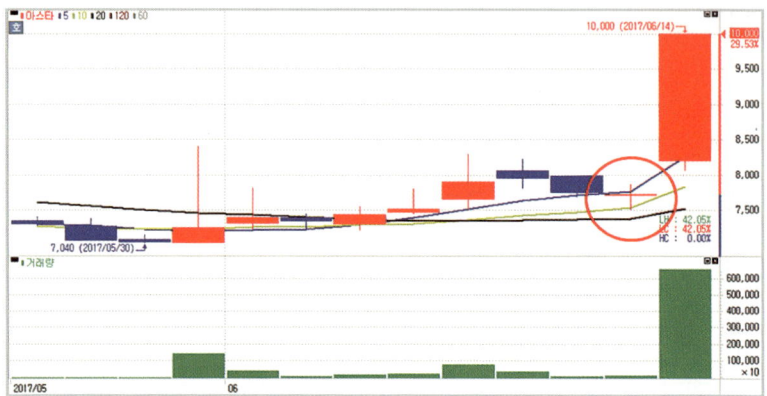

▣ 그림 2-39 | 한일사료

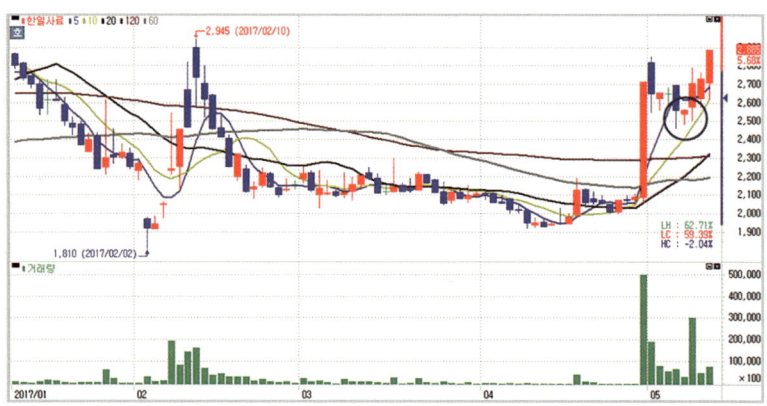

▣ 그림 2-40 | 한신기계

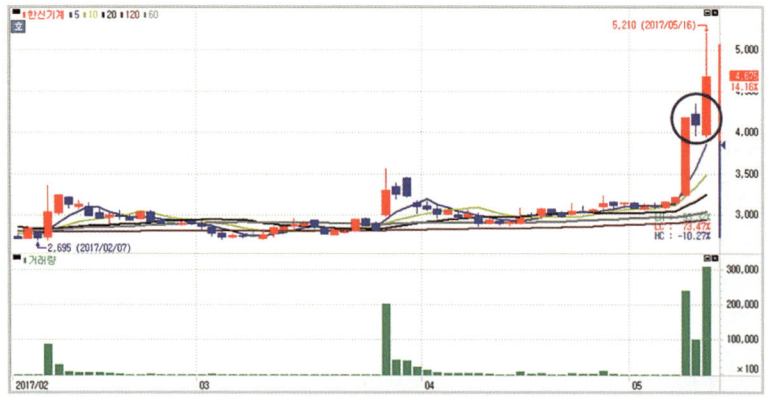

■ 그림 2-41 | 디엠티

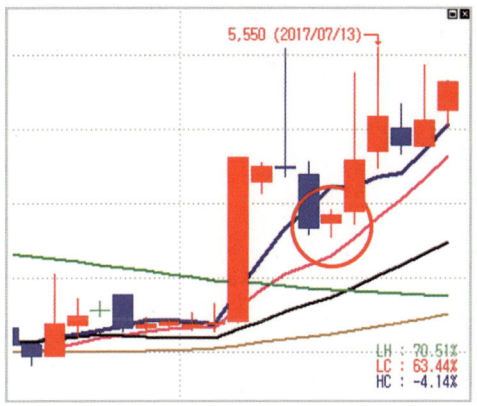

위에서 소개한 그래프들은 단기 투자에서 수익을 얻을 수 있는 일종의 정형화된 모습이라 할 수 있다. 내가 겪은 다년간의 투자 경험에 따르면, 틀리는 경우가 없다. 차트를 여러 가지 소개하는 이유는 눈에 담아 두고 기억하라는 의미다.

  위 종목을 전체 종목에서 찾을 수는 없다. 나의 경우 20% 이상 상승한 종목은 별도로 관리하면서 차트로 확인한 후 매수한다. 급상승한 이후의 주가 방향을 살펴보면 한 달에 한두 개 정도는 눈에 띈다. 전업 투자가는 단기 투자에서 수익이 나고 성공해야 큰 자금을 만들어 가치 투자도 하고 장기 투자도 할 수 있다.

THE PRACTICAL GUIDE TO **STOCK INVESTING**

CHAPTER 9 행동재무학과 주식 투자
01 행동재무학이란 | 02 행동재무학 이해하기 | 03 행동재무학측으로 분석한 주식시장

CHAPTER 10 리스크 관리
01 리스크와 수익률의 관계 | 02 체계적 위험 | 03 비체계적 위험 | 04 포트폴리오 구성과 관리

CHAPTER 11 자산 관리 노하우
01 원 첫, 원 길 | 02 개좌 나누기의 중요성 | 03 남서연의 개좌 운용법 | 04 주식 투자로 부자가 되려면

PART
3

자산 100배 키우기

THE PRACTICAL GUIDE TO
STOCK INVESTING

CHAPTER 9

행동재무학과 주식 투자

★ ★ ★

주식 투자자라면 주식 투자에 앞서 투자에 참고할 만한 각종 이론과 지식, 그리고 분석기법들을 알아야 한다. 그러나 성공적인 주식 투자라는 결과를 얻으려면 이론적인 지식보다 투자자의 성향, 기질, 심리 등과 같은 행동재무학적 요소들이 중요하다는 것도 알아야 한다. 이 같은 행동재무학적 요소들이 투자의 성공 여부에 더 큰 영향을 미치기 때문이다.

여기서는 주식 투자의 이론과 더불어 행동재무학에 대한 내용을 정리하여 살펴보겠다.

01 행동재무학이란

행동 금융(Behavioral Finance)의 창시자라고 할 수 있는 리처드 세일러(Richard Thaler) 교수가 2017년 노벨경제학상을 수상하게 됨으로써 행동재무학의 중요성이 더욱 크게 부각되었다. 재산상의 손실로 연결되는 주식투자자의 잘못된 비합리적이고 비이성적인 투자 습관을 바로잡는 의미에서 자세히 살펴볼 필요가 있다.

우리들은 스스로(인간)를 합리적·이성적인 존재라고 표현한다. 좀 더 솔직히 말하면 우리는 자신이 이성적인 존재라고 믿는 자기암시에 빠져 있다. 인간은 과연 합리적·이성적인 존재일까? 대부분의 사람들은 매사를 자기중심적으로 생각한다. 자신이 믿는 생각과 전혀 다른 결정적 반증, 증거들이 눈앞에 있더라도 바위만큼 무거운 자기중심적 사고가 쉽게 깨지지 않는다. 스스로 합리적인 존재라고 믿지만, 우리는 자기 생각과 고집만 앞세우는 존재다. 영국의 사우샘프턴대학교에서 이를 증명하는 흥미로운 실험을 했다.

- A그룹에 (a)라는 정보를 믿도록 교육시킨다.
- A그룹에 (a)라는 정보가 옳다는 증거를 제시한다.
- A그룹에 (a)라는 정보가 틀렸다는 증거를 제시한다.
- A그룹에 (a)라는 정보가 틀렸다는 증거를 계속 제시한다.

A그룹 사람들은 (a)라는 정보를 계속 믿을까? 아니면 자신의 생각을 바꿀까? 실험 결과는 흥미로웠다. 실험 초반에 (a)라는 정보를 지지하던 사람들은 거짓 증거가 계속 늘어나는데도 고집스럽게 (a) 정보를 진실이라고 믿었다. 사우샘프턴대학교의 실험 결과로 나타난 이기적 편향은 다음 세 가지로 분류된다.

① 나는 다른 사람들보다 평균 이상이라고 생각한다(상대적 우월성).
② 내가 믿는 정보가 아닌 다른 것들은 무시한다(확증 편향).
③ 내가 소유한 물건의 가치가 다른 사람이 소유한 물건의 가치보다 높다(소유 효과).

위의 실험 결과는 〈계간 실험심리학〉에 실리기도 했는데, 인간이 자신이 믿는 생각을 굽히지 않으려 하는 심리를 알 수 있다.

'일이 잘 풀리면 내 탓, 일을 망치면 남 탓'이라는 말이 있다. 인간이 가진 이기적인 편향을 잘 나타낸 격언 중 하나일 것이다. 주식 투자에서 투자자들이 굳게 믿고 행동하는 '합리적 투자 결정'이라는 말은 말처럼 합리적·이성적 판단에 따른 것일까?

행동재무학은 사람들이 경제적인 의사결정을 내릴 때 '왜 그렇게 행동(투자)할까?'에 관심을 둔다. 행동재무학은 소위 인간의 행동과 관련 있는 심리학적 측면과 투자 행위와 관련 있는 경제학적 측면, 즉 두 학문 간 컬래버레이션(collaboration)으로 이해하면 된다. 행동경제학은 기존의 경제학 이론에서 주장해온 '인간은 합리적인 존재'라는 사실을 부정한다.

따라서 행동재무학에서는 인간이 어떠한 의사결정 과정에서 여러 가지 심리적인 편향을 나타냄으로써 때때로 비합리적인 의사결정을 내릴 수 있다고 설명한다.

주식 투자에 나서는 투자자들의 심리를 행동재무학과 연결해서 살펴보면 무척 재미있다. 주식 투자를 하는 투자자들은 크게 두 가지 심리를 가지고 있다고 한다. '군중심리'와 '후회기피심리'다.

군중심리란, 많은 사람들의 행동을 따르려는 것이다. 그런데 대세를 안 따르면 마음이 불안해진다. 결국 자신의 기준이 아닌 타인의 투자 기준이 의사결정에 영향을 미치는데, 주가가 오를 때 매수하고 주가가 떨어지면 매도하려는 심리가 나타난다.

후회기피심리란, 후회할 일이 생겼을 때의 고통을 줄이기 위해 미리 변명거리를 준비하는 것을 일컫는다. 주식 투자에서는 100% 이길 수 없다. 따라서 자신의 잘못된 투자 결정으로 인한 후회가 늘 있게 마련이다. 이 같은 후회는 어쩔 수 없는 인간의 감정이지만 문제는 따로 있다. 즉 미래의 손실로 인한 후회가 너무 두려운 나머지 현재의 행동이 비이성적으로 변질되는 것이다. 대표적인 예로 크게 오를 주식을 미리 팔고, 크게 떨어질 주식을 오랫동안 보유하는 행위가 그렇다.

'전망심리'에서 자세히 다루듯이, 내가 겪은 투자자들의 흔한 투자심리는 '100만 원의 수익과 100만 원의 손실이 동시에 나타났을 때 수익으로 인한 행복보다 손실로 인한 불행을 더 크게 느낀다'라는 점이다. 따라서 나는 종종 '수익을 얻기 위한 노력보다 손실을 피하기 위해 더 큰 위험을 감수하는 투자 결정'을 목격하곤 한다. 손실이 났는데도 손절 결정을 미루고서 보유 주식을 질질 끌고 가는 행동이 대표적이라 하겠다. 이 같은 투자 결정이 만연한데도 우리는 스스로를 합리적인 투자자라고 말할 수 있을까?

02 행동재무학 이해하기

 이제 행동재무학의 내용을 구체적으로 살펴보자. 기존의 경제학 이론이나 재무 이론으로는 우리 현실에서 이루어지는 투자자들의 비합리적인 행위(투자 의사결정 등)를 설명할 수 없는 경우가 있다. 예컨대 '시장가격'이 대표적이다. 앞에서 살펴본 효율적 시장가설(EMH)에 따르면, 시장이 효율적이라는 가설 아래에 내재가치가 곧 시장가격이 되어야 한다. 그러나 현실에서는 이론가격(적정 내재가치)과 실제가격(시장가격) 간에 차이가 발생하는데, 이 문제는 행동재무학으로 설명할 수 있다.

 이론가격과 실제가격의 차이를 만드는 주요 원인은 무엇일까? 그것은 비합리적인 인간의 행동 두 가지가 요인이라고 생각할 수 있다. 첫 번째는 '정보처리 오류', 두 번째는 '행동학적 편의'라고 부른다(《투자론》(10판) 참조-저자주).

★ 정보처리 오류 ★

정보처리 오류는 투자자가 정보를 정확히 해석할 수 없음으로 인하여 미래를 예측할 수 없다는 의미다. 투자자들이 정보처리의 오류에 빠지면 향후 발생 가능한 사건 또는 이와 관련 있는 수익률의 확률분포를 잘못 평가할 수 있다. 정보처리 오류는 예측오류(forecasting error), 과신(over confidence), 대표성(representative), 보수주의 편의(conservative bias) 등으로 세분화되어 나타난다.

예측오류

투자자들이 투자 결정을 내릴 때 객관적인 정보가 아니라 최근에 자신이 겪은 투자 경험에 의존할 때 나타난다. 정보에서 드러난 불확실성의 수준보다 지나치게 극단적으로 예측하는 경향이 생긴다.

사례: 한 기업에 대한 수익 기대치가 높다면, 투자자는 객관적인 전망보다도 높은 기대치를 갖는 경향이 있다. 그 결과 초기에 PER가 높게 형성되고, 이후 투자자들이 자신의 오류를 인식하면서 주가가 하락한다. 흔히 고PER 주식이 안 좋은 투자 대상이라는 경향을 설명한다.

과신

투자자들은 자신이 가진 믿음과 예측이 부정확하다는 것을 인정하지 않은 채, 자신의 능력을 과대평가하는 경향이 있다. 그 결과 정보처리 오류에 빠진다.

사례: 능동적 투자보다 수동적 투자의 결과가 더 좋음에도 불구하고 시장을 지배하는

현상은 여전히 능동적 투자다. 이는 투자자 자신의 능력을 과대평가하는 경향을 설명해준다.

대표성

투자자들은 대표성을 갖는 어떤 표본을 고려하지 않는 경향이 있다. 즉 작은 표본과 큰 표본 두 가지 중에서 작은 규모의 표본을 큰 표본과 동일한 것(대표성을 지닌다고 생각)으로 추론한다는 의미다. 그 결과 투자자들은 대표성이 없는 작은 표본에서 추세를 예측하고, 이런 추세를 장기간으로 확대하여 적용하는 실수를 범한다. 대표성은 시장에서 흔히 나타나는 과민반응을 설명해준다.

사례: 단기간에 실현된 어떤 주식의 수익률이나 이익 보고는 투자자들의 투자 결정을 수정하도록 만든다. 그 결과 매입세가 증가하여 주가가 상승한다. 이후 가격의 괴리가 심해지면 투자자는 초기의 오류를 수정, 가격이 급격히 하락하곤 한다. 성과가 가장 좋았던 주식들은 수익률이나 이익 발표를 기점으로 주가가 반전하는 경향이 있다. 이런 결과는 투자자들이 초기 믿음이 극단적이었음을 깨닫고 수정하는 과정에서 발생한다.

보수주의 편의

투자자들이 최근 나타난 새로운 흐름이나 트렌드 등에 발 빠르게 대응하지 않은 채(자신의 믿음, 생각을 쉽게 바꾸지 않음) 느리게 대처하는 것을 의미한다.

사례: 가령, 뉴스에 발표된 어떤 기업의 긍정적 또는 부정적인 내용이나 정보가 주가에 즉각 반영되지 않은 채 서서히 반영되는 경향이 있다. 이는 주식시장 수익률에 관성(주가가 지속적으로 상승하거나 하락하는 현상)을 만든다.

★ 행동학적 편의 ★

이론가격과 실제가격의 차이를 만드는 두 번째 주요 원인은 인간의 여러 가지 행동에 기인한 편의들이다. 이를 행동학적 편의라고 한다. 행동학적 편의란 최적의 투자 의사결정이 아닌, 자신의 투자 성향이나 믿음대로 투자 의사결정을 내리는 행동이다. 수익을 높여줄 정확하고 믿을 만한 정보가 있더라도 투자자들은 이를 합리적·이성적으로 활용하지 않는다는 의미다. 앞서 언급한 '군중심리', '후회기피심리', '전망이론' 외에도 '액자편향심리', '고정관념', '심리회계' 등이 있다.

군중심리

다수의 의견이 옳을 것이라는 믿음이다. 대중이 지지하고 믿는 정보를 신뢰하는 반면, 자신이 얻은 정보는 무시한다.

사례: 기업의 대표나 대주주가 자사 주식을 대량으로 매입했을 경우, 일반 투자자들은 자사 기업의 정보를 잘 알기 때문에 투자했을 것이라고 믿으며 무작정 해당 기업의 주식을 매입한다. 그 결과 해당 기업은 특별한 이유도 없이 주가가 폭등하기도 한다.

후회기피심리

투자 결과가 안 좋을 때 자신의 결정이 관행에서 벗어난 것일수록 더 크게 후회하는 현상이다.

사례: 우량주나 애널리스트들이 평가보고서를 많이 낸 기업의 주식을 매수하여 손실을 본 경우, 잘못된 결정이라고 생각하지 않고 운이 없다고 생각하고, 잘 모르는 주식을 매입하여 손실을 본 경우 자신의 결정을 더욱 심하게 후회한다. 따라서 투자자들은 자

신이 잘 알지 못하는 주식(소규모 주식)에 대해서는 더 큰 위험 프리미엄을 요구하게 되어 요구수익률이 높아진다. 소규모 기업이나 장부가 대비 시장가치 비율이 높은 잘 알려지지 않은 기업들은 요구수익률이 높아 주가 수준이 낮게 형성되는 경향이 있다.

전망이론

동일한 성과가 나타날 것으로 전망되는 투자에서 투자자의 인식 차이에 따라 서로 다른 전망을 하는 것이다. 그 결과 서로 다른 결과가 나타난다. 이를 고려하기 위해 전망이론에서는 부의 수준보다 부의 변화에 더 관심을 갖는다. 즉, 현재 부의 수준에서 부가 증가하는 것인지(이득), 부가 감소하는 것인지(손실)에 따라 위험에 대한 태도가 달라진다. 따라서 투자자들은 이득의 경우 위험회피적 성향을, 손실의 경우 위험 선호적인 성향을 띈다.

사례: 투자자들은 손실이 날까봐 두려워 주가가 내린 주식보다 주가가 오른 주식을 매도하는 경향이 있다.

액자편향

액자, 영어로 말하면 '프레임'이다. 자신이 보려는 프레임에 따라 의사결정이 달라질 수 있음을 말한다. 액자편향은 똑같은 투자 방법이지만 설명하는 방식에 따라 의사결정이 달라짐을 의미한다. 즉 수익 실현 가능성을 강조한 투자안과 손해 볼 가능성을 강조한 투자안이 사실적으로 같은 경우, 투자자들은 서로 다른 의사결정을 내릴 수 있다.

사례: 동전을 던져 뒷면이 나오면 50원을 얻는 내기와 미리 50원을 주고 동전을 던져 앞면이 나오면 50원을 잃는 내기에서 어느 쪽에 배팅할 것인가? 실제로 두 가지 내용

은 동일하다. 동전 앞면이 나오면 아무 이득이 없고, 뒷면이 나오면 50원을 버는 내기. 전자는 위험한 이득의 관점에서 내기를 구성한 것, 후자는 위험한 손실의 관점에서 내기를 구성한 것이다. 동일한 방법이지만 구성을 달리하면 사람들은 다른 의사결정을 내릴 수도 있다.

고정관념

불확실한 결과를 예측할 때 최초의 기준점을 설명하고 이를 수정하는 과정을 통해 최종 수치를 확정하면서 나타나는 오류가 고정관념이다. 처음 기준점을 설정할 때 가졌던 생각에 사로잡혀 정보를 왜곡해 수용하는 현상이다.

사례: 투자자가 처음 매입한 주가가 머릿속을 지배하기 때문에 추가 매입이나 매도를 못하는 경우

심리회계

'심적회계'라고도 부른다. 투자자들이 의사결정 시 관련 있는 내용들을 통합하지 않고 분리하여 건별로 의사결정한다는 뜻이다. 심리회계는 고현금 배당주식을 선호하는 현상을 설명할 수 있다. 동일한 수익률일지라도 배당소득은 사용에 거부감이 없지만, 주식의 일부를 처분하여 사용하는 일은 꺼린다는 의미다.

사례: 투자자가 자신이 가진 계좌 한 곳에서는 큰 위험을 감수해도 다른 계좌(예: 생활비 또는 교육비)는 보수적으로 운용하려는 현상이다. 또는 카지노에서 따고 있을 때에는 한층 더 위험한 도박에 배팅하는 행위도 사례라고 할 만하다.

주식 투자 행위는 행동재무학과 밀접한 연관이 있다. 행동재무학을 이해하고 있는 투자자와 그렇지 않는 투자자의 투자 결과는, 낚시 고수와 낚시 초보자가 물고기를 잡는 행위와 같다고 할 수 있다. 행동재무학을 깨우친 고수는 시장이 왜 그렇게 변하고 어떻게 대응할지를 안다. 그렇지 않은 하수 투자자는 자신이 시장에서 어떤 부분에서 손실이 나는지, 어떻게 대응해야 할지 몰라 갈팡질팡하게 마련이다.

03 행동재무학으로 분석한 주식시장

주식시장에서는 이론가격과 실제가격 간의 차이, 즉 괴리가 발생한다. 행동재무학이라는 관점으로 주식시장에서 이런 현상이 나타나는 이유를 살펴보자.

① 주식 투자자는 이론가격을 참고하여 투자에 임한다. 이론가격은 기업의 내재가치를 계산해 적정 주가를 산출한 것이다. 그러나 실제 주식 투자 시 이론가격이 안 맞는다는 것을 알 수 있다.
예컨대 현재 실적이 예상치보다 좋은 경우, 투자자들은 너도나도 매수에 동참할 것이다. 그 결과 순간적인 오버슈팅이 발생한다. 또한 주가가 계속 오르면 내재가치와 상관없이 시장의 관심이 뜨거워지는데, 이는 군중심리가 깃든 버블 효과로 볼 수 있다.
장기적으로는 내재가치에 수렴하겠지만, 시장 참여자들 사이에 정보의 비대칭이 존재하는 동안 주가의 오버슈팅 원인이 확실히 설명되지 않을 것이다. 따라서 지속적인 괴리 현상이 발생한다.

② 투자자들은 이익 실현을 짧게 가져가는 경향이 있다. 손실을 피하고 이익을 확정하려는 심리가 작용하기 때문이다. 대부분의 투자자들의 투자 심리는 이렇다. 이익이 난 주식은 금세 팔고, 손실이 난 주식은 주가가 다시 상승할 수 있다는 희망을 잃지 않은 채 원금이 회복될 때까지 보유한다.

이런 현상이 나타나는 이유를 두 가지로 생각해볼 수 있다. 첫째, 객관적인 시각으로 주가와 시장 상황을 판단하지 않고 자신의 매수단가에 따라 판단하기 때문이다. 둘째, 특히 손실 난 주식의 경우 정확한 정보를 가지고 있지 않기 때문에 매도 후 다시 오를 거라는 막연한 기대심리가 작용하기 때문이다.

이익 실현은 짧게, 손실은 길게 가져가는 성향은 전망이론으로도 설명할 수 있다. 즉 이익에 대한 효용은 이익이 커질수록 작아지고 손실에 대한 효용은 손실이 커질수록 커지기 때문에 손절 매도를 못하는 것이다.

③ 투자자들은 자신의 투자 성향에 따라 매수 및 매도 결정을 내린다. 기본적으로는 투자하려는 기업의 상태를 봐가며 매매해야 하지만, 실제 투자 시에는 투자자 자신의 상황이나 성향에 따라 매매하는 경향이 많다. 개인 투자자일수록 이런 투자 성향이 강하다. 가령, 주가 향후 전망과 관계없이 자신의 원칙에 따라 이익과 손절 가격을 정한 투자자가 있다면, 그리고 시장에 이런 투자자가 많다면, 주가는 한동안 내재가치와 괴리가 발생할 것이다.

④ 개인 투자자들은 고급 정보를 얻기가 힘들다고 생각한다. 이를 역이용해 SNS나 기타 온라인 매체를 통해 정보를 전달한 후 빠른 매

매를 유도하는 투자 형태가 많다. 최근에는 이러한 현상이 너무나 많아 시장이 혼탁한 느낌이 들기도 한다. 사정이 이렇다 보니 순간적인 주가버블이 나타난다. 종목 추천을 받을 경우 주가는 매수세가 활발할 때가 많다. 따라서 큰 고민이나 검토 없이 주식을 매수하게 되어 매수세가 더욱 활발해진다. 종목의 규모가 작을수록 이런 움직임이 계속될 수 있으며, 이는 이론가격으로 설명할 수 없는 부분이다.

THE PRACTICAL GUIDE TO
STOCK INVESTING

CHAPTER 10

리스크 관리

★ ★ ★

경제학 또는 경제와 관련 있는 테마들에서 종종 언급하는 리스크란, 위험(danger)이라는 의미가 아니다. 투자자들이 알고 있어야 할 상식 중 하나로 리스크라는 단어에는 두 가지 의미가 포함되어 있다.

첫째, 예측할 수 없는 어떤 일이 경제 측면에서의 자본 또는 수익에 잠정적으로 부정적인 영향을 미칠 수 있다는 점. 둘째, 이러한 리스크를 잘 관리하면 예측 못한 보상이 뒤따르는 기회가 된다는 점이다. 두 가지 내용을 함축해 표현하면 '위기가 곧 기회'의 줄임말인 '위기' 정도로 생각하면 될 듯하다.

현재 시장에서 통용하는 '리스크=위험'이라는 눈높이에 맞추어 주식시장에서 대표적으로 거론·인용되는 체계적 위험과 비체계적 위험 이야기를 풀어보려 한다. 주식 투자자들이 리스크의 개념을 정확히 이해하고 난 후 투자 시 참고하는 것도 무척 중요하다.

01 리스크와 수익률의 관계

리스크(risk)란 우리가 흔히 알고 있는 위험(danger)이라는 의미를 넘어 '미래에 어떤 결과가 나올지 모르는 상황'으로 생각해야 한다. 이를 다른 표현으로 바꾸면 '리스크=불확실성에 노출되어 있다' 정도가 될 것이다. 리스크라는 말이 함의하는 내용은 미래에 나타날 결과가 긍정적일 수도 부정적일 수도 있다는 두 가지 가능성이다.

참고로 뉴스를 통해 종종 듣게 되는 환리스크(환위험)라는 말에도 두 가지 가능성이 내포되어 있다. 향후 환율이 오를지 떨어질지는 주식 투자자들뿐 아니라 여러 수출입 기업들과 경제 관련 비즈니스 종사자들이 예의 주시한다. 사람들은 안정적이던 환율 추세가 향후 오를지 떨어질지 모르는 상황을 두고 환리스크가 있다고 표현한다. 상식적인 이야기이지만, 주로 수출을 하는 기업의 경우 환율이 오르면 기업에 유리하고 거꾸로 환율이 내리면 기업에 불리해진다.

리스크에 대한 기본적인 설명은 이 정도로 하고, 수익률을 살펴보자.

우리가 은행에 돈을 맡기면 이자, 그러니까 금리가 붙는다. 고속성장을 이루던 시기엔 연 10%가 넘는 고금리를 기대할 수도 있었지만, 그와 같은 시절을 지나 현재는 저속성장의 시대다. 현재 은행에서 챙겨주는 금리는 고작 1~2% 안팎이다. 금리는 확정적이고 안전한 수익률이다. 국가가 부도나지 않는 한 많든 적든 은행은 고객에게 약속한 금리를 제공해야 한다.

그러나 투자의 경우 확정된 수익이 아닌 리스크가 동반된 수익률이라는 표현을 한다. 리스크가 클수록 수익률 또는 손실률이 높다는 이야기는 어느 정도 투자의 원칙으로 자리 잡았다. 사람들이 이를 당연하게 받아들인다는 이야기다.

1부에서 소개했던 '하이 리스크-하이 리턴'의 내용을 상기해보자. 이 말은 '리스크가 큰 투자를 하면 높은 수익률이 나타난다'는 의미가 아니다. 재무학적 관점으로 접근했을 때 '하이 리스크-하이 리턴'의 정의는 '리스크가 많은 투자일수록 높은 기대수익률을 예상한다'가 된다. 따라서 우리는 기대수익률이 실현된 수익이 아닌, 예상수익률이라는 점에 주목해야 한다.

하이 리스크-하이 리턴은 기대수익률이 높아야만 기꺼이 큰 리스크를 감수하면서 투자에 나선다는 의미다. 안전한 투자처에는 사람이 많이 몰리게 마련이다. 따라서 투자자들의 입장에서는 먹을 것이 별로 없다. 수익이 크지 않다는 의미다. 그런데 리스크가 큰 투자처에는 사람들이 겁을 먹고 망설이기에 수익률이 높아진다. 물론 손실률도 상대적으로 높다.

주식 투자자들이 자신의 보유 종목이 오를지 떨어질지 정확하게 예측하기란 불가능하다. 그럼에도 불구하고 안전한 은행에 돈을 맡기는 대신 리스크가 수반되는 주식에 눈을 돌린다. 왜냐하면 모험을 걸면서까지 더 큰 수익을 얻을 것이라는 기대심리가 작용하기 때문이다. 리스크와 수익률의 관계를 간략히 정리하면 아래와 같다.

> 리스크의 크기에 따라 기대수익률이 달라진다

사람들마다 투자 성향이 다르다. 물론 투자의 목적도 다르다. 각자의 성향과 투자 목적에 따라 투자 대상이 달라진다. 안정적인 투자를 원한다면 리스크가 낮은 상품(주식의 경우 장·단기 투자)에 관심이 많을 것이고, 공격적인 투자자라면 리스크가 큰 투자 상품(주식의 경우 단기 투자)이 매력적일 것이다.

참고로 리스크 프리미엄(Risk Premium)이라는 용어가 있다. 리스크, 즉 위험이 큰 것에 투자하는 보상으로 증가하는 기대수익률을 말한다. 따라서 리스크가 전혀 없는 무위험 수익률에다 리스크 프리미엄을 합한 것이 기대수익률이 된다.

> 무위험 수익률 + 리스크 프리미엄 = 기대수익률

투자 상품을 주식시장으로 국한한다면, 주식시장은 '하이 리스크-하이 리턴'이 전제되는 시장이다. 자산을 늘리려고 주식 투자에 나서겠지만, 준비가 부족한 투자자는 수많은 위험에 고스란히 노출되어 돈을 잃기 십상이다. 수익은커녕 원금이 눈 깜짝할 사이에 날아갈 수 있다. 누구에

게나 돈은 귀하다. 손실이 나도 괜찮은 돈은 단 100원도 없다. '무덤마다 사연이 있다'라고 말하듯, 각자의 돈에도 수많은 사연들이 깃들여 있다. 돈의 크고 적음을 떠나 돈이 마련되기까지 돈 주인의 열정, 수고로움, 고단함이 고스란히 돈에 담겨 있기 때문에 돈이 소중한 것이다.

재무학적 투자론과 주식 투자론에서 말하는 리스크의 내용을 살펴보았다. 이제 주식 투자 시 종종 듣는 '체계적 위험', '비체계적 위험'을 알아보자.

02 체계적 위험

재무학적 관점에서는 위험을 '체계적 위험'과 '비체계적 위험'으로 나누어 설명한다.

> 총위험 = 체계적 위험(Systematic Risk) + 비체계적 위험(Unsystematic Risk)

위험을 두 가지로 구분해서 보려는 시각에 근거, 후술할 '포트폴리오 이론'이 탄생하기도 한다. 우선 먼저 살펴볼 체계적 위험이란 전체 시장을 위협하는 위험, 즉 경제 전반의 위험이다. 주식시장 전반에 영향을 미치는 정치·경제·사회적 이슈들이 체계적 위험을 만들어낸다. 시장 전체를 지배하는 영향이기 때문에 제 아무리 분산투자를 하더라도 위험을 낮출 수 없어 무용지물이다. 따라서 '분산 불가능 위험'이라고도 부른다.

나쁜 아니라 모든 투자자들이 9·11 사태나 서브프라임 모기지, 브렉시트 등을 겪으며 느꼈듯이 이런 위험이 닥치면 세계경제 및 주식시장 전체가 위험에 빠진다. 즉 체계적 위험이 도래하면 시장 내 대부분의 종목이 그 영향력 아래에 놓인다. 새로 뽑힌 미국의 대통령의 성향이 어쨌다는 등의 정치적 환경, 세계경기 인플레이션 또는 디플레이션 전망 등도 체계적 위험의 소재다.

한국은 주로 수출을 통해 경제 발전을 이루는 국가다. 따라서 늘 국제 사회의 변화, 세계 경제의 충격 등에 주가가 크게 출렁이곤 한다. 어떤 충격은 시장에 오랫동안 영향을 미치기도 하고, 어떤 충격은 시장에 짧은 기간 영향을 주기도 하여 매수 타이밍이 되기도 한다.

우리가 겪은 체계적 위험의 대표적인 예가 1997년의 외환위기다. 익히 잘 알려진 체계적 위험의 사례 세 가지를 살펴보면서, 이런 위험이 왔을 때 주가가 어떤 움직임을 보였는지 알아보자.

체계적 위험 사례 ① 2008년 9월 금융 위기(서브프라임 모기지 사태)

서브프라임 모기지(subprime mortgage)란 주택담보 대출 상품명이다. 미국인들 중 신용점수 620점 이하의 개인과 대출심사에서 떨어진 이들을 위한 금융상품으로, 프라임 모기지 상품보다 금리가 약 2~4%p 높았다고 한다. 서브프라임 모기지는 경제력이 약한 사람들뿐만 아니라 이미 집을 가진 사람들이 추가로 집을 더 구매하기 위해 많이 이용했다. 이후 증권화된 담보 대출이 펀드로 구성되어 세계 여러 나라에 판매되었고, 다른 금융 상품들과도 결합되어 있기도 했다.

그런데 미국 부동산 버블이 꺼지기 시작하면서 서브프라임 모기지론 금리가 상승, 그 결과 저소득층 대출자들이 원금을 갚지 못하는 상

🔻 그림 3-1 | 2008년 9월 이후 코스피 지수(일봉)

🔻 그림 3-2 | 금융 위기 이후 코스피 지수(주봉)

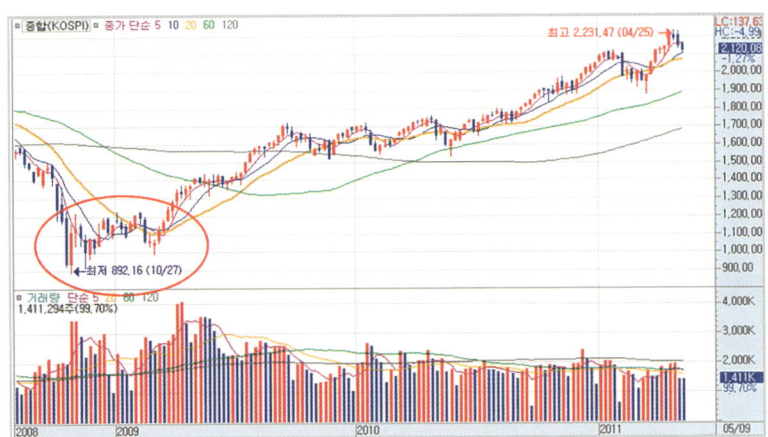

황에 이르렀다. 더군다나 유동화를 통해 증권화된 서브프라임 모기지 론을 구매한 금융기관들은 대출금 회수불능 사태에 빠져 손실이 발생, 그 과정에 여러 기업들이 부실화되었다. 미국의 대형 금융사와 증권회 사가 파산함으로써 글로벌 신용 경색을 부추겼고 세계 실물 경제에도 악영향을 주었다. 결국 세계 경제시장에까지 타격을 주어 2008년 하반기 세계 금융 위기가 닥친 사건이다. 〈그림 3-1〉과 〈그림 3-2〉를 함께 보자.

금융 위기가 오기 전만 해도 코스피 종합지수는 1,901.13을 찍어 분위기가 나쁘지 않았다. 2,000포인트 고지가 눈앞에 있는 듯했지만, 미국발 금융 위기가 오자 892.16까지 내려가 많은 투자자들이 반토막 주가를 경험해야만 했다.

갑작스러운 경제 위기 앞에 주가가 큰 폭으로 떨어졌으나, 곧바로 수습에 들어갔고 6개월 후인 2009년 3월을 기점으로 지수가 회복하기 시작, 이후 대세상승을 이루며 금융 위기 이전의 최고치를 넘어 2231.47포인트까지 상승했다.

체계적 위험 사례 ② 2016년 6월 영국 브렉시트 사건

브렉시트(Brexit)는 '영국(Britain)'과 '탈퇴(Exit)'라는 두 단어가 합성된 단어로 유럽연합(EU)에서 영국이 탈퇴한다는 뜻이다. 이는 그리스가 유로존을 탈퇴한다는 의미인 그렉시트(Grexit)에서 따온 말이기도 하다. 영국이 유럽연합 회원국일 때 발생하는 배당금 부담과 규제, 이민과 난민 문제 등이 불거졌다.

영국 사람들은 이와 같은 자국의 현안을 껴안으면서 유럽연합에 남을지 탈퇴할지를 찬반 투표에 부쳤다. 투표 전 예측에서는 잔류 54%, 탈퇴 46%로 조사되어 브렉시트 부결이 전망되었으나, 투표 후 결과는 탈퇴 51.9%, 잔류 48.1%로 나타나 영국의 유럽연합 탈퇴가 결정되었다.

◆ 그림 3-3 | 브렉시트 당일 코스피 지수(일봉)

◆ 그림 3-4 | 브렉시트 당일 코스닥 지수(일봉)

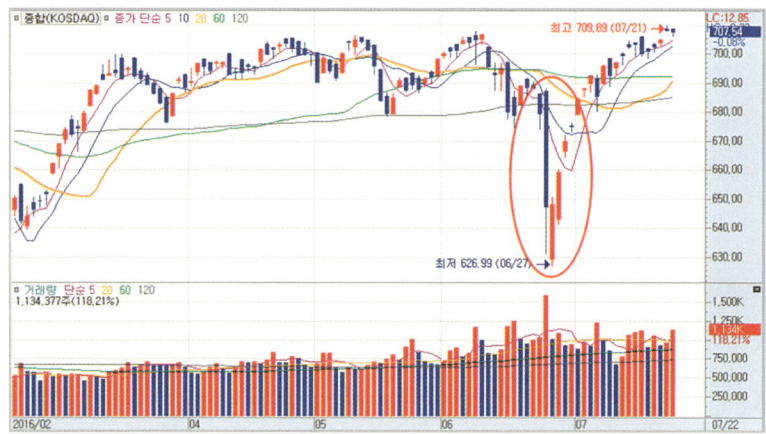

　뜻밖의 결과에 글로벌 시장은 충격을 받았고, 하루 동안 급등락을 반복했다. 브렉시트 당일 코스피와 코스닥 두 가지 그래프를 살펴보면 긴박했던 당시의 상황이 눈에 그려진다. 〈그림 3-3〉과 〈그림 3-4〉에서 보듯이 브렉시트 개표 당일 우리 증권시장은 개장 중이었다. 개표 초반 브렉시트 찬반이 비슷하게 나오자 급등락을 반복했고 브렉시트 결정이 확실시되면서 코스피와 코스닥 모두 하락세를 나타냈다.

특히 코스닥의 단기 충격이 컸음을 알 수 있다. 브렉시트 당일 코스피지수는 장중 고가 2,001.55포인트에서 1,925.24포인트까지 밀리며 4% 가까운 등락을 보였다. 코스닥은 장중 고가 688.12포인트에서 저가 631.18포인트로 무려 8%가 떨어졌다. 그러나 브렉시트 충격은 오래 가지 않았고 곧바로 브렉시트의 단기 충격에서 회복되었다.

체계적 위험 사례 ③ 2016년 말 미국 트럼프 대통령 당선

2016년 11월 8일 실시된 미국 제45대 대통령 선거에서 유력한 대통령 후보였던 민주당의 힐러리 클린턴을 제치고 공화당의 도널드 트럼프가 45대 미국 대통령으로 선출되었다. 선거 전 각종 여론조사에서는 힐러리가 승리할 것으로 예측했는데, 막상 뚜껑을 열어보니 뒤바뀐 결과나 나왔다. 브렉시트처럼 정반대의 결과가 나오자 코스피와 코스닥 지수가 충격을 받았다.

〈그림 3-5〉와 〈그림 3-6〉에서 확인하듯 코스피는 트럼프 당선 당일 고가 2,015.13포인트, 저가 1,931.07포인트로 하루 동안 4%가 넘는 등락률을 보였고, 코스닥의 경우는 더욱 심하여 고가 627.02포인트, 저가 581.64포인트로 7%가 넘는 등락률을 나타냈다. 트럼프 대통령 사례도 앞에서 소개한 사례들처럼 양 지수 모두 당일 충격 이후 차츰 회복세를 보였다.

주식시장에서 체계적 위험은 분산이 불가능한 위험이다. 따라서 모든 투자자들이 필연적으로 지고 가야 하는 위험이다. 그러나 이 같은

■ 그림 3-5 | 트럼프 대통령 당선 당시 코스피 지수(일봉)

■ 그림 3-6 | 트럼프 대통령 당선 당시 코스닥 지수(일봉)

리스크는 특히 단기에 특정한 이벤트로 인해 큰 충격을 받을 때에는 큰 위협이 되지만, 이벤트들이 과거의 대공황처럼 경제 자체의 펀더멘탈을 훼손하지 않는다면 매수 기회로 삼아야 한다.

위 사례들 모두 시장에 큰 충격을 주었지만 공통점이 있다. 펀더멘탈에 큰 영향을 미치지 않았다는 점, 즉 단기적 충격(2008년 금융 위기는 중기적 충격)이었다. 한국의 대북 리스크도 마찬가지다. 이런 상황이라면 두려워하기보다 기회로 활용하여 큰 수익을 노려봄직하다. 대부분의 체계적 위험은 투자자의 자산을 크게 키울 수 있는 절호의 매수 기회다. 적극적으로 투자에 임해야 한다.

03 비체계적 위험

비체계적 위험(Unsystematic Risk)은 시장 전체에 영향을 주는 것이 아닌, 어느 한 개별 기업이 가진 리스크를 의미한다. 우리가 뉴스 등을 통해 전해 듣는 익숙한 이야기들이 비체계적 위험에 포함된다. 예를 들어 어떤 기업의 회장이 비도덕적 언행 때문에 구설에 오른 뉴스, 신제품을 개발하다가 실패했다는 모 기업의 정보, 분식회계가 이루어져 기업 이미지가 추락한 일 등 특정 기업이 지닌 이벤트 또는 환경의 변화가 비체계적 위험을 수반한다.

대부분의 투자자들이 행하는 포트폴리오 구성 투자의 경우 이 같은 비체계적 위험을 줄이거나 제거하기 위한 도구가 된다. 비체계적 위험은 체계적 위험과 반대로 '분산할 수 있는 위험'인데, 분산 투자를 함으로써 위험을 줄이거나 궁극적으로는 없앨 수도 있다. 몇 가지 사례와 그래프를 함께 살펴보면서 비체계적 위험의 내용을 알아보자.

▶ 그림 3-7 | 진양폴리 화재 사건

진양폴리우레탄	첨부 +첨부선택+ ▼

재해발생		
1. 재해발생 구분		화재
2. 재해발생 내용		건축물 및 기계장치, 재고자산 소실
3. 재해발생내역	재해발생금액(원)	-
	자산총액(원)	22,024,142,606
	자산총액대비(%)	-
	대규모법인여부	미해당
4. 재해발생장소		경기도 평택시 세교산단로 85 (본사 공장동 건물 등)
5. 보험가입여부		가입
- 세부내용		-보험사 : KB손해보험 -가입보험종류 : 재산종합보험 -보험가입금액 : 192억원
6. 향후대책		화재 발생 경위 및 피해 금액등은 소방서, 경찰 및 보험사 등과 협조하여 조사 중에 있으며, 조속한 복구를 위해 노력하겠습니다.
7. 재해발생일자		2015-08-21

비체계적 위험 사례 ① 진양폴리 화재 사건

비체계적 위험의 사례 중 하나가 재해다. 진양폴리는 2015년 8월 21일 경기도 평택 공장에서 불이 나 본사와 유형자산이 화재로 손실되었다. 진양폴리는 여러 공장을 거느린 회사가 아니었다. 평택에 단일 공장을 가진 회사였기 때문에 불이 날 경우 회사가 통째로 날아갈 수 있는 리스크를 안고 있었다. 실제로 진양폴리는 화재 발생으로 공장이 전소되었다.

엎친 데 덮친 격으로 진양폴리에서 난 불이 근방의 롯데푸드 공장으로 옮겨 붙어 피해를 주게 되었다. 롯데푸드는 자사가 가입한 보험에서 보상금을 받았지만, 롯데푸드에 보험금을 지급한 롯데손해보험은 진양폴리에 보험금을 보상하라는 구상책임 소송을 냈다. 청구액은 무려 80억 원에 달했다. 진양폴리는 자산총액 350억 원, 시가총액은 200억 원대 회사이기에 80억 원이면 엄청난 액수다. 이런 상황에서 영

◘ 그림 3-8 | 진양폴리 화재 사건

1. 사건의 명칭		롯데손해보험 구상권 청구소송	사건번호 서울중앙지방법원2016가합 508916
2. 원고(신청인)		롯데손해보험 주식회사	
3. 청구내용		- 본건은 원고 롯데손해보험 주식회사가 당사 화재사고와 관련하여 피보험자인 롯데푸드주식회사에 지급한 보험금을 당사에 대하여 구상 청구한 건임.	
4. 청구금액	청구금액(원)	8,000,000,000	
	자기자본(원)	10,683,623,756	
	자기자본대비(%)	74.9	
	대규모법인여부	미해당	
5. 관할법원		서울중앙지방법원	
6. 향후대책		- 당사는 구상책임 부담여부 및 구상금액 등에 대하여 적극 대응 예정임	
7. 제기·신청일자		2016-02-19	
8. 확인일자		2016-03-07	
9. 기타 투자판단과 관련한 중요사항		- 상기 4. 자기자본은 2015년 회계년도 결산보고서 기준. - 상기 8. 확인일자는 당사가 소장을 접수받은 날짜임	
		※관련공시	-

업정지가 되어 주권매매가 정지되고, 기업심사위원회 심의 대상 여부에 대한 논의가 있었으나 보험금을 수령하고 영업이 재개됨에 따라 다행히 주권매매 거래 정지가 해제되었다.

진양폴리의 사례에서 보듯 기업이 존폐 위기에 몰리는 이유가 시장의 움직임과 상관없는 재해였다. 해당 기업만이 겪는 고유의 위험이며, 대표적인 비체계적 위험의 사례라 할 것이다.

비체계적 위험 사례 ② 대한항공 땅콩 회항 사건

대한항공 땅콩 회항 사건은 당시 대한항공 여자 부사장이 기내에서 자사 승무원들에게 난동을 부리고, 이미 출발한 비행기를 되돌려 기내 승무원을 비행기에서 내리도록 한 사건이다. 당시 사회적으로 큰 이슈가 된 이 사건은 대한항공 주가에 영향을 미쳤다. 그래프를 한번 보자.

물의를 일으킨 대한항공 부사장이 검찰에 출두해 수사 받던 날의

⬇ 그림 3-9 | 대한항공 그래프(땅콩 회항 사건 이후)

대한항공 주가는 4만 원 중반에서 3만 원 후반까지 빠졌다. 당시 대한항공은 국제 유가 급락에 따른 수혜 기대감으로 꾸준히 상승 중이었다. 대한항공 부사장의 '땅콩 회항' 사태가 알려졌어도 일정 시일까지도 꾸준히 상승하고 있었지만 검찰의 대한항공 압수수색과 사회적으로 큰 문제가 되자 주가가 빠지기 시작한 것이다. 경영진 또는 대기업 오너 일가의 일탈 행위는 기업 고유의 위험이 된다. 비체계적 리스크의 사례다.

비체계적 위험 사례 ③ 한미약품 기술수출 계약 해지 사건

2016년 9월 29일, 한미약품은 장을 마감한 이후 미국 제네택과 1조 원 규모의 기술수출 계약을 맺었음을 공시했다. 공시 호재에 힘입어 이튿날 30일 주식시장 개장 후 9시 28분까지 한미약품 주가는 5% 이상 강세를 보인다. 그로부터 1분 후인 2016년 9월 30일 9시 29분, 한

그림 3-10 | **한미약품 기술수출 계약 해지 사건**

한미약품 첨부 +첨부선택+ ▼

기술도입 · 이전 · 제휴 계약체결(자율공시)

1. 구분		기술이전
2. 계약상대		제넨텍 (Genentech, 미국)
- 회사와의 관계		-
3. 기술의 주요내용		세포 내 신호전달을 매개하는 미토겐 활성화 단백질 키나아제(mitogen-activated protein kinases, MAP kinase) 중의 하나인 RAF를 억제하는 경구용 표적 항암제 HM95573
4. 계약의 주요내용		제넨텍은 한국을 제외한 전 세계에서 HM95573에 대한 개발 및 상업화에 대한 독점적 권리를 확보 당사는 확정된 계약금 $80,000,000과 임상개발, 허가, 상업화 등에 성공할 경우 받게 되는 단계별 마일스톤(milestone)으로 $830,000,000을 순차적으로 받음.
5. 계약체결일자		2016-09-28
6. 이사회결의일(결정일)		2016-09-28
- 사외이사 참석여부	참석(명)	3
	불참(명)	0

그림 3-11 | **한미약품 기술수출 계약 해지 사건**

한미약품 첨부 +첨부선택+ ▼

기술도입 · 이전 · 제휴 계약체결(자율공시)

1. 구분		기술이전
2. 계약상대		제넨텍 (Genentech, 미국)
- 회사와의 관계		-
3. 기술의 주요내용		세포 내 신호전달을 매개하는 미토겐 활성화 단백질 키나아제(mitogen-activated protein kinases, MAP kinase) 중의 하나인 RAF를 억제하는 경구용 표적 항암제 HM95573
4. 계약의 주요내용		제넨텍은 한국을 제외한 전 세계에서 HM95573에 대한 개발 및 상업화에 대한 독점적 권리를 확보 당사는 확정된 계약금 $80,000,000과 임상개발, 허가, 상업화 등에 성공할 경우 받게 되는 단계별 마일스톤(milestone)으로 $830,000,000을 순차적으로 받음.
5. 계약체결일자		2016-09-28
6. 이사회결의일(결정일)		2016-09-28
- 사외이사 참석여부	참석(명)	3
	불참(명)	0

미약품은 독일 베링거인겔하임으로부터 폐암 말기 표적항암제 '올리타' 정의 기술수출 계약 해지 내용을 공시, 이때부터 주가가 폭락하기 시작했다.

그림 3-12 | 한미약품 기술수출 계약 해지 사건

한미약품 첨부 +첨부선택+

정정신고(보고)

정정일자	2016-09-30

1. 정정관련 공시서류	기술도입 · 이전 · 제휴 계약체결(자율공시)	
2. 정정관련 공시서류제출일	2015.07.28	
3. 정정사유	계약종료	
4. 정정사항		
정정항목	정정전	정정후
4. 계약의 주요내용	- 베링거인겔하임은 한국, 중국, 홍콩을 제외한 전 세계에서 HM61713의 모든 적응증에 대한 독점적 권리를 갖고 임상개발, 허가, 생산, 상업화를 진행 - 당사는 계약금(upfront payment) 50,000,000 USD와 임상시험, 시판허가 등에 성공할 경우 단계별 마일스톤 680,000,000 USD를 별도로 지급받음	- 베링거인겔하임은 내성표적항암신약'올무티닙'(HM61713)의 권리를 한미약품으로 반환하기로 결정했음 - 이번 베링거인겔하임의 결정에 따라 베링거인겔하임은 올무티닙에 대한 새로운 임상을 진행하지 않을 것이며, 하지만 베링거인겔하임으로부터 수취한 계약금 및 마일스톤 USD 65,000,000은 반환하지 않음

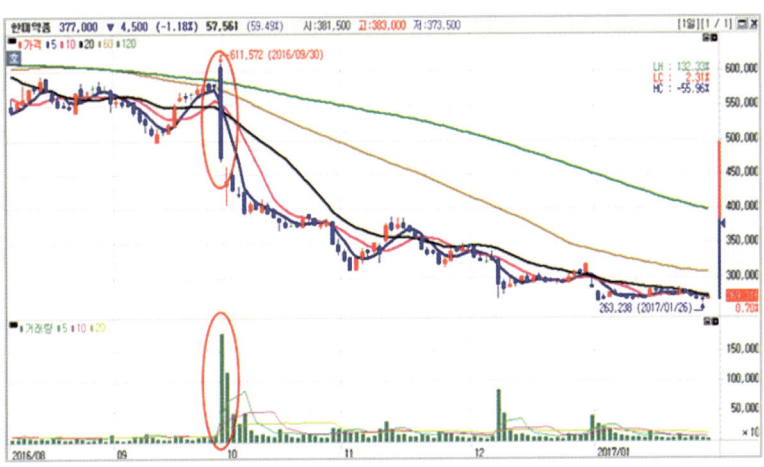

그림 3-13 | 한미약품

시장에서의 반응은 어떠했을까? 그래프에서 나타나듯 한미약품 공매도 물량이 평소 20배 이상인 10만 주가 쏟아졌고, 결국 주가 폭락 탓에 전일 대비 18% 하락 후 마감했다(〈그림 3-13〉).

한미약품 경우는 기술수출 계약 해지에 따른 주가 폭락과 함께 늑장 공시, 게다가 내부자의 미공개 정보 이용 혐의 등으로 검찰의 수사까지 받았다. 조사결과 지주회사인 한미사이언스 임원 4명을 포함해 전체 17명이 구속 기소, 불구속 기소 등을 당했다. 이들은 한미약품이 미국 제약업체와 항암제 기술이전 계약을 맺었다는 '호재성 정보'와 독일 제약업체와 계약한 기술수출 해지 '악재성 정보'가 공시되기 전에 미리 알고 있었고, 한미약품·한미사이언스 주식을 매매해 총 33억 원 상당의 부당이득을 취한 혐의를 받았다.

한미약품 주가 폭락 사태는 기술수출 계약 해지로 인한 비체계적 위험과 동시에 내부자가 정보를 이용해 차익을 챙기는 비체계적 위험을 동시에 보여준 사례다.

04 포트폴리오 구성과 관리

하나의 주식 종목에만 투자했다고 가정해보자. 주가가 오르면 큰 수익을 기대할 수 있으나, 거꾸로 주가 하락 시 큰 손실이 발생한다. 기본적인 이야기이지만 여러 종목에 분산 투자하면 손실을 상쇄하거나 줄일 수 있다.

포트폴리오 구성은 분산 투자의 개념이다. 분산 효과를 이용해, 개별 자산의 비체계적인 위험들을 줄이고자 고안되었다. 이 같은 분산 효과를 배우고 설명할 때 종종 인용되는 옛이야기가 있다. 잘 알려진 '우산장수 아들과 부채장수 아들을 둔 어머니' 이야기다.

— '비가 오는 날이면 어머니가 부채장수 첫째를 걱정한다. 비가 오지 않는 날에는 우산장수 둘째를 걱정한다. 만약 형제가 부채와 우산을 동시에 판다면 어머니는 걱정하지 않을 것이다.'

위 이야기는 분산 효과의 핵심을 알려준다. 이를 주식으로 개념을 옮겨 만약 A라는 회사가 에어컨을 팔고 B 회사가 방한복을 판다고 해보자. 두 종목을 함께 보유하면 개별 회사들이 지닌 비체계적 위험(계절에 따른 영업 위험)이 보유하고 있는 자산(포트폴리오)들 내에서 줄어들 것이다. 서로 반대의 관계(마이너스 상관관계)를 지닌 종목의 수가 늘수록 전체적으로 보유한 종목들의 위험도 줄어들 것이다. 아래를 보자.

> A 회사(에어컨)의 주식 +10% / B 회사(방한복) 주식 −10%
> 10% × 0.5 + −10% × 0.5 = 0% 분산 투자 효과 발생

분산은 각 주식 간의 상관관계다. 서로 반대로 움직일수록 분산 투자의 효과가 극대화된다. 투자한 주식이 같은 방향으로 함께 상승한다는 가정보다 한쪽이 하락해도 다른 한쪽이 오를 것이라는 일종의 보험으로 생각하면 이해하기 쉽다. 한편, 개별 자산이 지닌 비체계적 위험이 줄어든다고 해도 시장 전체가 무너져 내리는 체계적 위험에는 대응할 수 없다.

익히 잘 알려진 주식 투자 격언 중 '달걀을 한 바구니에 담지 말라'는 이야기가 있다. 한 곳에 몰빵했다가 일이 틀어져 몽땅 잃게 되는 투자를 경계해야 한다. 이에 대한 준비가 포트폴리오 구성이다. 포트폴리오를 구성하는 주요 이유는 두 가지다.

> 포트폴리오 구성 = 리스크 회피 + 수익률 극대화

자산을 운영하는 운용사를 비롯하여 여러 금융기관에서는 포트폴리오

(포트)를 구성할 때 나름 원칙을 가지고 진행한다. 앞부분 기본적 분석에서 언급한 주가수익비율(PER), 주가순자산비율(PBR), 영업이익증가율, 유통주식수 등을 참고할 뿐만 아니라, 그 밖에 금융기관이 정한 기준에 근거하여 포트폴리오를 구성한다. 성장주, 가치주, 배당주, 대형주, 중소형주 등 투자의 관점에 따라 포트폴리오에 편입하는 방법도 다양하다.

나는 투자금이 많지 않은 개인 투자자들도 포트폴리오를 구성하여 주식 투자에 임할 것을 권한다. 그렇다면 포트폴리오를 언제 어떤 방법으로 구성해야 바람직할까?

나는 앞에서 주식 투자 사계절론을 언급했다. 연중 주가가 가장 낮은 시기는 대체로 1분기다. 따라서 포트폴리오 구성은 1분기가 적당하다. 1분기에 주식 매수 후 수익이 나면 이익을 실현하고, 아직도 저가에 있는 주식으로 포트폴리오를 교체하여 포트폴리오에 구성된 주식이 상승 정점에 이를 때까지 보유하는 것이다.

종목 선택의 경우 대형주가 그해 투자 유망하다면 기관 투자자나 외국인 투자자가 선호하는 종목 중 두세 개를 골라 20~30% 비율로 분산하여 투자한다. 대개 시장수익률 정도는 무난히 얻을 수 있다. 포트폴리오를 구성해 운용하는 중간에라도 처음 세팅한 종목에 교체가 필요하면 과감히 잘라내고 새로운 종목을 편입해야 한다. 투자 판단 실수로 속 썩이는 종목은 즉시 교체하고, 크게 오른 종목도 이익 실현 차원에서 제외하는 등 포트에 편입한 종목들이 적당한지의 여부를 수시로 점검해야 한다. 그리고 포트폴리오 구성에서 하나 더 중요한 것이 있다. 바로 '현금 보유'다.

> **실전 투자의 맥** — **현금 보유가 '갑'**
>
> 단기 투자자는 일정 부분 현금 보유를 하고 있어야 한다. 현금 보유가 높을수록 계좌 운용이 유리해진다. 주식 투자에서 현금 보유는 주식시장에서 '갑'의 위치에 서도록 만든다. 모든 투자자금이 주식에 몰려 있다면 해당 주가의 상승만 기대하는 '을'의 위치가 된다. 포트폴리오에 새로이 편입할 유망한 종목을 발견했더라도 현금이 없으면 투자가 제한적일 수밖에 없다. 현금이 있다면 새로운 종목을 매수하거나 시장이 불안할 때 계속 현금을 보유하는 등 선택의 폭이 넓다. 주식만 갖고 있는 경우 매도하기 전까지는 시장의 처분에 맡겨야 하는 운명이 된다. 포트폴리오 구성 시에도 현금 보유가 필수다.

만약 테마주를 포트폴리오로 구성할 경우, 테마군의 종목들은 함께 움직인다는 점을 기억해야 한다. 즉 테마들이 하나로 묶여 비슷한 시기에 주가가 오른다. 어떤 종목이 대장주일지 모르고, 투자 판단이 틀릴 수도 있기 때문에 2~3개 종목을 포트폴리오로 구성하여 1/n로 자금을 분산하기를 권한다. 또한 어떤 테마가 발생할지 모를 경우엔 각각의 테마에 자금을 분산하여 포트폴리오를 구성한다.

내 사례를 소개하면, 앞에서도 언급했듯이 조류독감 발생 시 닭 관련주가 곤경에 처하고 구제역이 발생하면 소, 돼지 관련주가 타격을 입는다. 구제역이 발생할지 조류독감이 발생할지 모르므로 두 가지 테마에 모두 수혜를 보는 동물의약품 관련주에서 포트폴리오를 구성하여 선취매 전략을 취했다. 나는 이와 같은 포트폴리오 구성으로 투자 종목 분산뿐만 아니라 수익률도 극대화되는 결과를 얻었다.

어떤 테마가 유행을 탈지 확신이 서지 않으면 그해에 가능성이 가장 큰 테마를 몇 가지로 압축한 후 포트폴리오를 구성하면 된다. 2017년 초에는 몇 년 후 전기차가 본격적으로 대중화될 것이라고 예상이 되어 나의 일부 계좌에 2차전지 관련주를 골고루 포트폴리오에 담아 꽤 양호한 수익을 얻기도 했다.

그러나 어떤 주식이든 예상처럼 주가가 움직이지 않으면 과감히 손절을 하는 것이 좋다. 상황을 예측하여 포트폴리오를 구성해 놓았는데, 예상과 다른 방향으로 전개된다면 즉시 수정해야 한다. 또한 시장이 불안정하고 위험할 때는 대부분의 주식들이 리스크가 있다. 이럴 때 굳이 포트폴리오를 구성해서 주식을 보유할 필요는 없다.

THE PRACTICAL GUIDE TO
STOCK INVESTING

CHAPTER 11

자산 관리 노하우

★ ★ ★

뛰어난 주식 투자자일지라도 작은 금액으로 큰 자산을 만든다는 것은 결코 쉬운 일이 아니다. 작은 돈이 큰 자산이 되려면 많은 노력과 시간을 들여야 한다. 한편 투자자라면 버는 것도 중요하지만 큰돈을 관리할 수 있는 능력도 갖추어야 한다. 주식 투자로 수익이 나면 주기적으로 자기자산화하는 과정도 매우 중요한데, 이를 실천하는 투자자는 드물다.

계좌에 묶인 돈은 언제 어떻게 사라질지 아무도 모른다. 주식계좌를 어떻게 관리하는 것이 좋을지 내 경험을 공유하는 것도 큰 도움이 될 것이라고 생각한다. 핵심은 수시로 한 번씩 현금화하는 것이다.

01 원 샷, 원 킬

'매수한 종목에서 반드시 수익을 내라!'

여러분이 맹수를 사냥하는 사냥꾼이라고 해보자. 며칠 동안 맹수를 쫓던 끝에 드디어 눈앞에 맹수가 나타났다면, 흥분이 몸을 가득 채울 것이다. 날렵한 맹수를 제압할 기회는 딱 한 번뿐이다. 실수는 곧 죽음이다. 모든 신경을 집중해서 떨리는 손으로 당기는 방아쇠질 한 번으로 맹수를 쓰러뜨려야 한다. 정확한 총알 한 발로 맹수를 잡을 수도 있고, 실패한 총알 한 발로 목숨을 잃을 수도 있다. 그래서 원 샷, 원 킬(one shot one skill)이 중요하다.

대부분의 개인 투자자들은 일정한 금액으로 주식 투자를 한다. 이런 분들 대부분은 투자금액에 한계가 있다. 기관 투자자는 투자금액이 크다. 엄밀히 말하면 회사 돈이고 고객이 위탁한 돈으로 투자를 한다. 물론 모두 소중한 돈이기 때문에 투자에 신중을 기하겠지만, 혹여 매수한 주식이 하락하고 시장이 하락 국면에 장기간 머물러 있더라도 개인 투자자들처럼 절박하지는 않다. 따라서 기관 투자자들의 경우 주식 가격이 내재가치보다 하락하면 기계적으로 매수할 수도 있다. 그들은 합리적이고 이성적인 시장 대응과 투자자금 및 투자 기간에서 한결 여유가 있어 개인 투자자들보다 유리한 위치에 있다. 따라서 기관 투자자는 개인 투자자보다 투자 수익률 면에서 항상 앞설 수밖에 없다.

여러 가지 시대 상황 때문인지 주식 투자에 새롭게 나선 젊은이들을 주변에서 많이 본다. 과거와는 달리 나름 금융이나 주식 투자에 대한 기본 지식이 있는 상태에서 주식을 시작하는 젊은이들이 많은 듯 보이지만 결과는 과거의 일반 투자자들과 별반 다르지 않은 것 같다.

대부분의 일반 투자자들은 주식을 매수하기 전에는 이론적으로 주식 투자가 어떤 것인 줄 대충은 안다. 그러나 종목을 매수하고 난 후에는 대부분 그동안 공부한 것이 '말짱 도루묵'이 되어 큰 도움이 되지 않는다. 혹자는 아무 생각도 나지 않는다고도 고백한다. 초보자들의 눈에는 자신이 보유한 종목의 상승과 하락만 보일 뿐이다. 처음에 매수한 종목에서 얼마라도 수익이 나면 그나마 다행이다. 원칙 없는 주식 투자는 투자자의 기대를 꺾어버리기도 한다. 잘못 매수했을 경우 즉시 손절하는 것이 원칙임을 알면서도 대응을 어떻게 할지 몰라 손실만 늘고 매사가 서툴 수밖에 없다.

'한 번 실수는 병가지상사'라는 말을 믿어야 한다. 다시 계좌를 정비하고 마음을 가다듬은 채 투자에 나서야 한다. 그리고 두 번째 주식 투자에서 다행히 좋은 결과가 나온다면 자신감을 갖고 공부하면서 장기적으로 주식 투자를 하겠지만, 상황은 녹록치 않다. 대부분 처음과 같은 참담한 결과를 대하고는 '두 번 다시 주식시장을 거들떠보지 않겠다' 라는 말만 남긴 채 뒤돌아선다. 귀중한 돈도 잃고 마음도 상했으니 그럴 만도 하다. 절대로 주식 투자를 안 하겠노라 다짐하고, 주변 사람들에게는 도시락 싸들고 다니며 말리겠다고도 말한다. 이런 현상이 안쓰럽고 안타까울 뿐이다.

나도 단기 투자에서 산전수전 다 겪어보았다. 수없이 많은 수익과 손실 경험을 반복했다. 그만큼 시장은 어렵다. 그런데 흥미로운 사실이 하나 있다. 작은 실수와 실패의 반복이 역설적으로 '원 샷 원 킬'의 확률을 높인다는 점이다.

원 샷 원 킬은 '매수한 종목에서 반드시 수익을 내야 한다'는 내가 일반 투자자에게 강조하고 싶은 간절한 염원의 표현이다. 내일의 주식 가격은 '랜덤 워크(random walk)'라고 하지만, 주식 투자에 앞서 투자자의 간절함과 절실함이 투자의 신중함과 조화를 이룬다면 '원 샷 원 킬' 이라는 놀라우면서도 긍정적인 결과가 나타날 수 있다.

02 계좌 나누기의 중요성

내가 겪은 경험을 여러분과 공유하는 일도 의미 있을 것이다. 계좌 나누기의 중요성을 설명하기에 앞서 전업 투자 초기 좌충우돌했던 나의 몇 가지 경험을 조금 소개해보려 한다.

내가 전업 투자를 시작한 지 16년이라는 세월이 흘렀다. 전업 투자 초기에는 다들 그런 것처럼 적은 금액으로 단기 매매에 치중했다. 1,000만 원으로 시작한 주식 투자가 시간이 흘러 기적이라고 표현할 만큼 큰 수익을 거두게 되자, 증권계에서 소위 '슈퍼 개미'라고 불리기도 했다. 이런 수식어가 개인적으로는 감개무량한 일이기도 하다.

사실 변동성이 큰 주식시장에서 적은 금액으로 시세 차익을 통해 큰 자산을 이루기란 매우 어려운 일이다. 돌이켜 생각해보면 전업 투자를 시작한 초기 1~2년 동안은 큰 수익이 나더라도 곧이어 큰 손실이 뒤따라 투자자금이 다시 제자리로 돌아가기를 수도 없이 반복했던 것 같다. 당시에는 생활비와 투자금의 구분이 딱히 없었기에 투자금에서 생활비를 꺼내어 써야 하는 일상이었다. 여유 자금이 없는 상황이었기에 한편으로 생각하면, 초기의 주식 투자 방법은 무모하기 짝이 없는 매우 위험한 일이기도 했다.

내가 고민 끝에 내린 결론은 수익이 날 때마다 그간 얻은 수익을 현금으로 인출하는 것이었다. 처음에는 계좌를 키우고 싶은 생각이 더 컸다. 따라서 수익이 난 금액을 기존 투자액에 합쳐서 계속 매매에 치중했다. 그러나 이 방법에는 큰 문제가 있었다. 수익이 잘 나다가도 한 번 크게 실수하면 그동안 애써 고생하며 얻은 수익과 심지어 원금까지 잃는 일이 벌어지기도 했다. 이런 상황을 겪어본 분들은 잘 알 것이다. 초심이 흔들리고, 당장의 생활비 걱정까지 더해져 제대로 된 투자가 어렵다는 것을 말이다. 아무리 조심해서 매매를 한다고 해도 연속적으로 수익을 내기란 어려운 일이며, 수익이 난 금액을 지키는 일은 더더욱 어려운 일임을 깨달았다.

이런 경험을 하며 느낀 것은 적은 돈으로 큰돈을 만드는 일이 불가능한 일로 보이기까지 했다. 애써 수익이 난 돈이 눈 깜짝할 사이에 사라진다는 것만큼 마음 상하고 억울한 일도 없다. 되돌아보면 제대로 된 주식 투자가 아닌 주식 가격의 변동성을 이용한, 투기적인 '돈 벌이용 단기 매매'에 매몰되어 있었던 것 같다. 물론 금융투자에서 차익거래(Arbitrage)도 있는 만큼 단기 매매를 비난할 일은 아니다. 그러나 리스크가 크기 때문에 늘 걱정스러운 마음을 안고 투자에 임해야 하니 여유를 갖는다는 것이 쉽지 않았다.

수익이 나면 무조건 수익금을 찾기로 결심한 이후, 비록 적은 수익이 나도 몇 번씩 인출을 하다 보니 통장에 제법 돈을 모을 수 있었다. 그리고 수익금 인출을 반복하면서 통장에 쌓이는 돈을 보면서 돈에 대한 생각도 조금씩 달라지기 시작했다. 다 같은 '내 돈'이라도 증권계좌 안의 돈은 잘못하면 날아가 없어지는 허상 같았고, 예금통장 안에 차곡차곡 쌓인 돈은 밤잠 설쳐가며 고생해서 번 '내 돈'이라는 생각이 들었다. 오히려 예금통장에 모이는 돈이 점점 불어가는 것을 보며 주식 투자의 재미도 느끼고, 투자 리스크에서 오는 스트레스도 한결 덜해졌다. 인출해 모은 돈이 대략 1년치 생활비 정도가 되자 투자에 한결 여유가 생겼다. 주식 투자가 '시간과의 싸움에서 이기는 게임'이라는 이야기가 나에게도 절실하게 다가왔다.

시장이 아무리 어렵고 힘들어도 현금을 보유하고 기다리면 언젠가는 수익 내기 좋은 투자 기회가 꼭 찾아오게 마련이다. 생활비 부담을 덜고 나니, 한 개의 증권계좌로 하는 주식 투자가 아쉽고 답답하게 느껴졌다. '계좌가 한 개 더 있으면 좋겠다'라는 생각이 들었다. 좋아 보이는 종목이 눈에 띄는데 이미 한 개의 계좌에는 다른 종목이 담겨 있었기에 투자에 한계가 있었고 아쉬움도 컸다. 그렇다고 유망한 종목이 보일 때마다 기존에 보유하고 있던 종목을 매도할 수 있는 상황도 아니었다.

수익이 나서 투자금이 5,000만 원 정도 되자 나는 계좌를 나누기로 결심했다. 그리고 3,000만 원과 2,000만 원짜리의 계좌 둘로 나누었다. 두 계좌를 가지고 '어떻게 하면 수익률을 극대화하고 리스크는 줄일까?'를 늘 고민하고 또 고민했다. 리스크 관리 차원에서 아무리 좋은 종목이 있더라도 두 계좌에 한 종목을 모두 매수하지 않았다.

계좌별 분산 투자의 개념으로 하루 정도의 시간차를 두고 계좌별로 매수하는 등 나름의 원칙을 지키며 계좌를 운용했다. 3,000만 원 계좌가 1억 원이 되고, 2,000만 원 계좌가 5,000만 원이 되었을 때, 초심으로 돌아가 원금을 초과한 수익금을 인출하기를 반복했다. 당시 가깝게 지내던 증권사 직원은 '저 분은 주식 투자를 잘하시는데 왜 늘 수익금을 인출할까?' 하고 생각하며 매우 궁금해했다고 한다.

단순히 생각하면, 번 돈을 포함하여 투자금이 커지면 복리 개념으로 수익금도 상대적으로 커질 것이다. 주변에는 레버리지를 이용하여 주식 투자하는 분들도 많다. 그런 분들의 눈에는 내 투자 방법이 너무 소극적이고 조심하며 투자하는 것처럼 보였을 것이다. 증권사 직원은 10여 년이 지나고 난 후에야 나의 계좌관리 방법과 자산 키우는 방법에 존경심을 나타냈다.

★ **계좌 나누기의 장점** ★

포트폴리오 구성도 계좌를 나누던 시기에 이루어졌다. 전체 투자금에 대한 포트폴리오를 종목이 아닌 계좌로 했다. 계좌를 여러 개로 나누니 좋은 종목이 보일 때 기존 종목을 매도하고 다시 매수하는 번거로움이 사라졌다.

    계좌를 나눈 또 하나의 이유는, 전업 투자자로서 원금을 보존하기 위해서였다. 초기에는 투자를 하면서 수익이 나기도 하지만, 손실이 나면 생활에 어려움을 느끼는 경우가 종종 있었다. 나에게는 무척 절박한 상황이었다. 연속성도 떨어졌다. 생활비를 매달 인출하려면 보유 종목을 팔 수밖에 없었다.

결국 계좌를 나누니 모든 문제가 해결되었다. 하나의 계좌는 인출 걱정 없이 원칙에 따라 투자하면 되었고 여유도 생겼다. 또 다른 계좌는 생활비로 인출도 하고, 조금은 리스크가 높은 종목들에 투자했다. 시간이 지나면서 인출 걱정이 없는 계좌의 자금이 크게 불어났다. 이런저런 경험을 통해 훗날 알게 된 사실이지만 원칙을 세우고 인출 걱정 없이 여유 있게 투자하는 계좌가 수익률이 훨씬 더 높다는 사실을 깨달았다.

주식 투자는 시장과의 싸움이기도 하지만 자기 자신과의 싸움이기도 하다. 아니 자신의 투자 심리가 흔들리지 않아야 성공할 확률이 더 높다. 즉 여유가 없는 투자는 실패 가능성이 더 크다. 여기에는 하나의 흐름이 있다.

> 심리적 여유 ▶ 냉정한 판단 ▶ 큰 수익률

그 후로도 꽤 많은 여유자금이 생겼고 주식시장을 보는 안목도 늘어 주식 투자에 자신감이 붙었다. 나는 수년 전부터 연초마다 여러 개의 계좌를 세팅한다. 지금은 1년에 한 번 정도 매수하는 장기 운용계좌와 1~3개월 정도 투자하는 중기 투자계좌, 그리고 내가 절대 강점을 가지고 있는 단기 투자계좌 등 세 가지 카테고리로 나누어 계좌를 운영

🔽 그림 3-14 | 1억 원을 투자한 계좌에서 3억 원의 누적 수익을 냄

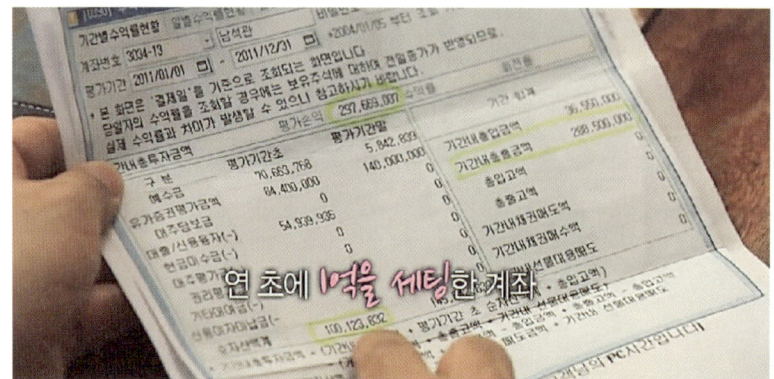

🔽 그림 3-15 | 시장이 나쁜 상황에서도 변함 없이 안정적인 수익을 냄

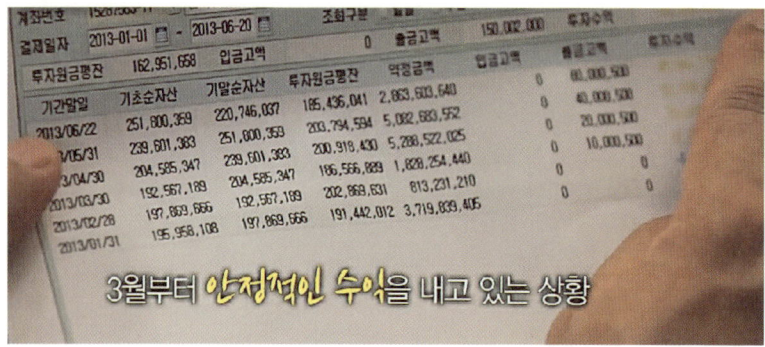

🔽 그림 3-16 | 수익이 날 때마다 현금을 인출하여 자기자산화함

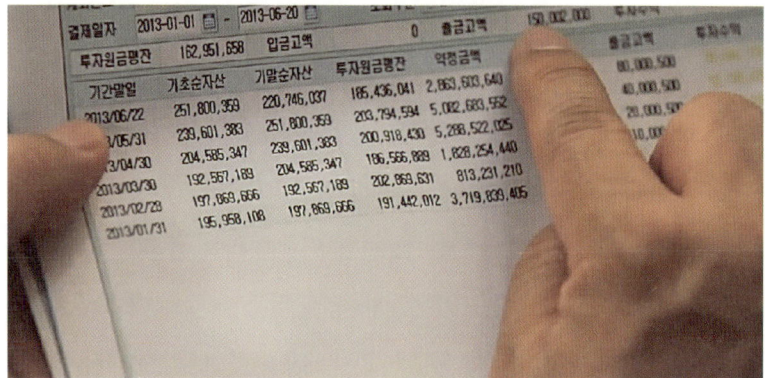

한다. 전체적으로는 10개가 넘는 계좌를 가지고 있는데, 크게 세 가지로 구분하여 시장 상황에 맞게 원칙을 정해서 계좌관리를 한다. 나는 이처럼 연초에 1~2억 원으로 새롭게 세팅한 4개의 단기 투자계좌에서 큰 수익을 내곤 한다.

언젠가 모 방송에서는 내가 거둔 큰 수익률에 관심을 나타냈다. 그리고 어렵사리 부탁을 청해왔다.

"남 선생님의 수익률을 확인할 수 있는 계좌, 혹 보여줄 수 있으신지요?"

다소 부담되고 조심스럽지만, 수익이 난 계좌를 오픈하는 것이 많은 분들에게 투자 동기를 줄 수 있다는 점에서 기꺼이 허락했다. 그리고 수많은 주식 책들을 봐왔지만, 나처럼 계좌를 열어 소개한 책은 아직 전무한 듯하다. 이 부분도 나름 의미 있는 결정이라고 생각한다.

03 남석관의 계좌 운용법

나는 하나의 계좌를 지속적으로 끌고 가지 않는다. 계좌를 분양하여 나누고 늘리기를 반복한다. 계좌마다 일정 금액 이상의 수익이 발생하면 초기 투자금을 빼고 모두 인출하여 주식이 아닌 개인의 자산으로 편입시킨다. 나에게 가장 잘 맞는 금액 단위별로 여러 계좌에 돈을 분산하고, 언제나 초심과 비슷한 금액으로 시작할 수 있는 조건을 만들어놓는다.

1억 원으로 투자할 때와 10억 원으로 투자를 할 때는 모든 것이 달라진다. 투자기간 종목도 달라지게 마련이며 매매 원칙도 달라진다. 나에게 맞지 않는 옷을 입으면 어색할 수밖에 없고, 금액이 달라지면서 실수가 나올 수밖에 없다. 늘 하던 패턴에서 자기도 모르게 나오는 맞지 않는 투자를 할 가능성이 생긴다.

주식 투자에서는 조그만 변화가 큰 결과의 차이를 만들어낸다. 1,000만 원 계좌로는 수익을 꽤 내는 투자자들이 5,000만 원, 1억 원 계좌에서는 손실을 내는 투자자로 바뀌기도 한다. 거꾸로 1억 원으로

그림 3-17 | 4,000만 원 계좌에서 11개월 만에 2억 8,000만 원의 수익을 낸 나의 계좌

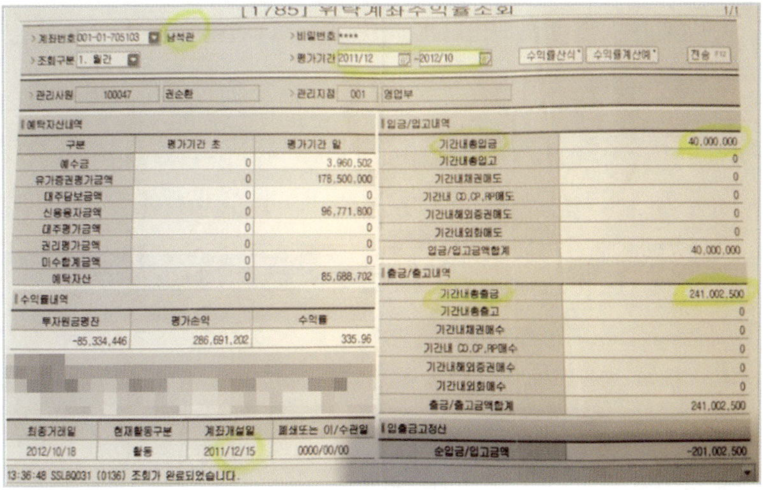
[1785] 위탁계좌수익률조회 1/1

>계좌번호 001-01-705103 남석관 >비밀번호 ****

>조회구분 1. 월간 >평가기간 2011/12 ~2012/10 수익률산식 수익률계산예 전송 F12

>관리사원 100047 권순환 >관리지점 001 영업부

예탁자산내역

구분	평가기간 초	평가기간 말
예수금	0	3,960,502
유가증권평가금액	0	178,500,000
대주담보금액	0	0
신용융자금액	0	96,771,800
대주평가금액	0	0
권리평가금액	0	0
미수합계금액	0	0
예탁자산	0	85,688,702

수익률내역

투자원금평잔	평가손익	수익률
-85,334,446	286,691,202	335.96

최종거래일	현재활동구분	계좌개설일	폐쇄또는 이/수관일
2012/10/18	활동	2011/12/15	0000/00/00

입금/입고내역

기간내총입금	40,000,000
기간내총입고	0
기간내채권매도	0
기간내 CD,CP,RP매도	0
기간내해외증권매도	0
기간내외화매도	0
입금/입고금액합계	40,000,000

출금/출고내역

기간내총출금	241,002,500
기간내총출고	0
기간내채권매수	0
기간내 CD,CP,RP매수	0
기간내해외증권매수	0
기간내외화매수	0
출금/출고금액합계	241,002,500

입출금고정산

순입금/입고금액	-201,002,500

13:36:48 SSLBQ031 (0136) 조회가 완료되었습니다.

는 수익을 내지만 적은 자금으로는 수익을 내지 못하는 투자자들도 많다. 모름지기 자기에게 맞는 옷이 있다는 의미다. 계좌를 나눈다는 것은 자신에게 맞는 옷을 여러 벌 만드는 일과 비슷하다고 하겠다.

한편 수익금을 인출하면 주식하는 재미를 느낄 수 있고, 수익이 난 계좌에서 수익금을 분리해야 완전한 내 자산이 된다. 계좌를 나누어서 투자하다 보면 예상치 못한 손실 발생이나 불만족스러운 수익률을 경험하기도 한다. 이런 경우라면 미련 없이 주식을 모두 매도한 후 계좌를 한동안 닫아놓는 것도 좋다. 그 계좌에서는 나와 안 맞는 투자를 했다는 증거다. 대신에 수익이 잘 나는 계좌라면 집중해서 계속 투자한다. 잘 맞지 않는 계좌를 계속 운영하여 수익으로 바꾸겠다는 욕심이나 자신감은 중요한 것이 아니다. 계좌운영 원칙이 더 중요하다. 이런 투자가 돈을 지키는 안전한 투자다. 닫아둔 계좌는 시장 상황이 좋아졌을 때 다시 열어 심기일전하여 재도전하면 된다.

주식계좌 운영은 개인마다 다를 것이다. 그런데 주식 투자에서 일반 투자자들이 간과하는 포인트가 있다. 즉 '자기자산화' 하는 과정에 소홀하다는 점이다. 주식계좌를 키우는 데에만 관심이 많을 뿐 정작 수익을 자산으로 편입하는 노력을 게을리한다. 수익 실현을 확실히 하고, 수익금은 계좌에서 자주 인출하는 습관을 가져야 한다.

나는 원금을 늘리는 투자도 중요하지만, 원금을 회복하는 투자도 중요하다고 생각한다. 그리고 자신 있는 부분이기도 하다. 그래서 초기에는 수익이 나면 원금의 일부까지도 인출을 한다. 예컨대 1억 원 계좌가 2억 원이 되면 1억 3,000만 원을 인출하여 7,000만 원 계좌로 만든다. 7,000만 원으로 1억 원을 만드는 과정이 더 쉽고 집중도도 높다. 원금을 회복해야 한다는 목표의식이 뚜렷해 주식 투자에 도움이 된다.

자기에게 맞는 계좌 규모가 얼마인지 스스로 자문해보자. 그리고 한 계좌에 돈을 몰아 위험한 투자를 하는 것보다 나처럼 계좌를 나눈 후 효율적이고 적정한 투자 금액이 얼마인지를 찾아 세팅해보는 것도 좋다.

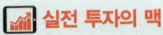 **적정 현금 보유율은 30~50%**

전쟁으로 비유하면, 현금은 곧 실탄과 같다. 현금 보유의 중요성을 앞에서도 강조했듯이, 현금이 있어야 기회가 왔을 때 빠른 대응이 가능하다. 주식의 신은 없다. 주식의 신이 있다고 해도 주가가 향후 어떻게 변할지 정확하게 예측할 수는 없을 것이다. 그만큼 실제 시장은 변화무쌍하며 예측과 달리 흘러간다. 현금은 예측 불가능한 시장에서 발빠르게 대응할 수 있는 자산이다. 일정 부분 현금이 있어야 기회를 수익으로 연결할 수 있다.

내가 생각하는 적정한 현금 보유율은 시장 상황에 따라 상이하지만 30~50% 정도라고 본다. '계란을 한 바구니에 담지 말라'라는 주식 격언에 현금도 또 다른 바구니 중 하나라는 사실을 아는 투자자는 드물다. 현금이야말로 가장 좋은 수익을 보장하는 수단임을 기억하자.

 **남석관의 투자 노트**

2억을 20억으로 키우기

부동산 가격의 상승으로 요즘 강남의 30평대 아파트 매매가는 대체로 10억 원이 넘는다. 새로 분양하는 입지 좋은 곳의 대형 평수 아파트는 20억 원이 넘는 곳도 많이 있는 것으로 알려져 있다. 강남권 전체가 아파트이고 빌딩이라고 보면, 바꾸어 말해 부자가 그처럼 많다는 뜻이기도 하다. 돈 많은 부자에게 10~20억 원은 그리 큰돈이 아닐 수도 있다.

그러나 주식시장에서 대부분의 개인 투자자에게 10억 계좌는 보유하고 싶은 '꿈의 계좌'라고 한다. 사실 전업 투자자 입장에서 10억 원짜리 증권 계좌가 있다면 얼마나 든든하며 여유가 있겠는가? 이 책을 읽는 독자 모두가 10억 계좌를 보유하기를 바라는 마음으로 나의 10억 계좌 만드는 과정을 공개한다.

〈그림 3-18〉을 보면 2억 원으로 10억 원 만드는 데 1년 정도 걸렸다. 앞서 언급한 것처럼 매매에 집중하는 것과 수익이 나면 자기자산화하는 과정을 거쳐 계좌를 키운다. 능력이 안 되는데 의욕만 앞선다고 계좌가 커지는 것은 아니다. 오랜 시간을 거쳐 투자 수익을 내는 실력과, 자산을 관리하는 능력을 함께 키워야만 한다.

〈그림 3-19〉를 보면 10억 원 이후에 20억 원이 될 때까지 2년이 더 걸렸다. 2억 원을 가지고 주식 투자를 할 때와 10억 원을 가지고 주식 투자를 할 때는 종목 선정과 리스크 관리 등 여러 면에서 차이가 날 수밖에 없다. 시장이 좋지 않을 때에는 현금을 보유하면서 때를 기다리면서 투자하다 보니 예상보다 더 많은 시간

● 그림 3-18 | 계좌수익률

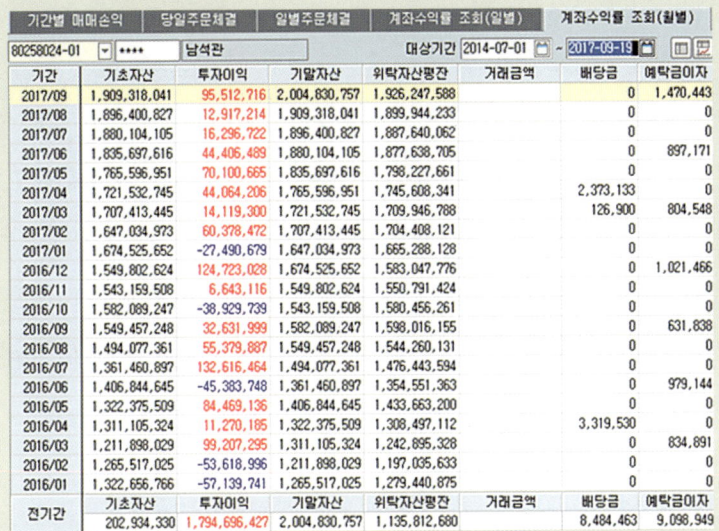

● 그림 3-19 | 계좌수익률

이 걸린 점도 있다. 세상의 모든 일이 다 그렇지만 주식 투자에도 '간절함'이 반드시 필요하다는 생각이 든다. 나의 계좌 공개가 이 책을 읽는 독자에게 성공 투자의 동기부여가 되었으면 좋겠다.

04 주식 투자로 부자가 되려면

부자가 되고 싶지 않은 사람은 없다. 지금 이 시간에도 많은 사람들이 부자가 되기 위해 꿈을 쫓는다. 현실과 동떨어진 뜬구름 잡는 꿈이든, 소박하지만 현실적인 꿈이든 간에 누구나 꿈이 있다. 이루고 싶은 일, 바람과 희망을 각자 마음속에 품고 살아간다. 돈이 전부가 아니라고들 말하지만, 돈으로 많은 문제들을 해결할 수는 있다. 꿈, 하고 싶은 일, 희망 등을 이루려면 '부(富)'가 있어야 한다. 개인 간 다툼이나 국가 간 분쟁이 끊임없이 불거지는 이유도 알고 보면, 다툼과 분쟁의 시초가 대부분 경제적인 문제, 즉 '돈' 때문인 경우가 많다.

나도 젊은 시절의 희망 중 하나가 '돈에서 자유로웠으면 좋겠다'였다. 많은 사람들이 주식이나 부동산에 투자하는 이유도 자산을 늘리고 부자가 되기 위함일 것이다. 부자의 유형을 살펴보자.

첫째, '금수저'를 물고 나온 부자들이 있다. 좋은 부모를 만나 물질적으로 큰 증여와 상속을 많은 태생적으로 부자인 사람들이다. 이들을 부러워할 필요는 없다. 타고난 운명인 것을 어찌 하겠는가?

둘째, 사업이 잘되어 크게 성공한 사람들이 있다. 요즘 국내외 할 것 없이 젊은 신흥 부자들 대부분이 여기에 속한다.

셋째, 개인이 지닌 능력과 열정으로 한 분야에서 '스타'가 되어 부자 반열에 오른 사람들도 있다. 야구선수 박찬호, 피겨요정 김연아 등 스포츠 스타를 비롯하여 인기 연예인들이 떠오를 것이다. 본인이 잘하는 분야, 좋아하는 곳에서 최고가 되니 돈이 자연스럽게 따르는 경우다.

넷째, 주식이나 부동산에 투자하여 부자가 된 사람들이 있다. 앞서 언급한 세 가지 경우에 포함되지 않는다면 부자가 되는 방법은 주식이나 부동산 투자로도 가능한 시대다. 그중 부동산 투자는 초기 투자 금액이 커야 한다. 땅의 경우 소액의 지분매매 방법이 없는 것은 아니지만 큰돈이 되는 땅 투자는 필지를 매입해야 하는데, 웬만한 땅들은 몇 억이 기본이다.

그렇다면 주식 투자는 어떨까? 주식 투자는 준비만 잘하면 적은 금액으로 큰 자산을 만들 기회를 늘 제공한다. 흔히 하는 말로 "큰 부자는 하늘이 낸다"라는 말이 있다. 혹자는 '재물을 담는 그릇'을 말하고 '돈과의 인연'을 강조하는 분들도 있다. "사람 다리는 두 개이고 돈의 다리는 네 개라 아무리 돈을 쫓아가려 해도 돈을 따라 잡을 수 없다"라는 우스갯소리도 있다. 모두가 부자 되기가 어렵다는 것을 뜻한다. 세상을 어느 정도 살아본 내 생각에도 그럴 듯하다고 고개가 끄떡여진다.

큰 부자는 아니더라도 노력하고 애쓰면 어느 정도 여유 있는 생활이 가능해야 정상적인 사회일 것이다. 그래야 희망이 있는 세상이고 제대로 된 세상이다.

적은 금액으로 큰 금액을 만드는 일은 사실 주식 투자에서도 쉬운 일은 아니다. 주식 투자에 드는 자금이나 투자하는 기간 등 투자 여건은 투자자마다 다르다. 계좌 운영 방식이나 투자 방식에도 차이가 많다. 주식 투자를 좀 해본 투자자라면 투자 결과에 대한 복기를 하는 경우가 많다. 대체로 장이 끝난 후에 복기를 통해 어느 경우 손실이 크게 발생했고, 어느 경우에 수익이 났는지를 투자자 스스로가 알 수 있다. 투자자 본인이 파악한 '손실을 야기하는 나쁜 투자 행위'를 제거하는 노력이 가장 중요하다.

주식 투자에 처음부터 능하고 잘하는 사람은 세상에 없다. 수익이 나는 방향으로, 게임으로 치면 승률이 높은 쪽으로 투자 자세를 잡아가는 것이 필요하다. 이를 나는 수익이 나는 모형이라고 설명했다. 투자자에 따라 '수익이 나는 모형'이 다를 수 있다. 앞에서 설명했듯이 투자자 본인이 수익이 나는 여러 가지 모형을 갖추고 있으면 시장에 관계없이 그 모형이 나타날 때에만 투자를 하면 된다. 그렇게 하면 실패하지 않는다는 것이 내가 다년간의 투자 경험으로 깨달은 진리다.

나도 전업 투자 초기에는 생각과 행동이 달랐다. 그리고 번번이 발생하는 손실을 줄이고자 모니터 옆에 무수히 많은 메모지를 뻘간색 펜으로 써서 붙여 놓았다. 언젠가 모 방송에서는 이런 투자 경험을 인터뷰하기도 했다.

"마지막 남은 투자금으로 매수 주문을 넣으려고 마우스를 클릭하려는데, 손이 떨리더군요."

그렇다. 벼랑 끝에 서 있다는 절실함이 있어야 한다. '이 돈이 전 재산인데……' 하는 절박감이 있다면 마이너스 수익을 유발하는(사소한 것 같은) 나쁜 습관, 부자가 되는 데 걸림돌이 되는 작은 행동을 하나 바꾸는 일이 그다지 어려운 것이 아닐 것이다. 주식을 매수해서 수익이 나는 빈도가 많아지면 주식 투자에서 살아남고 장기적으로 성공할 확률도 높다. 작은 수익일지라도 감사하고 수익 실현에 익숙해져야 한다. 금액이 적더라도 성공해본 경험이 중요하다. 작은 성공이 더 큰 성공을 데려다 주는 법이다.

투자자 입장에서 주식시장은 늘 어렵다. 좀 편안한 마음으로 수익을 즐기는 때가 거의 없다고 봐도 틀린 말이 아니다. 투자자가 투자에 주의하고 조심하는 것은 당연한 일이지만 시장 자체를 부정적이고 절망적으로 바라보면 절대 수익이 날 수 없다. 특히 주식시장은 '꿈을 먹고 자라는 시장'이라고 하기에 그렇다. 항상 긍정적이고 적극적인 마인드로 시장과 마주해야 기회가 찾아온다.

여러분이 장기 투자자이든 단기 투자자이든 장·단기 투자 수익률과 수익금에 대한 목표를 세우는 것도 중요하다. 나는 매달 말이 되면 월별 수익금을 계산한다. 수익금을 계산하면서 그 달의 주식시장을 복기해본다. 매매일지를 쓰지는 않지만 전업 투자 초기부터 다이어리에 메모하고 기록하고 다시 보기를 반복해왔다. 시장 복기를 반복하다 보면 시장을 읽는 능력이 키워지고 앞으로 전개될 시장에 대한 예측력과 통찰력이 생긴다.

나는 연말이면 다음 해의 시장 전망을 강연을 통해서 말해왔다. 돌이켜보면 내 전망은 거의 틀린 적이 없다. 주식시장을 보는 눈은 누구에게도 뒤지지 않는다고 자부한다. 이런 능력은 오랜 시간 시장에 대한 반성과 복기의 결과라고 생각한다.

계좌에 대한 수익금과 수익률에 대한 목표가 없으면 자산이 늘지 않는다. 성공한 주식 투자자는 따로 있는 것이 아니다. 본인 노력 여하에 따라 얼마든지 가능하다. 주식 투자에서 성공하면 돈에서 자유로울 수 있다. 어느 분야이든 마찬가지겠으나 성공을 이루고 부자가 되기 위해서는 성실하고 열심히 노력해야 한다.

그런데 주식 투자에서는 한 가지 더 필요한 항목이 있다. 바로, 자기 절제다. 시장이 폭락할 때 공포를 이겨내야 하고, 시장이 과열 분위기라면 흥분 대신에 냉정함이 필요하다. 매년 연말 즈음 주변의 주식 투자자들에게 그해의 투자 성과를 묻곤 한다. 연말 기준으로 수익이 나는 햇수가 많아지면 성공한 투자자에 한걸음 다가선 것이다. 모든 투자자들이 매년 말 크게 웃는 투자자가 되기를 바란다. 주식 투자로 부자가 되시기를 진심으로 응원한다.

★ 부자를 꿈꾸는 사람의 마음가짐 ★

나는 '진인사 대천명'이라는 말을 좌우명으로 삼고 산다. 뛰어난 머리를 타고 난 것도 아니고 물려받은 재산이 있는 것도 아니며, 남보다 특별난 재주를 가진 것도 없다. 그렇다고 운명을 세상에 맡기기에는 너무 수동적이고, 한편 억울하다는 생각도 들었다. 뛰어난 재능이 없더라도 꾸준히 열심히 하면 어느 일이든 중간 정도는 할 수 있다는 것이 나의 믿음이다. 최선을 다 해보고 결과는 하늘에 맡겨야, 도전해보지도 못한 후회나 아쉬움이 없을 것이다. 열정과 노력은 성공한 주식 투자가 되는 기본 소양이라고 생각한다.

흔히 사람들은 돈과 인연이 있어야 돈을 번다고도 말한다. 그러나 돈을 크게 버는 사람이 따로 있는 것은 아니라고 생각한다. 돈 버는 능력은 타고나는 것이 아닌, 학습과 훈련으로 키워나가는 것이다.

주식 투자도 그렇다. 처음부터 주식을 잘 하는 사람은 없다. 손실이 나기도 하고 수익이 나기도 하는 과정을 통해 능력을 키우는 것이다. 그러면서 노력, 끈기, 인내, 성실함 등의 덕목들도 함께 성장시킨다. 처음에는 하나의 계좌였지만 시간이 갈수록 경험이 쌓이고 시행착오를 거치며 계좌가 2개, 3개로 불어나는 것이다.

내가 소위 '슈퍼개미'의 디딤돌이 된 투자 이야기를 해보겠다. 1,000만 원으로 전업 투자를 시작하고 몇 년 뒤 새해 초 8,000만 원으로 시작한 한 계좌가 1년 후 수익금만 6억 5,000만 원을 벌었다. 초기 자금 대비 연 800%가 넘는 수익을 기록한 것이다. 수익이 난 금액은 현금으로 인출하고 다시 계좌에 1억 원을 세팅하여 투자했다.

인출은 매우 중요하다. 주식계좌에 담긴 돈은 그저 수치상의 돈일 뿐이다. 나는 해마다 계좌를 리셋하여 운영한다. 따라서 최악의 경우 그해에 주식자금을 모두 잃더라도 생활에는 문제가 없다. 그만큼 여유가 있으니 이기는 투자가 가능해진다. 이런 계좌 운영은 개인 투자자들에게 매우 중요하다.

　자금을 리셋하는 또 다른 이유는 능력에 맞추어 투자하기 위해서다. 나는 그 후에도 연초 2~3억 원의 투자자금을 세팅하여 그 금액으로만 3~5년 정도 주식 투자를 했다. 시장 상황과 관계없이 꾸준한 수익이 나오고 계좌관리 능력이 커짐을 느끼면서 지속적으로 계좌 수를 늘이고 투자금의 규모도 늘여왔다.

　자금이 달라지면 원칙이 깨지기 쉽다. 투자 패턴에도 작은 변화가 생긴다. 잘해오던 일을 계속 잘하려면 큰 틀을 바꾸지 않아야 한다. 더 욕심을 내면 그동안 번 돈을 모두 날릴 수 있다. 수익은 빼놓고 일정한 금액을 유지하면서 평정심을 잃지 않도록 해야 한다.

　시간이 지날수록 운용할 수 있는 자금의 크기가 조금씩은 커지게 마련이다. 급격하게 늘리지 않는다면 늘어나는 자금에 적응이 가능하다. 이때도 계좌 하나의 자금을 늘릴 것이 아니라, 새로운 계좌를 만들어 초기 자금은 비슷한 규모를 유지하는 것이 좋다. 이처럼 계좌를 하나씩 늘려가면서 차근차근 투자금을 늘려가는 것을 추천한다.

　1개의 계좌로 시작해 10개가 넘는 여러 계좌를 운용하는 것이나 적은 금액으로 전업 투자를 시작해 큰 자산을 일구는 것이나 모두 많은 시간과 노력, 열정이 필요한 일이다. 하루아침에 되는 일은 아니다. 그리고 요즘 대부분의 젊은 투자자들은 나보다 더 스마트하고 해박한 투자 지식을 갖추고 있다. 꾸준함과 열정, 능력을 겸비한 젊은 투자자들은 개인적으로 여유 있는 투자자에 머물 것이 아니라 세계적인 투자자가 되기를 간절히 기원한다.

에필로그

주식 투자에도
신의 한 수가 있을까?

요즘은 흔치 않지만, 수십 년 전 무협지 소설들이 인기를 끈 시절이 있었다. 나이가 좀 있는 분들이라면 강호의 무림 고수가 갖가지 시련을 극복하고, 실전을 통해 복수에 성공하는 스토리를 읽으며 감정 이입이 되곤 하는 경험들이 있을 것이다. 요즘 흔히 볼 수 있는 격투기 경기나 각종 모바일 게임에서는 고수, 하수 등의 단어가 등장하기도 한다. 실전, 비법, 고수, 하수 등의 단어가 왠지 익숙하지 않은가? 주식시장에서 우리가 흔히 듣는 단어들이니까 그럴 것이다. 아마도 주식시장이 마치 전쟁터처럼 치열하고 이에 상처 받는 사람들이 많은 곳이기에 그렇지 않을까 싶다.

몇 년 전, 〈신의 한 수〉라는 제목의 영화를 본 적이 있다. 말끔한 얼굴을 가진 배우 정우성 씨가 주연한 '내기 바둑'이 주요 줄거리였다. 영화의 마지막 대사가 인상적이었다. "신의 한 수는 없다"라고 외치는 주인공의 대사를 들으며 왠지 나는 그 말로 인해 주식시장을 떠올렸다.

혹자는 주식시장을 두고 '세상의 축소판'이라고도 표현한다. 또는 주식 투자를 빗대어 '인생살이'라고도 말한다. 누가 그런 말을 붙였는 지는 몰라도 참 괜찮은 비유인 것 같다. 나는 잘 하지는 못해도 자주 지인들과 골프를 즐긴다. 그런데 골프를 치면서도 이 운동이 우리 인생과 참 많이 닮았다고 생각한다.

결론은 주식 투자든, 골프든, 인생살이든 모두 비슷하다는 점이다. 공부 없이 투자에 나서면 돈을 잃고, 만만하게 생각하고 채를 휘두르면 뒤땅을 치고, 세상을 쉽게 보면 어려움이 닥친다. 형식은 달라도 내용은 서로 비슷하다.

주식 투자에서 방심은 금물이다. 방심하고 있으면 나도 모르는 사이 계좌에 큰 손실이 난다. 간혹 주식 강연을 요청받아 강연하면서 느끼는 점이 있다. 누구나 당장 수익이 날 종목을 원한다는 것을 말이다. 그러나 한 종목에서 수익이 난다고 인생이 바뀌지는 않는다! 주식 투자를 잘해서 인생이 바뀌기를 원한다면 인생을 걸 정도로 열심히 공부하고 실천하면 된다. 과거에 나도 시장이 어둡고 투자할 만한 종목이 눈에 안 보이면 새벽 서너 시까지 주식 공부하기를 예사로 여겼다.

나는 주식 실전 투자에서 흔히 말하는 '고수'라 불린다. 실전 투자대회에서 여러 번 수상도 했다. 사람들은 나에게 남모르는 투자 비법이 있을 것이라고 생각한다. 실망하겠지만, 한마디로 '비법은 없다.' 나에게는 '늘 시장을 이기는 수익 나는 모형'이 있을 뿐이며, 이를 강조한다. 이것이 비법이라면 비법이다. 모두가 아는 비법은 더 이상 비법이 아니다. 워런 버핏의 투자법을 누구나 알지만 누구나 워런 버핏이 될 수는 없다. 내가 말하는 주식 투자에서의 '신의 한 수'란 '수익 나는 모형을 갖추는 것'이다. 이 말은 수익이 나는 투자 원칙을 지키라는 말과 같다. 투자자 자신이 '수익 나는 모형'을 갖추고 이를 실천하는 일이 중요하다.

다시 영화 이야기로 돌아가보자. 〈신의 한수〉에 나오는 대사를 하나 더 소개한다.

"내기 바둑에서 바둑판이 고수에게는 '놀이터'요, 하수에게는 '지옥'이다."

주식시장에 참여하는 개인 투자자가 기관 투자자나 외국인 투자자의 먹잇감이나 놀잇감이 되어서는 절대 안 된다. 주식시장이 개인 투자자 모두에게 부자의 꿈을 이루는 놀이터가 되기를 진심으로 바란다.

'전업투자의 전설' 남석관의
실전 투자의 정석

1판 1쇄 펴냄　2018년 1월 10일
1판 11쇄 펴냄　2025년 2월 24일

지은이　　남석관
펴낸이　　조윤규

펴낸곳　　(주)프롬북스
등록　　　제313-2007-000021호
주소　　　(07788) 서울특별시 강서구 마곡중앙로 161-17 보타닉파크타워1 612호
전화　　　영업부 02-3661-7283 / 기획편집부 02-3661-7284 | 팩스 02-3661-7285
이메일　　frombooks7@naver.com

ISBN　　　979-11-88167-12-8 13320

- 잘못 만들어진 책은 구입하신 서점에서 바꿔드립니다.
- 이 책에 실린 모든 내용은 저작권법에 따라 보호를 받는 저작물이므로 무단 전재와 무단 복제를 금합니다. 이 책 내용의 전부 또는 일부를 사용하려면 반드시 출판사의 동의를 받아야 합니다.
- 원고 투고를 기다립니다. 집필하신 원고를 책으로 만들고 싶은 분은 frombooks7@naver.com로 원고 일부 또는 전체, 간략한 설명, 연락처 등을 보내주십시오.